전주고보 맹휴의 주역
임휘영,
포용과
은덕의 삶

history D.

history D.

전주고보 맹휴의 주역
임휘영,
포용과
은덕의 삶

은정태 · 이신철 · 한상구 지음
역사디자인연구소 기획

history D.

小舟 任 彙永(임휘영)님 전기를 발간하며

　아버님께서는 1926년 전주고등보통학교 재학 중 일인 교장의 한인 학생에 대한 편파적이고 민족정신 말살을 위한 교육체제에 항거한 동맹휴학의 주동인물로 퇴학을 당한 이후로 정규 학업을 받지 않으셨습니다. 이러한 사실에 대하여 친척 어른들로부터 들었을 뿐 막상 당신은 한마디 말씀도 하신 적이 없었습니다. 필자는 전주고등학교 이원택 교장님 그리고 친구 김택곤 JTV 사장과 기회가 닿아 아버님의 전주고등학교 명예졸업장 수여식을 갖게 되면서 침묵으로 일관한 아버님 삶의 부분들을 조심스럽지만 정리하여 보고자 하였습니다. 세월이 더 지나면 아버님께서 어떤 삶을 사셨는지 잊혀져서 후손들이 알 길이 없게 된다는 생각이 들었습니다.
　그러나 아버님의 생각과 삶을 타인이 글자로 표현하는 데서 올 수 있는 부정확함에 대하여, 그리고 아버님께서 원하는 것일까에 대하여 고심을 하였습니다. 그 결과 평전이 아닌 사실 중심의 기록 모음의 형태라면 무리가 적지 않을까 하는 생각을 하였습니다.
　저희 증조부 청죽 임공희(聽竹 任公熺)님의 시집인 청죽집(聽竹集)에 당신의 선고(先考)어른인 통정공(通政公 임민교任民敎)님의 효행록(孝行錄)이 있는데 그 가운데 고서 예기(禮記)를 인용한 글이 있었습니다. "무릇 사람들이 선대(先代)가 그 아름다움이 없는데도 칭송하는 것은 속이는(誣) 것이요, 아름다운 것이 있는데 알지 못하는 것

아버님을 기억하며
전주고보 맹휴의 주역 임휘영, 포용과 은덕의 삶

은 밝지(明) 못한 것이요, 알고도 후세에 전하지 않는 것은 어질지(仁) 못한 것입니다." 이글은 증조부님의 마음이었고 청죽집을 발간하였던 소주 임휘영(小舟 任彙永)님의 마음도 같았을 것이라는 생각이 들었습니다.

또 청죽집에 아버님께서 쓰신 발문(跋文)에는 이런 문구가 있습니다. "돌아가신 지 이미 수 십년이 지나서 상자 속에서 나온 것이 고지(故紙) 몇 십 개 였는데 시와 문장이 약간 수(首)가 있었습니다. 꿇어앉아서 그것을 읽어보니 그 음성을 듣는 것 같고 그 모습을 뵙는 것 같았습니다."

비록 이 전기에는 아버님께서 직접 쓰신 글은 없으나 당신께서 지나온 국권찬탈의 시대와 그 이후로 이어진 민족상잔의 격동기에 실천하셨던 소리 없는 행동과 당신의 삶을 관통하는 정신적 유산을 돌이켜 보고자 하였습니다.

이 기록작업을 제안하시고 집안의 계보(系譜)에 관한 사항 등 실질적 자료를 정리하여 주신 서은석님, 전기를 위한 자료수집과 정리 그리고 기술하여 주신 역사디자인연구소의 은정태, 이신철, 한상구님께 감사드립니다.

임성기, 원기, 형원, 승기, 소자, 융기, 정기
형제의 뜻을 모아 막내 정기 삼가 지음

전주고보 맹휴의 주역 임휘영, 포용과 은덕의 삶

소주 임휘영 연보

1908년 김제시 성덕면 묘라리 641번지(후리마을)에서 풍천임씨(참의공파) 30세로 아버지 임기부, 어머니 정경구 사이에 장남으로 출생

1919년 4월 4일 만경공립보통학교에 다니면서 3.1운동에 참여, 일본 경찰을 피해 집까지 피신

1923년 전주고등보통학교(현 전주고) 입학

1926년 6월 3일 3학년 재학 중 조선학생 차별대우 철폐와 폭력적인 일본인 교사 배척 등을 내걸고 동료들과 함께 동맹휴학 돌입. 7월 1일 학생들의 요구와 학부모들의 중재를 거부하고 오히려 학생 2명을 퇴학 처분한 일본인 교장을 교문 밖으로 추방

1926년 7월 2일 동맹폭행으로 퇴학 처분, 8월 25일 전주지방법원에서 6개월 징역에 집행유예 1년, 1927년 2월 1일 대구복심법원에서 징역 8개월, 집행유예 2년 선고 받음

1928년 만경청년회에 참여해 유학생부에서 활동

1929년 상반기 경성으로 이주

1929년 6월 15일 만경청년회 활동 혐의로 종로경찰서에 연행.

1929년 7월 누이 동생 임부득, 적광회 사건으로 체포 당함

1930년 경신양조에 출자, 조정희와 결혼

1932년 장남 임성기를 낳음. 이후 임원기(1934), 임형원(1937), 임승기(1940), 임소자(1943), 임융기(1946), 임정기(1950) 5남 2녀를 둠

1934년 중앙체육연구소에 다니며 역기선수로 활약

1937년 경성의 양조장 사업 정리

1941년 9월 '후리 식산계' 설립, 일제의 통제정책에도 불구하고 빈민구제 사업 등 진행

1950년 농지개혁에 찬성해 땅을 처분하고, 전쟁을 맞이함. 좌우 갈등과 전쟁을 이겨내며 가족을 지켜냄.

1959년 김제 대동양조장 경영 개시, 이후 지역 유지로서 다양한 봉사활동과 함께, 문인, 예술인들과 교우하며 지역 경제 발전에 기여

1972년 이 세상과 이별

2015년 8월 29일 전주고등학교에서 명예졸업장을 받음

차례 전주고보 맹휴의 주역 **임휘영,**
포용과 은덕의 삶

아버님을 추억하며   4

소주 임휘영의 삶   11

1 풍요와 인물의 땅, 성덕과 만경
- 성덕면   13
- 만경면   14
- 묘라리와 후리   16

2 지역사회, 학문과 예술 감성을 키워주다
- 한 말 상반된 두 개의 사상적 분위기   19
- 문화예술계의 영향   22
- 만경평야와 일본인 농장   23

3 가족, 더욱 넓어지는 튼튼한 울타리
- 직계가족   26
- 조부 임공희   32
- 부친 임기부   37
- 임휘영과 조정희   41
- 숙부와 사촌   43
- 선후배와 친구   45

4 경제 상황과 할아버지의 유산   46

5 전주고보 동맹휴학, 인생을 바꾸다
- 만경공립보통학교   52
- 전주 유학과 동맹휴학 투쟁   55
- 전주고보 동맹휴학 사건의 의미와 영향   64
- 관련 인물   66

6 만경, 청년회에서 새로운 세상을 꿈꾸다
- 만경청년회 유학생부 활동   71
- 만경에서 경성으로   78

1908~1972

7	경성, 민족운동의 후원자 근대와 자본주의를 경험하다	종로경찰서 구금사건	80
		경신양조 지점 운영	83
		중앙체육연구소에서의 신체 단련	86
		혼인과 득남	89
		경성에서 도시문화 경험	90
		낙향과 경신양조 출자 정리	93
		'8천원 독립운동자금 제공'설	96
8	임부득과 김철주의 민족운동 여정	임부득	100
		김철주	104
9	후리, 전쟁동원의 위기	김제에서 친구들과의 교유	106
		후리 식산계	107
		남도의 근대한옥 신축	109
10	해방과 전쟁의 소용돌이 속에 지켜낸 가족	좌우 갈등 사이에서	111
		전쟁의 한복판으로 들어간 후리 본가	112
11	농지개혁의 여파, 김제 주장으로 넘어서다	농지개혁의 영향	117
		정미소 운영	119
		이리와 부안으로	120
		김제 주장 경영	122
		예술가들과의 교류	126

12 서울, 흩어진 가족들을 보듬다	지역사회 유지	131
	서울행의 또다른 이유, 가족	132
	생사를 넘나든 경험이 만든 '명륜동 공동체'	133
	마지막 길	135
13 되돌아 보는 삶		136
참고문헌		138

부록   141

부록 01	임휘영 재판 판결문(번역)	141
부록 02	임휘영·임부득 관련 신문기사 모음	179
부록 03	임휘영 관련 구술자료	221
	후리 생가의 임창의(任昌儀) 구술	223
	신풍리 대성주장 지배인 곽삼희 구술	225
	서은석 구술 (2020년 2월)	228
	가족 구술 ❶ – 임성기	230
	가족 구술 ❷ – 임정기, 서은석	235
	서은석 구술 (2020년 3월)	238
	가족 구술 ❸ – 임승기, 임소자	240
	가족 구술 ❹ – 임원기	251

소주 임휘영의 삶

소주 임휘영의 삶

1. 풍요와 인물의 땅, 성덕과 만경

성덕면

  1895년 갑오개혁 과정에서 현 김제시에 해당하는 김제군, 만경현, 금구현은 모두 군으로 승격되었다. 금구현 원평 일대는 모악산 자락에 위치한 산간지역이었다. 전주로 가는 길목이었기에 19세기 동학농민운동의 주요 활동지가 되기도 했다. 해안과 평야를 끼고 있던 만경현은 물산이 풍부하여 현령(군수)이 한양의 유력가문에서 임명되는 경우가 많았다.

  1914년 행정구역 개편 때는 만경군, 김제군, 금구군이 김제군으로 통합되었다. 이에 따라 만경군 남일면 소속이었던 묘라리의 행정 단위가 김제군 성덕면 소속으로 바뀌었다.

  성덕면은 현재 김제시의 1개읍, 14개면, 4개동 가운데 하나이다. 성덕이라는 지명은 성덕산(聖德山)의 이름에서 따왔다. 대목리 · 대석리 · 묘라리 · 석동리 · 남포리 · 성덕리 등 6개 리 31개 마을로 이루어져 있다.[1]

  면 소재지는 석동리에 있다. 북쪽에 성덕산을 중심으로 해발 고도 20m 안팎의 구릉이 있을 뿐, 면 전체가 충적평야 지대로 호남평야의 중심을 이룬다. 서남쪽으로 서해와 닿아 있어 바닷물을 이용한 염전

---

1   향토문화전자대전, 성덕면

이 있었으나 지금은 전답으로 활용하고 있다. 대부분의 농경지는 경지 정리가 잘 되어 있다.

만경면

만경(萬頃)을 글자대로 풀이하면 밭 사이의 경계[두둑]가 만 개라는 뜻인데, 이는 곧 '들이 넓다'는 뜻이다. 그만큼 경작지가 광활함을 일컫는 말이다. 또 만경은 고군산열도(선유도)까지 관할하고 있어 창파만경(蒼波萬頃)에 넘실대는 푸른 벼이삭을 뜻하기도 한다. 조정래는 『아리랑』 도입부에서 "초록빛 싱그러움을 뒤덮으며 들판에는 갯내음 짙은 바람이 불고 있었다. 거칠게 휘도는 바람을 앞세우고 탁한 회색빛 구름이 바다 쪽에서 몰려오고 있었다. 시커먼 먹구름은 하늘을 금방금방 삼켰다. 그리고 그 두껍고 칙칙한 구름 덩어리들은 서로 얽히고설켜 꿈틀대고 뒤척이며 뭉클뭉클 커져 가고 있었다. …… 초록빛으로 가득한 들녘 끝은 아슴하게 멀었다. 그 가이없이 넓은 들의 끝과 끝은 눈길이 닿지 않아 마치도 하늘이 그대로 내려앉은 듯싶었다"고 표현하였다.

만경읍은 일제 강점기 교통의 요지였다. 일제는 김제평야에서 생산된 쌀을 수탈하기 위해 전주와 군산을 잇는 전군가도(全群街道) 뿐만 아니라 김제-만경-옥구를 지나는 도로도 만들었다.

만경읍에는 전통적인 읍치의 성격을 보여주는 기관과 일제강점기에 새로 설립된 행정기관이 함께 자리 잡고 있어 지역의 중심지 역할을 하였다. 1910년대에 이미 만경읍성, 만경향교, 만경시장과 함께 순사주재소, 우편소, 만경보통학교 등이 있었다.[2]

---

2   조찬성 편찬, 『김제군지』, 1917.

그림 ❶
만경현. 1872년 지방지도 중에서. 서울대 규장각 소장. 지도 하단의 남일면이 오늘날 성덕면이다. 능제가 보인다.

그림 ❷
만경읍의 중심가로. 김제에서 옥구 대야면 지경리에 이르는 2등 도로이며, 김제-묘라리 뒤쪽을 거쳐 만경시장, 만경읍사무소와 파출소를 지나 만경교를 지난다. 곧이어 옥구의 대야면 지경리에서 전군(전주-군산)도로와 합류한다. 1939년에 아스팔트와 콘크리트로 포장되었다. 김제와 만경에 살았던 많은 이들의 기억 속에 남아있다. 2020.2.7. 촬영.

만경읍내에는 만경향교와 만경시장이 있어, 묘라리(후리) 사람들은 면소재지인 석동까지 가지 않더라도 거리상으로 가까운 만경읍을 드나들며 다양한 관계를 맺을 수 있었다. 1909년에 사립으로 출발해 1911년 공립으로 바뀐 만경보통학교도 만경이 주변 지역의 중심지 역할을 할 수 있게 하였다. 당시 만경읍에는 16세기부터 세거해온 현풍곽씨들이 경제적으로나 사회적으로 뚜렷한 위치를 점하고 있었다.

그림 ❸

대동여지도 부분도(서울대 규장각 소장). 만경, 김제, 금구와 함께 옥구, 부안이 보인다. 만경 읍치(邑治) 오른쪽에는 '능제(陵堤)'가 보인다.

묘라리와 후리

묘라리(妙羅里)는 행정동 성격이 강하다. 그 안에 요래·후리(後里)·두무동(杜舞洞) 등의 자연 마을이 있다. 후리는 묘라리 서북쪽에 있는 마을로 묘후리(妙後里) 혹은 후리(後里)로 불렸는데, 묘라리 내의 뒷동네라는 뜻으로 이해할 수 있다. 또 두터울 후(厚)자를 써서 인

그림 ❹

동쪽에서 서쪽을 보며 촬영한 능제 전경(2020.2.7. 촬영) 능제는 동국여지승람(東國輿地勝覽))에 "현(縣)의 동쪽 2리에 있으며, 주위가 1만 8,100척(尺)이다"라고 기록되어 있는 아주 오래된 저수지이다. 연꽃과 마름이 많다 하여 마름 능(菱)자를 붙여 사용하였다. 조선시대 성리학자인 김종직의 한시 '능제음(菱堤吟)'에서는 지나가는 길손들이 타고 가는 말을 멈추고, 해지는 줄도 모르고 연꽃이 만개한 저수지 풍경을 구경할 정도였다고 한다. 현재는 둑을 뜻하는 '능제'보다는 만경 능제저수지나 능제호 혹은 연방죽이라고도 한다. 현재 낚시터로도 이름이 있다. 최근에는 김제지평선마린리조트가 요트와 수상스키장으로도 활용하고 있는데, 전북조종면허시험장을 겸하고 있다.

심이 후한 마을이라는 뜻이라고 주장하는 경우도 있다.

일제강점기 묘라리에서만 전주고등보통학교에 4명(임휘영, 박판동, 임휘정, 오영모), 전주사범학교에 2명(임휘태, 박판철)이 다닐 정도로 경제적으로나 사회적으로 이 지역에서 유력한 동네였다. 또 김제군수를 역임한 오해건도 묘라리 출신이었다.

임휘영의 장자인 임성기는 1980년대 초 전두환정권의 언론통폐합 때 방송사에서 해직된 후 출판사를 차렸는데, 그 이름을 '후리'(後里, Free)로 했다. 고향 마을 이름을 기막히게 잘 사용한 셈이다.

그림 ❺

묘라리에 있는 능제양수장 전경(2020.2.7.) 1930년 동진수리조합(현 동진농지개량조합)은 능제를 확장하고(5.4km → 15km), 수로를 따라 내려온 섬진강 옥정호의 물을 후리 양수장에서 5m 높이로 능제에 퍼올려 채운 다음 진봉면 일대 간척지에 농업용수를 공급하기 시작했다. 물을 공급받는 몽리면적은 1,734㏊이다. 양수기 사용 후 남는 전기는 후리로 송전해 후리에 정미소가 들어설 수 있는 환경을 만들었다.

묘라리

전라북도 김제시 성덕면에 속하는 법정리. 300여 년 전 풍수지리에 밝은 지관 두사총이 마을 모양이 풍취라대(風吹羅帶, 미풍에 비단 허리띠가 펄럭인다는 뜻)의 형국이라고 한 데서 묘라리(妙羅里)라 하였다.

조선 말기 만경군 남일면에 속했던 지역으로, 1914년 행정구역 개편에 따라 묘후리·신흥리·인흥리·소석리·다목리·대목리 각 일부, 군내면 남산리 일부를 병합하여 묘라리라 하고 김제군 성덕면에 편입하였다. 1995년 1월 1일 김제시와 김제군이 통폐합됨에 따라 김제시 성덕면 묘라리가 되었다.

2009년 11월 30일 현재 총 144가구에 305명[남자 151명, 여자 154명]의 주민이 살고 있다. 자연마을로 묘라(妙羅)·후리(後里)·두무동(杜舞洞)·양수장(揚水場)·사거리 등이 있다. 묘라의 지명과 관련하여 다음과 같은 설도 전해 온다. 어떤 마을 사람이 밥을 잔뜩 먹고 배가 불룩해지자 산으

> 로 가서 누워있었다. 지나가던 사람이 왜 이렇게 배가 부르냐고 물어보
> 자, "밥을 많이 먹어서 요래 됐소." 하고 대답한 뒤로 요래가 되었다고 한
> 다. 또 묘화라는 처녀가 이 마을에 살아서 묘라가 되었다고도 한다.
> 충신효자 유지화 정려(忠臣孝子柳志和旌閭)가 있다. 또 유지화(柳志和), 남궁제(南宮石+齊)를 배향한 남산서원이 있다. 교육시설로는 1949년에 설립된 성동초등학교가 있었는데, 2002년에 폐교되고 그 자리에 지평선중학교가 설립되었다. 2010년 지평선고등학교도 같은 자리에 들어섰다.
>
> (향토문화전자대전, 「묘라리」 ; 서은석 구술)

2 | 지역사회, 학문과 예술감성을 키워주다

한 말 상반된 두 개의 사상적 분위기

소주 임휘영이 나고 자란 김제의 성덕면은 간재(艮齋) 전우(田愚)와 해학(海鶴) 이기(李沂)의 학문과 사상을 빼놓고 이해하기 어렵다.

위정척사파의 지도자 간재 전우(1841~1922)

간재 전우는 나라가 망하기 전후로 부안, 김제, 그리고 군산 앞 바다 섬인 왕등도, 고군산도, 계화도 등에 차례로 머무르면서, 이른바 '처변삼사(處變三事)'의 한 모습을 보여주었다. 처변삼사란 의병장 유

인석이 나라가 망할 위기에 처했을 때 선비들이 취해야 하는 세 가지 방안을 제시한 것이다. 그 세가지는 먼저 의병을 일으켜 왜적을 소탕하는 방안을 뜻하는 '거의소청'(擧義掃淸), 국외로 망명하거나 국내의 은밀한 곳으로 피해 대의(大義)를 지키는 방안을 강구한다는 의미의 '거지수구'(去之守舊), 마지막으로 의리를 간직한 채 목숨을 내던지는 방안을 의미하는 '자정치명'(自靖致命)을 의미한다. 간재가 취한, 오랑캐들에 의해 도리가 훼손된 땅을 떠나 섬이나 산으로 들어가는 행동은 '거지수구'의 한 방식이었다.

간재는 부안의 계화도에 들어간 후 '계화도(界火島)'를 '계화도(繼華島)'로 이름을 바꾸고 계화재(繼華齋)를 건립하여 중화 문명 계승을 표방하고 후학을 양성하는 데 주력하였다. 그는 학도들이 넘치자 계화재의 왼쪽에 다시 지의재(持義齋)를 신축하였다. 1914년부터 1916년 사이에는 전북의 김제, 부안, 고창, 정읍 지역에서 많은 문인들이 몰려들어 좌우로 12개의 학당이 건립되고 강학촌이 크게 형성되었다.

간재의 문인 중에는 신식교육을 받고 관직에 나가 활동하거나, 다양한 분야에서 활동한 이들이 적지 않았다. 대법원장을 지낸 김병로(순창), 독립운동가 백관수(고창), 국회의원을 지낸 김용무(무안), 백인수(고창), 소선규(익산), 윤제술(김제), 사회운동가 백남규(고창) 등이 그들이다. 이외에도 김제 성덕면 출신으로 일제 강점하 관료와 중추원 참의를 지낸 강동희도 있다.

이밖에 간재의 제자는 3천여 명에 이른다고 하는데, 그중에 최병심, 이병은, 류영선, 김택술, 권순명, 송기면을 전북 6현으로 꼽기도 한다. 널리 알려진 사학자 김상기와 정치인 윤제술이 모두 최병심의 제자였다. 김상기는 김제 출신으로, 1914년 만경 출신의 진보적 학자

운정(篔亭) 최보열(崔輔烈, 1847~1922) 문하에 들어가 배우고, 1917년 전주로 나가 최병심 문하에서 3년을 수학하였다.

소주 임휘영의 조부 청죽 임공희는 간재의 문인으로 간재와 편지를 주고받았다. 그에 관한 기록이 『청죽집(靑竹集)』과 『간재선생문집(艮齋先生文集)』에 각각 실려 있다.

묘라리 요래 출신 서은석의 구술에 따르면, "증조부(서상춘)는 동생(서상민)에게 약방을 시켰다. 서상민과 임공희가 의원이라는 같은 업종에 종사하는 가까운 친구 사이였고, 동시에 간재 전우의 제자였다. 그래서 서상민의 아들(서병우)과 임공희의 딸이 혼인하였던 것이다. 곧 같은 업종, 사돈 관계, 같은 스승으로 서로 엮이게 되었다. 1920~1930년대 진봉면장을 한 서병우는 임휘영에게 고모부가 된다"고 하였다.

대석리 출신 계몽운동가 해학 이기(李沂:1848~1909)

대한제국기 개화·계몽운동의 지도자였던 해학 이기는 성덕면 대석리에서 태어났다. 황현, 이정직과 함께 호남 3절로 불렸으며, 실학자이자 독립투사였다. 30대에 고향을 떠나 구례, 서울 등지에서 활동하였다.

이기는 장지연 등과 대한자강회를 조직하여 민중계몽운동에 진력하였다. 임공희는 대한자강회를 계승하여 전국적으로 지방조직이 결성된 대한협회 만경지회의 회원으로 참여하였다. 대한협회는 신문물을 받아들였는데, 전통적 유교 질서를 지키려는 세력과 충돌이 일어나기도 했다. 예를 들면, 안동에서는 대한협회 안동지회가 조성한 신식학교가 의병들에 의해 공격을 받기도 했다. 만경의 경우 이런 모습이 표면적으로 보이지는 않는데, 간재 전우와 해학 이기의 세계관의 간극에도 불구하고 국망이라는 위기를 맞아 생각의 차이를 뛰어넘어 지역사회를 지키려 했던 것으로 이해할 수 있다.

남산서원

성덕면 묘라리에 소재한 남산서원은 1574년(선조 7년) 창건하였고, 1870년(고종 7년) 서원철폐령으로 훼철되었다가 1970년에 복원되었다. 병자호란 때 척화파로 활약한 유지화와 순조 때의 남궁제를 배향하였다. 다만 남산서원은 19세기 말 20세기 초에는 훼철된 상태였기 때문에 지역사회와는 뚜렷한 관계를 맺지 못하였다.

문화예술계의 영향

김제의 석정(石亭) 이정직(李定稷, 1841~1910)은 전남 구례에 살던 매천 황현, 성덕면 출신의 해학 이기와 함께 호남 3걸로 불렸다. 이정직 사후 유재(裕齋) 송기면(宋基冕, 1882~1956)이 그 뒤를 이어 후학을 지도하다가 간재가 세상을 떠나기 2년 전 간재 문하가 되었다. 그러나 사실 송기면은 이정직의 영향을 많이 받은 사람이었다. 특히 서예와 문인화 같은 예술 측면에서는 이정직의 영향이 지대하였다. 송기면의 예술세계가 그의 아들 강암(剛菴) 송성용(宋成鏞, 1913~1999)[3]에게 계승되어 전북 서예사의 큰 봉우리를 이루었다.

전북 서예사에서 김제 출신 인사들의 위상은 확고하다. 벽하(碧下) 조주승(趙周昇, 1854~1903), 표원(表園) 박규완(朴圭脘, 1868~1916), 이운(怡雲) 나갑순(羅甲淳, 1885~1946) 등 걸출한 서예가가 김제에서 배출되었다. 이들은 이정직에게 배웠거나 그의 영향을 받은 사람들이었다.

3 　전 전북지사 송하진의 부친이다.

호남선이 개통되면서 김제는 경제도시의 위상을 확립하여 새로운 신흥도시로 떠올랐다. 김제에서 일제 강점기 권번의 존재 여부는 확인되지 않지만, 1930년대 기생들의 주요 활동공간이었던 요릿집 소화관(昭和館)이 있었음은 확인할 수 있다. 또 김제군 성덕면 모산에는 윤두라는 판소리 선생이 살기도 하였다.[4]

한편 만경에는 3·1만세운동 준비과정에서 종교계의 통합에 중요한 역할을 하고, 1920년대 초반 서울에서 청년운동단체의 지도자로 활동하다가 1920년대 중반부터 고향에 내려와 있던 정노식(鄭魯湜)이 활동하고 있었다. 그는 이 곳에서 판소리 연구에 매진하여 『조선창극사』(1940)를 간행하여 근대 판소리 연구의 기틀을 마련하였다.

이처럼 김제에는 근대에 들어 서예와 판소리를 중심으로 하는 문화적 토양이 만들어졌는데, 이로 인해 김제인들은 문자와 소리가 주는 예술을 자연스럽게 향유할 수 있게 되었다. 임휘영가도 자연스럽게 이러한 문화적 영향을 받았다.

만경평야와 일본인 농장

성덕면은 일제 강점기 만경평야에서 유일하게 일본인 농장이 없는 곳이었다. 만경강과 동진강 사이에 있는 만경읍과 성덕면 일대에 일본인들의 진출은 거의 찾아볼 수 없었다. 이는 다시 말해 이미 조선인 지주에 의해 적지 않은 농지가 경영되고 있었음을 의미한다.

만경강과 동진강 일대 하류 저습지는 과거 해일의 피해가 있던 곳이었는데, 일본인들이 이곳에 집중적으로 제방을 쌓아 개간하였다.

4 　황미연, 『전라북도 권번의 운영과 기생의 활동을 통한 식민지 근대성 연구』, 전북대 고고문화인류학과 박사논문, 2010.

강변 하류 저지대 습지에서 농작을 하기 위해서는 세 가지 조건이 확보되어야 한다. 먼저 해일 피해 방지를 위한 방파제가 설치되어야 한다. 두 번째로 간척과 하천 정비가 되어야 한다. 즉, 만경강과 동진강의 하천이 정비되어야 했던 것이다. 마지막으로 상류로부터 수원 확보와 관개시설이 구축되어야 했다.

일제 강점기 일본인들은 군산과 인접한 옥구, 대야 등지의 만경강 하류와 김제 죽산면과 부안 백산면 등 동진강 하류 일대의 간척과 수리사업을 추진하여 그들의 쌀 수탈 기반을 만들었다. 현재의 광활면과 진봉면에서 대규모 간척을 추진한 것은 널리 알려져 있다.

김제의 일본인 농장으로는, 구마모토(熊本)농장(1907, 죽산, 부량), 동양척식주식회사 척식농장(1908), 이시카와(石川)농장(1908), 아베(阿部)농장(1912, 광활), 다키(多木)농장(1913, 진봉), 하시모토(橋本)농장(1916, 죽산), 마스토미(富)농장(1918, 청하) 등 일곱 개의 대농장이 있었고, 작은 규모의 가네코(金子)농장(1906), 미조테(溝手)농장(1911), 사카이(坂井)농장(1914) 등도 있었다. 이들 농장들은 만경강과 동진강 유역에 집중되어 있었는데, 성덕면에는 일본인 농장이 없었다.

1918년 일본에서 쌀소동이 일어나면서, 일제는 식량문제 해결을 위해 산미증식계획을 수립했고, 1920년대 산미증식계획을 실시하면서 그 일환으로 수리조합을 적극적으로 조직했다. 김제지역에서는 1925년 8월 29일 동진수리조합을 결성하였다.[5)]

동진수리조합은 김제·정읍·부안에 물을 공급하는 역할을 담당하였다. 또한 김제 지역의 죽산, 진봉, 만경 등의 간척지에도 물을 공

---

5 동진수리조합은 한국 농어촌공사 동진지사가 되었다.

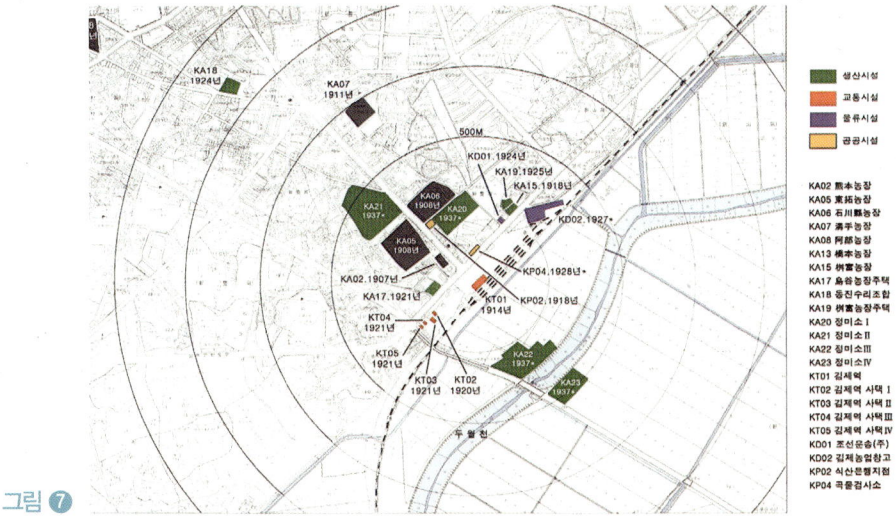

그림 ❼

김제시. 철로교통 이용 시기 쌀 관련시설 위치도
출처: 전재홍, 「쌀 관련 시설의 도시경관 변화에 대한 영향 연구」, 한남대박사학위논문, 2008, 188쪽.

급했다. 동진수리조합은 결성과 동시에 제방 쌓기 공사를 시작했고, 1928년에는 섬진강 운암저수지(옥정호)를 완공하였다. 그 과정에서 성덕면에도 수로가 지나가게 되었고, 그 지역 조선인 지주들의 농지가 포함되기도 하였다. 저수지와 수로가 마련되고 풍부한 농업용수 공급이 이루어지면서 일본인들의 농장 경영이 크게 확대되었다.

동진수리조합에 대해 만경의 지주들은 초기에는 지켜보는 입장이었다. 그런데 1929년 가뭄이 닥치고, 저수지 물을 공급받은 수혜지역과 그렇지 않은 지역 간에 생산량 차이가 확연히 드러나면서, 조선인 지주들도 점차 수리조합에 가입하기 시작하였다.

농업 경영이 확장되면서, 일본인 농장주들은 김제 각지에 거주지를 마련하고, 정미소를 경영했다. 또 이들은 주장(酒場)과도 연결되어 있었다. 일본인들의 경영 형태를 본 조선인 지주들도 1930년대 중반부터 정미소와 주장 경영에 본격적으로 나서기 시작하였다.

한편, 호남선이 개통되면서 김제는 주변의 평야지대에서 생산되는 미곡을 군산으로 보내는 데 결정적 역할을 하는 도시로 변모했다. 김제역 도로변에는 일본인의 주택과 상점들이 늘어서게 되었다. 주로 미곡 도매상, 정미소, 고급음식점, 여관, 잡화점 등이었다.[6)]

김제는 경제도시의 위상을 확립하면서 새로운 신흥도시로 거듭나고 있었다. 임휘영은 이처럼 김제의 격변 속에서 성장하였다.

3 가족, 더욱 넓어지는 튼튼한 울타리

직계 가족

임휘영은 1908년 풍천임씨(참의공파) 30세(世)로 성덕면 묘라리(후리)에서 태어났다. 1남 3녀 중 독자였다. 풍천임씨의 시조는 임온(任溫)으로 송나라에서 은자광록대부(銀紫光祿大夫)의 벼슬을 지냈다. 임온은 중국 절강성 자계현(慈溪縣) 사람으로, 원나라 때 고려로 와 풍천에 터를 잡았다고 전해진다. 본관 풍천은 황해도 송화군을 지칭하며 현재 북한에서는 황해도 과일군이다.

조선총독부가 1933년에 발간한 『조선의 취락(朝鮮の聚落)』을 보면,

---

6   전라북도청, 『전북도시계획 100년사-개항 이후 도시계획 연혁과 성과』, 2003, 58쪽

김제군 성덕면에는 풍천임씨 집성촌 2곳, 진주강씨 집성촌 2곳이 언급되어 있다.[7] 성덕면에는 두 성씨 이외에도 여러 대성(大姓)이 있음에도 두 성만 언급하였다. 임휘영의 당숙인 임명부의 부인이 진주강씨인 강동희의 누이동생이었다. 성덕의 큰 성씨 간의 혼인인 셈이다.

성덕면의 풍천임씨는 대목리에 큰 마을을 이루고 있으며, 1600년대에 임경지(任敬智)가 대목리에서 후리로 이주해 터를 잡고 살았다고 한다. 입향한 지 400년 이상 되는 셈이다. 성덕면에서 풍천임씨가 중심을 이루고 있었다는 사실은 1907년 국채보상운동 과정에서도 드러나고 있다. 국체보상운동 당시 만경군 남일면(현 성덕면)에서는 81명이 참여해 24.75원의 국채보상금을 모금했는데, 참여자 중 풍천임씨가 19명으로 참여한 성씨 중 가장 큰 규모를 보이고 있는 것이다.

후리마을은 김제군 성덕면 묘라리 6개 마을 중 바로 앞 동네인 요래마을과 함께 가장 큰 마을이다. 후리에는 50여 호가 있었는데, 풍천임씨와 밀양박씨 그리고 김해김씨 세 성관이 주류를 이루고 있었다.[8]

임휘영의 가계는 다음과 같다.

표 ❶ 임휘영의 가계

27세	28세	29세	30세	31세	32세
임민교民敎 (1832~1909)	임민교民敎 (1832~1909)	임기부冀溥 (1881~1952)	임휘영(1908~1972)/ 조맹순(1910~1991)	임성기(1932)/ 최려자	임진아/최승록
					임수아/최태영
					임준구/곽은영
				임원기(1934)/ 채경희	임혜련, 임영조, 임한조
				임형원(1937)/ 김재규	김영석, 김준석, 김영아

7 『황성신문』 1907년 10월 18일.
8 서은석 구술.58쪽 2003, 58쪽

				임승기(1940)/육선자	임다솔, 임다올
				임소자(1943)/윤연홍	윤용석, 윤성원
				임융기(1946~1987)/온소영	임태구, 임홍구
				임정기(1950)/김선희	임형구, 임형준
			임기옥(1902)/소병옥	소원길, 소남섭 외	
			임부득(1911~)/김철주	김광배, 김광천, 김광원, 김광희	
			임영순(1920)/이우	이양배, 이창배, 이승배, 이근배, 이초자	
	임맹부 (1883~1935)	임휘태 (1902~1950)	임정환	임승준	
			임성환	임준용	
			임방명	임원일, 임태건	
			임선명		
			임재명	임상호, 임성진, 임용범	
			임완명	임진수	
			임도명	임슬기	
		임휘길 (1908~1963)	임영환	임동조, 임동욱, 임형진, 임동진	
			임기환	임동규, 임동룡	
			임종환	임성진, 임성민, 임성호	
			임형균		
			임동환		
			임민환	임우진, 임영진	
		임휘정 (1910~1977)	임문환	임천종, 임기종	
			임인명	임현철	
			임광명	임재형	
			임승균	임재영	
		임시혁 (1916~1987)	임주환	임기종	
			임현명	임훈종, 임원종	

			임영명	임윤식, 임윤종
			임기명	이수완
		*강재석		
	임선부 (1886~1947)	임휘상 (1911~)	임석기/ 부인성명 미상	임종표
			임은기	임종현
			임훈기	
			임행자	
		임창현 (1921~1991)	임영기	임종범
			임호기	
			임춘기	
			임형운	
			임명운	
			임준기	
			임용기	
		임창진	임한기	
			임홍기	
			임돈기	
			임종기	
			임혜숙	
		곽병옥*		
		김일영*		
		이문구*		
	임명부(1891~1955)	임창선 (1924~)	임찬기	

* 표시는 사위
출처 : 『풍천임씨세보 중편』(1992) 및 가족 구술 참고

    가계도에 등장하는 인물 중 행적이 파악된 주요 내용은 다음과 같다.

임성기 : 임휘영의 장남. 고려대 영문과를 졸업하고, MBC 편성국장, 제작국장, 감사, 대전방송 사장, 방송문화진흥회 이사 등을 역임하였다.

최려자 : 임성기의 부인. 부친은 최석면(崔錫㲾). 최석면은 서울시 약

무과장으로 재직 중 한국전쟁 때 납북되었다.[9]

임원기 : 임휘영의 차남. 서울의대 졸업 후 도미하여 정신과 전문의 취득 후 Elbert Einschtein 대학병원 교수로 재임하였다. 현재 미국 뉴욕에 거주하며 정신과의원을 운영하고 있다.

임형원 : 임휘영의 장녀. 이화여대 교육학과를 졸업하였고 형제들과 며느리들 간의 가화(家和)에 중심 역할을 하였다.

김재규 : 임형원의 남편. 서울대 의과대학 졸업 후 내과의원을 운영하였으며 지역과 소외된 이들에 대한 의료에 많은 노력을 기울였다.

임승기 : 임휘영의 3남. 독일에 유학해 독일 문학을 전공했고, 미술사, 음악학, 철학을 부전공으로 하고 있다. 현재 성균관대 독어독문학과 명예교수이다.

임소자 : 임휘영의 차녀. 숙명여고와 이화여대 국문학과를 졸업하였다.

---

9   최려자, 『2000년의 환갑』, 『한울타리(집안소식지)』 2000 가을 제3호, 3쪽. 최려자는 아버지 최석면의 납북과 관련해 다음과 같이 남기고 있다.
식구들이 "공무원이니까 좀 피해 계시라"고 했건만 "내가 무슨 죄가 있다고 숨느냐"고 하시다가 7월인가 8월 어느날 납치 당하시고 말았다. 그 후 백방으로 식구들이 아버지 계신 곳을 찾았으나 9.28수복 후에야 이북으로 납북되셨다는 소식을 들었다. 같은 감방에 있던 어느 분이 우리 집에 찾아와서 9.28수복 직전에 아버지께서 "나는 먼저 풀려 나가니, 나중에 우리 집에 한 번 찾아오시오. 우리 집에 우물 맛이 좋습니다."하고 나가셨다고 한다. 그러나 아버지께서는 풀려나신 게 아니고 어느 곳으로 가셨는지 종무소식이었다.
※ 『한울타리』는 임휘영의 자손들이 힘을 모아 발간하는 집안소식지이다. 2000년 봄호를 창간호로 일 년에 네 차례 발간을 목표로 하는 계간지 형태를 취했다. 첫해에는 3호까지 발행되었고, 대체로 1년에 2회 정도 발간되었다. 2019년 28호까지 발간했다. 가족들의 수필과 회고 등을 싣고 자신의 전공이나 가족 관련의 다양한 글들을 실었다. 잡지의 표제는 4호부터 신영복의 글씨이다. 가족 단위의 잡지를 발간하는 것도 보기드문 대단한 일이지만, 잡지 글을 쓸 정도로 가족 대부분이 지식인들로 구성되었다는 점도 임휘영가의 지적 수준과 화목함을 충분히 보여준다고 할 것이다. 가족들은 서로의 소식을 나누는 홈페이지를 운영하기도 했다.

윤연홍 : 임소자의 남편. 서울대 상과대학을 졸업하였고, 제일은행 지점장을 역임하였다.

임융기 : 임휘영의 4남. 고려대학 졸업 후 림스코 무역회사를 창업하였고, 부친 사후 김제 주장을 겸업으로 경영하였다.

임정기 : 임휘영의 5남(막내). 서울대학교 의과대학을 졸업하고, 모교 교수로 재직하였고 재직 중 서울대 의대 학장, 서울대 부총장을 역임하였으며, 정년 후 현재 명예교수이다.

소병옥 : 임휘영 첫째 여동생 임기옥의 남편. 한국전쟁 당시 북측에 가담해 활동했다.

임맹부 : 임휘영의 작은 아버지. 묘소가 성덕면 대목리에 있다.

임휘정 : 임맹부의 3남. 임휘영의 전주고등보통학교 2년 후배로 1926년 전주고보 동맹휴학 사건 당시 1학년이었다. 1930년 전주고보 5학년 재학 중에 독서회 활동으로 일제 경찰에 구금되기도 했다. 1939년 후리식산계를 설립했을 때, 임휘영이 주사, 임휘정이 부주사가 되었다. 해방 후 성덕면장을 지냈다.

임선부 : 임휘영의 둘째 작은 아버지. 1935년 성덕면 협의회 의원으로 당선되었다.

임휘상 : 임선부의 장남. 씨름선수로 이름나 '임장사'라는 호칭으로 유명하였다. 국악계에서도 고수(鼓手)로 즐겨 활동했다. 전주에서 명창과 판소리꾼을 수시로 초청하여 마을잔치를 하였다. 전북 인간문화재 2호 민소완도 자주 초청되었다.

임명부 : 임휘영의 셋째 작은 아버지. 성덕면장을 역임(1933~1940)했고, 일제 말기 그 조카 임휘태(1941~1945)가 뒤를 이었다. 서은석의 증언에 따르면 9,600평 정도의 농지를 소유하고 있었다. 1930년 강동

희와 함께 면별로 2명이 배당된 김제군농회 통상위원에 임명되었다.

임창선 : 임명부의 장남. 동진농지개량조합 기술 이사를 역임하였고, 1990년 만경향교의 전교를 지냈다.

서병우(徐丙雨) : 임휘영의 고모부. 1922년부터 1932년까지 김제군 진봉면장을 역임하였고, 이 책에서 다수의 증언을 남기고 있는 서은석의 재종조부이다.

김광준 : 서병우의 사위. 김제읍에서 '도변상회(渡邊商會)'를 인수했다. 해방 전 '삼광상회(三光商會)'로 이름을 바꿔 운영하였다. 해방 후에는 청주의 서광양조장을 경영하였고, 상표를 조해로 바꾸었다. 지금은 세모기업이 소유하고 있다. 1930년대 박판철이 후리를 떠나 김제에서 '평화상회'를 경영할 수 있었던 것은 김광준의 도움이 컸다. 박판철의 상회 옆에서 박판동이 신발가게를 운영하였다고 한다.[10]

박판철과 박판동 형제는 밀양박씨로 후리출신이다. 모두 사회주의 운동가이다. 형 박판철은 1925년 조선공산당 책임비서를 지낸 김철수를, 동생 박판동은 1927년 고려공산청년회 책임비서를 지낸 하필원을 각각 장인으로 두었다. 임기부는 후리 박씨 형제들의 출중함을 알고 임휘영에게 박판동과의 교유를 권하였다고 한다.[11]

조부 임공희(任公熺, 1850~1917)

자는 도형(道衡)이고, 호는 청죽(聽竹)이며, 풍천(豊川)이 본관이다. 증조부는 첨추(僉樞)로 추증된 임응렬(任膺烈)이며, 조부는 임기언(任基彦)이다. 아버지는 통정(通政)을 지낸 임민교(任民敎)이다. 『조선

---

10   서은석 증언.
11   최낙구 증언.

신사 대동보』[12]에 따르면, 1902년 9월 25일 정3품의 오위장(五衛將)이 되었다. 당시 주소는 전라북도 만경군 남일면 묘후(玅後) 제1통 제1호였다. 부인은 해주오씨 기후(基厚)의 딸이고 자녀는 공희 등 4남을 두었다.

청죽은 어려서부터 효성이 지극하고 부모님을 잘 섬겨 엄동설한에도 병을 치료하기 위해 약을 구하러 다녔다. 이런 효행이 주목받아 혜릉참봉(惠陵參奉)에 제수되었다.

1908년 대한협회 만경지회 회원으로 참여하였다.[13]

계몽운동에 참여한 것으로 보아 국망의 위기 속에 실용적인 이해와 실천을 추구했던 지역사회의 지도자였음을 알 수 있다.

어릴 때는 집안이 가난하여 많은 어려움이 있었다. 자신이 직접 한약방을 운영하면서 집안을 일으키고 비로소 독서에 뜻을 둘 수 있었다. 또 스스로 말년에 간재의 문하에서 학문을 배우면서 마침내 지역에서 명망을 얻을 수 있었다고 기록하고 있다.[14] 다만, 집안을 일으켰던 한약방이 후대로 이어지지는 않았다.

임공희는 말년에 간재 문하에서 수학하게 되면서, 간재가 머물고 있던 부안 계화도를 방문하여 스승에게 귀한 먹을 선물하기도 했다. 그는 제자로서 깍듯이 예를 차렸고 공부에 소홀함이 없었다. 말년인 1916년에 청죽이 공부에 대한 글을 보내자 간재는 두문불출하며 독서하는 모습을 격려하는 답글을 보냈다.[15] 또 청죽이 사망하자 간재

---

12 大垣丈夫(오카키 다케오),『朝鮮紳士大同譜』, 朝鮮紳士大同譜 發行所, 1913.
13 『대한협회회보』제8호, 1908년 11월 25일.
14 이상의 내용은 『청죽집』참조. 임휘영이 간행한 청죽집은 2022년 증손 임정기의 주도하에 번역본으로 다시 발간되었다. 임공희·임기부 지음, 김학경 번역, 『청죽집』, 히스토리디, 2022.
15 『書, 答任公熺 丙辰』,『艮齋先生文集後編 續卷之二』;『청죽집』52~55쪽 참조.

그림 ❽

『청죽집』 표지. 1968년 『소죽유고』와 합본하여 임휘영이 발간하였다.

는 제문을 지어 보냈다. 간재는 청죽에 대해 "愷悌好善端恭自持(개제호선단공자지)", 즉 "온화하고 선을 좋아하고 단정함으로 몸가짐을 하였다"라고 평하였다.[16]

청죽의 교우관계는 해학 이기 우산 강희순(愚山 姜曦淳), 일산 곽종인(一山 郭鍾寅), 운정 최보열 등과의 사이가 주목된다. 묘라서숙(妙羅書塾)에서 해학이 당인(唐寅)의 성세사(醒世詞)를 읊고 우산의 섭선(줄부채)에 청죽이 세필해서(細筆楷書)한 것을 우산의 아들 오당 강동희(吾堂 姜東曦)가 가보로 대물림하다가 최근에 한국학중앙연구원에 기증했다. 우산은 딸을 청죽의 4남 명부에게 출가시켜 혼맥을 형성하였고, 양가는 3대째 세교로 이어지고 있다. 일산과는 망해사 등을 주유하며 많은 시를 남겼다. 일산은 청죽헌서문을 썼다(『청죽집』, 245쪽). 운정도 1917년 청죽시집에 서문을 쓸만큼 사이가 돈독하였다(『청죽집』, 24쪽).

청죽은 후손들에게 가훈을 남겼는데, 그 요체는 부모님에 대한 효도였다.[17]

그가 남긴 가훈은 1968년 임휘영이 간행한 『청죽집』을 통해 확인

---

16 『祭文, 祭任公熺文, 戊午』, 『艮齋先生文集後編 續卷之七』; 간재의 전체 제문 번역본과 원문은 『청죽집』 259~261쪽 참조.

17 『청죽 가훈(靑竹家訓)』, 『청죽집』, 62~72쪽.

그림 ❾
김제시 진봉면 망해사에서 본 새만금 간척지 내 만경강 하류 모습(2020.2.7. 촬영). 임공희는 이곳을 방문해 『宿望海寺(숙망해사)』라는 한시를 지은 바 있다. 『한울타리』 9호(임원기 번역)와 『청죽집』(2021)에 번역 글이 있다.

할 수 있다. 이 책에는 청죽 임공희의 자서(自序)가 있고, 1917년 1월에 만경 출신의 유학자 운정(篔亭) 최보열(崔輔烈, 1847~1922)이 쓴 서문이 있다. 그리고 청죽의 부친 임민교의 효행록과 가훈, 군자소인론(君子小人論)과 효제론(孝悌論)과 같은 논(論), 그리고 다수의 시문이 실려 있다. 제문은 간재 전우가 썼으며, 행장은 권순명(權純命)이 썼다.

또 청죽집에는 「화옥정시사(華玉亭詩社)」, 「속망해사시회운(續望海寺詩會韻)」, 「속몽호시사(續夢湖詩社)」, 「수하시사(首夏詩社)」 등 임공희의 시가 실려 있는데, 이를 통해 청죽이 시사(詩社) 활동에도 많은 관심을 기울였음을 알 수 있다.

『청죽집』에는 그 아들 소죽 임기부의 『소죽유고(小竹遺稿)』도 함께 수록되어 있다. 그의 환갑잔치에 받은 시가 다수 있고, 묘갈명은 김경발(金慶垅)이 짓고 송성용(宋成鏞)이 썼다. 그의 행장은 이도형(李道衡)이 지었다.

『청죽집』의 발문은 1968년 청죽의 손자 임휘영이 썼다. 임휘영은 할아버지의 유품 '상자에 수십 통의 편지와 시문 약간만 나왔'으며, 이를 읽어보니 '성음(聲音)을 듣는 것 같았다'고 하였다. 또 그는 이들 편지와 시문을 자손들에게 '영원토록 집안에서 전할 보물(영세전가지보장 永世傳家之寶藏)'로 삼고자 한다고 하였다. 그가 『청죽집』과 『소죽유고』를 하나의 책으로 묶어 내던 해는 임휘영이 환갑이 되는 해이기도 했는데, 집안에 묻혀있던 조부와 부친의 글을 모아 문집으로 묶어 정리한 것은 장자로서의 소임을 다하려는 뜻으로 보인다.

『청죽집』의 첫 페이지에 자필로 "哀吾生之須臾(애오생지수유) 羨長江之無窮(선장강지무궁)", 즉, "슬프구나! 내 삶의 짧음이여, 부럽구나! 장강의 무궁함이여"라고 쓴 것은 노년의 스산함보다는 뒤늦게 공부에 들어선 것에 대한 아쉬움을 표현한 것으로 보아야 할 것이다. 그밖에 임공희의 행적이나 성품에 관해서는 후손들의 구술이나 글을 통해 그 기억 편린들을 살펴볼 수 있다.

> "오랜 병중인 부친의 병간호를 지극정성으로 하셨다. 한약방에 다니시면서 의술과 약 처방을 배우고 의서를 구해 지식을 넓히고 연구하며 직접 부친의 병환에 맞는 약처방을 한 뒤 한약방을 차리셨다. 내가 어렸을 때 동네 사람들이 우리 집을 약방이라고 호칭했으며, 기와집 짓기 전의 옛 초가에는 작은 미닫이가 많은 한약 장롱들이 여러 개 있었다.
> 40년대까지만 해도 우리나라에는 여러 돌림병이 많이 유행했고 치사율도 매우 높았다. 그런데 증조할아버지의 약을 복용하면 완치율이 매우 높아서 환자들로 문전성시를 이루었다고 한다. 그 결과 성덕면은 물론이고 진봉면까지 많은 농토를 불려갔다. 해방 뒤 토지개혁 이전까지는 추수 뒤의 겨울이 되면 소작농의 농부들이 한 겹의 광목 바지저고리로 떨면서 지게 뒤의 벼 가마니를 지고 드나들던 기억이 난다. 어쨌든 증조할아버지는 정신적인 면(효 사상)이나 경제적

인 면에서 근래 우리 집안의 중흥에 가장 이바지하신 분이었고, 우리 형제의 성장이나 교육에까지도 공이 크신 분이었다."(임성기, 「고조할아버지, 증조할아버지, 할아버지」, 『한울타리』 12호, 2007)

"그전 집은 초가집이었는데 이를 허물었던 기억이 나는데, 그때 다락에 증조할아버지의 책이 많이 나왔는데, 지금 생각해 보면, 의서(醫書)가 아닐까 생각한다. 증조할아버지가 약방을 하셨는데, 벼락이 장독대를 때렸다는 소문이 났다고 한다. 이걸 길조로 여긴 사람들이 있었고, 병이 잘 낫는다는 소문이 났던 것이다."(임원기, 2020년 7월 17일 구술)

"나의 증조부(서상춘)는 동생(서상민)에게 약방을 시켰다. 서상민(진봉면 부동 거주)과 임공희가 같은 의원에 종사했기 때문에 가까운 친구 사이였고, 동시에 간재 전우의 제자였다. 그래서 서상민의 아들(서병우)과 임공희의 딸(임실)이 혼인하였다. 곧 같은 제자, 의원 동업, 사돈관계인 셈이다."(서은석, 2020년 7월 8일. 구술)

부친 임기부(1881~1952)

『소죽유고』에 실린 행장에 따르면, 임기부는 만경읍 만경리에서 태어났다. 호는 소죽(小竹)이고, 4남 5녀의 장남이다. 부인은 동래정씨 정경구(鄭瓊具, ?~1960)이다. 임휘영이 전주고등보통학교에 입학할 당시에 작성한 학적부(1923년 4월)에는 부친 임기부의 신분이 '양반'으로 적혀 있고, 가업은 '농업'으로 표기되어 있다. 마을에서는 효심이 깊고 형제들의 우애가 좋다고 칭찬이 자자하였다.

소죽의 행장을 쓴 이도형(李道衡)은 "사물을 돈독히 여겨 너와 내가 없었고 친구를 대하는 데 있어서는 믿음이 있었고, 노복(奴僕)에게는 은혜롭고 어질게 대우하여 사람들이 모두 칭찬하였다"고 하였다. 그러면서 하나의 에피소드를 전하였는데, "매년 흉년이 들면 힘써 양식을 가득 실어 구제하니 의지하여 굶지 않은 사람들이 많았다. 사람들이 돌을 깎아 송덕비를 만들었다. 공이 그것을 듣고 기뻐하지 않으며 말하기를 '저들은 궁핍하고 나는 여유가 있으니 주는 것은 진실로 당연한 일이다. 이렇게 해야겠는가?'라고 하였다. (그리고) 갑자기 거두어들여 땅에 파묻었다"고 하였다. 소죽의 이러한 행동에 대해 이도형은 '은덕(隱德)'이라 하였다. 자신의 덕행을 드러내지 않고 감춘다는 뜻이다.[18]

이 같은 '은덕'의 일화와 관련해 임휘영의 둘째 아들 임원기는 「침묵: 그 귀중한 유산」에서 부모 임휘영과 조정순이 자신과 가족들의 안위, 생사가 걸린 일들을 했으면서도 절대 침묵한 사실을 거론한 것을 기억할 필요가 있다. 그는 부모들의 침묵에 대해 '알려지기를 거부하는 침묵'이라며 침묵의 유산을 후세들에게 어떻게 물려줄 것인지 자문했다.[19] 임휘영의 '알려지기를 거부하는 침묵'이 바로 임기부의 '은덕'과 이어진 것이라 해도 과언이 아닐 것이다.

한편 소죽의 지역 유력자로서의 활동은 만경공립보통학교 학무위원으로 참여하여 지역사회에서 처음으로 근대 초등교육의 기틀을 마련한 사실을 통해서 확인할 수 있다. 학무위원은 대한제국 말기인 1908년 지방의 보통학교 취학율을 높이기 위해 지방유력자의 협력을 이끌어 내고자 공포한 「학무위원규정준칙」(1908.6)에 근거한 직위였다. 이 준칙은 공립보통학교 소재지에 학무위원회를 설치할 것을 규정하고 있었다. 학무위원회 회장은 군수가 맡았고, 학무위원들은 군

---

18 이상 『청죽집』, 소죽임공행장(小竹任公行狀). 소죽의 행장은 1964년 임기부의 맏 손자사위 김재규(金在圭)가 이도형(李道衡)을 찾아뵙고 청한 결과였다.
19 『한울타리』, 24호, 2015.

수와 교장을 보좌하여 학사에 관한 업무를 자문하는 역할이었다. 소죽이 학무위원이 되고 얼마 지나지 않아 그 자녀들이 만경공립보통학교에 다녔다.

소죽은 30대에 들어 본격적으로 지역사회에 그 이름을 드러냈다. 만경공립보통학교 학무위원(1912), 민립대학기성회 김제지방부(1923), 김제중학기성회 위원(1925) 등의 활동이 확인된다. 이들 활동은 모두 근대 교육기관의 설립과 운영이라는 민족적 요구에 부응하는 활동이었다.

학무위원에서 시작한 소죽의 민족교육 활동은 1923년 5월 김제군민대회에서 조선민립대학기성회 지방부 활동으로 이어졌다. 이 기성회 설립 때 강동희가 발기인을 대표하였고, 소죽은 그 집행위원이 되었다. 그리고 같은 해 12월 김제중학기성회가 각 면별로 조직되었을 때, 강동희는 성덕면 지부장을 맡았고, 임기부는 재정위원을 맡았다. 간사는 임상부와 홍성호 등이었다. 모두 성덕면의 유력자들이었다.

그림 ⑩
소죽이 직원(오늘날의 전교)으로 있었던 만경향교의 현재 모습(2020년 2월 촬영).

강동희는 소죽의 넷째 동생 임명부의 부인의 오빠였다. 그는 일제 강점기 김제와 성덕면의 유력자였다. 이런 관계와 지역활동이 겹치면서, 소죽은 강동희와 시와 술을 나누며 많은 왕래를 하는 사이가 되었다.

소죽은 이처럼 지역 유력자로서 신식 교육을 진흥하는 한편으로 오랫동안 만경향교의 직원(直員)[20]을 역임했는데, 한학에 조예가 깊었기 때문이었다. 소죽은 직접 손자들에게 천자문과 붓글씨를 가르치기도 했다. 그는 또 거문고 타기를 좋아했고, 사냥을 즐겼다. 이에 대해 손녀 임소자는 "조부는 거문고를 직접 탔고, 한문에 조예가 깊었다. 성기와 원기는 할아버지로부터 한문을 배웠다"[21]고 기억했다.

소죽의 부인 동래정씨에 관해서는 다음과 같은 증언이 있다.

"할머니가 새벽마다 촛불을 켜두고 비는 모습을 보았다. 무당을 불러 굿을 해서 할아버지로부터 야단을 받았던 기억이 있다. 할머니는 조용하고 집안에서 발언권이 거의 없었다. 할아버지가 강하게 발언했다. 아버지는 비권위적이었는데, 할아버지는 근엄, 엄격, 고고함, 권위적이었고, 할머니는 그 반대였는데, 아버지의 성격이 할머니로부터 왔는지는 모르겠다. 손자로서는 할머니가 안됐다는 느낌을 갖고 있었다." (임원기, 2020년 7월 17일 구술)

"할머니 정씨가 명부 할아버지의 부인(강동희의 누이동생)과 함께 용화사(남산서원 옆집)에 다녔다. 용화사행의 중심은 강씨였다고 그 며느리(창선씨 부인)가 말하더라. 정씨 할머니와 요래의 당숙모, 휘태씨 자부들이 용화사에 다녔다고 한다. 즉 집안에서 할머니는 종교적 역할을 한 것으로 보인다." (서은석, 2020년 7월 17일 구술)

---

20   일제 강점기 향교의 책임자를 직원(直員)이라 했고, 해방 후 전교(典敎)로 개칭하였다.
21   임소자, 2020년 7월 3일 구술. 임정기님 옥수동 자택. 이하 7월 3일 증언은 같은 장소.

그림 ⑪
임휘영의 부친 임기부와 어머니 정씨를 중심으로 한 가족 사진. (『한울타리』 10호, 2005.) 앞줄 좌로부터 임성기, 임기부, 정경구, OOO(미상), 임영순. 뒷줄 좌로부터 임휘영, 조정희, 임기옥, 아기, 임부득.

임휘영(1908~1972)과 조정희(1910~1991)

임휘영은 임기부와 동래정씨 정경구 사이에서 장남으로 태어났다. 호는 소주(小舟)이다. 부인 조정희(초명은 조맹순(趙孟順)이었는데 개명)는 조두현의 장녀로 김제군 월촌면 출신이다. 두 사람은 1930년에 혼인하였다. 자세한 내용은 후술한다.

임휘영의 형제는 1남 3녀이며 위로 누이 임기옥이 있고, 아래로 여동생 임부득과 임영순이 있다. 임기옥의 자제들은 모두 사회주의 사상의 영향을 받았다고 한다. 임부득은 그 자신이 사상운동에 참여하여 전주여자고등보통학교 시절부터 그 남편 김철주와 함께 전주 지방 사회운동가로서의 삶에 뚜렷한 족적을 남겼다.

부인 조정희는 뇌졸중으로 거동이 불편한 시부모를 모시면서도 친정 홀어머니를 장녀로서 늘 걱정하고 찾아뵙는 효행을 조심스럽게 행하였다. 그녀는 늘 침착하였지만, 자식들의 교육에 대해서만은 강단이 있었다. 그러면서도 가정경제의 중심 역할을 하였다.

조정희의 형제는 1남 4녀로 오빠 조한백(1908~1997), 여동생 조영순(이리 만세주장 경영), 조화순(남편은 납북됨), 조소영(옥구 대야주장 경영)이다. 처남 조한백은 임휘영과 동갑으로 해방 후 국회의원과 체신부장관 등 관직을 거쳤다. 조영순과 조소영은 이리와 옥구에서 주장을 운영하였는데, 1950년대 임휘영이 농지개혁의 여파로 경제적인 곤란을 겪고 있을 때 도움을 주었다. 특히 김제에서 주장을 매입할 때에는 조영순의 도움이 직접적이었다. 이를 매개로 임휘영은 처가와 특별한 관계를 맺었다.

임휘영의 자세한 삶에 대해서는 구술하겠지만, 가족들이 기억하는 삶의 자세는 다음과 같다.

"부친은 잔소리는 절대 없었다. 다만 원칙은 반드시 말했다. '탐하지 말라'는 것이었다. 어릴 때 동네 참외밭에서 아이들과 한물간 참외를 먹었는데 이웃집 주인이 이를 참외도둑이라고 얘기하는 것을 들은 아버지가 나를 불러놓고 경위를 설명 들은 뒤, 이웃집에 참외와 음식상을 만들어 갖다 드리라고 해서 갖다 드린 적이 있었다. 가서 '잘못했습니다'라고 했다."(임승기, 2020년 7월 3일 구술)

"아버지는 민족 감정에 투철하셨고, 예술을 이해하는 감성을 가지고 계셨다. 아는 이웃이나 친구들, 친척들에게 헌신하셨다. 반면, 어머니는 놀라울 정도로 지적이셨고 사람들과의 소통에는 냉정한 편이었다고 생각된다."(임성기, 「어머니의 초상(肖像)」, 『한울타리』 21호, 2013.)

직계 자녀

임휘영은 임성기(1932), 임원기(1934), 임형원(1937), 임승기(1940), 임소자(1943), 임융기(1946), 임정기(1950) 등 모두 5남 2녀를 두었다

숙부와 사촌형제

그림 ⑫
임휘영의 자녀들(2013). 앞줄 좌로부터 임형원, 최려자(임성기의 처), 임성기, 임원기, 임승기. 뒷줄 좌로부터 임소자, 임정기, 김선희(임정기의 처), 온소영(임융기의 처), 육선자(임승기의 처)

성덕면에서 풍천임씨는 지역 유지였다. 일제 강점기 성덕면장은 모두 풍천임씨 가문에서 담당했다. 한 연구에 따르면, 일제 강점기 전국 2천 3백 개 면 중에서 30개면 정도에서만 한 집안에서 줄곧 면장을 맡았다. 이 한 가지 사실만으로도 성덕면에서 풍천임씨가 갖는 위상을 잘 보여주고 있는 셈이다. 다음은 일제강점기 역대 성덕면장 명단이다.

> **역대 성덕면장 명단**
>
> **임공일 任公鎰(1916~1919)**
> 1911년 당시 주소 만경군 남일면 묘후리 1통 6호.
> 1913년 현재 만경군 남일면 면공전영수원(面公錢領受員)[22]
>
> **임상부 任祥博(1919~1933)**
> 대목리 출신.
>
> **임명부 任明博(1933~1940)**
> 만경보통학교에서 오랫동안 교사로 재직함. 성덕면장으로 임명된 것은 강동희의 매제라는 요소가 크게 작용한 것으로 보임. 당시 군수와 면장이 모두 묘라리(요래) 사람이라 논란이 되기도 했다고 함.
>
> **임휘태 任彙泰(1941~1945)**
> 임휘영의 사촌 형으로 임명부의 조카.

임휘영의 사촌 형 임휘태(1902~1950)는 전주사범학교 강습과를 졸업하였다. 성덕소학교 교사를 거쳐 1941년부터 성덕면장을 역임하였다. 숙질 간에 연달아 면장을 한 것이다. 임성기가 성덕소학교에 입학했을 당시 임휘태가 1학년 담임이었다. 임휘태는 후리마을 앞 방죽을 농지로 개량하는 공사를 주도하여 주민들의 원망을 사기도 했다. 결국 그는 한국전쟁의 와중에 인공 치하로 끌려가 전주형무소에서 학살당하였다. 사촌 동생 임휘정은 임휘태의 동생이고, 임휘영의 전주고보 2년 후배로, 전주고보 동맹휴학 사건 당시 1학년생이었다. 1941년 후리 식산계를 설립할 때 임휘영이 주사였고 임휘정은 부주사였다. 1950년대에 성덕면장을 지냈다.

---

[22] 『신사대동보』 '임공일'편에 의거하였다. 『풍천임씨세보』에 따르면, 임공희와 임공일은 풍천임씨 25세 응렬(應烈)의 자손들로 6촌 재종형제 사이이다.

선후배와 친구

임휘영의 선후배와 친구관계에 대해서는 서은석이 정리한 글과 관련 연구 성과를 통해 일부 확인할 수 있다. 임휘영의 성장 과정에서 확인된 동네 친구, 학교 친구, 사회 친구 등을 동 단위, 면 단위, 군 단위, 전국 단위로 구분해 보면 다음과 같다.

1. 동네 선후배

1902년생 임휘태 : 사촌형. 전주사범 졸업, 성덕면장

1905년생 박판철 : 박판동의 형. 사회주의 운동.

1908년생 임휘영, 임휘길, 박판동, 김영기 : 후리의 친구들. 임휘길은 임휘태의 동생. 박판동과는 전주고보 퇴학 이후 1950년까지 최고의 친구가 되었다.

1910년생 임휘정, 박영학

1911년생 임휘상, 임상빈

2. 면 단위의 교분

강동희, 강봉조, 최봉호,[23] 곽원희 및 인접 면 만경의 만경청년회 조직원들 10여 명 등

3. 군 단위의 교분

조한백, 조재식, 김광준, 안길룡 등

4. 군외 교분

장태성, 김상순, 조찬경, 신영상, 유갑현, 변영진, 송병채, 은낙빈(이

---

23   그 아들이 국회의원인 최낙도이다.

상 전주고보 동맹휴학사건으로 함께 재판을 받은 8명), 김윤창(동서) 등 이리 만세주장 관련자들, 이한구(동서) 등 옥구 대야주장 관련자들

5. 경성에서의 교분
위경섭(경신양조 관련), 서상천(역도 관련), 김세동(자금 임차 관련)

4 경제 상황과 할아버지의 유산

임휘영가의 경제상황을 보여주는 자료는 많지 않다. 대부분은 구술자료인데, 국사편찬위원회가 소장한 '김제시 한국농어촌공사 동진지사 수리조합 수집자료'에서 일부 흔적을 확인할 수 있다. 이 자료는 일제 강점기 동진수리조합과의 토지거래 관련 자료이다.

가족들의 구술과 『청죽집』의 내용을 토대로 보면, 임공희대까지 집안이 몹시 가난하였다. 임공희가 약방을 차려 성공을 거두고 비로소 성덕면뿐만 아니라 진봉면까지도 농지를 늘릴 수 있었다. 임공희는 구입한 땅을 자식들이 결혼할 때, 넉넉히 나눠주었기 때문에 임기부 4형제가 후리에 적지 않은 재산을 골고루 가지게 되었다.

동진수리조합과의 토지거래 관련 자료를 통해 임휘영가가 동진수리조합에 소유 농지를 매각한 내용을 확인할 수 있다. 동진수리조합은 1925년 3월 창립되어 동년 4월 김제군 요촌리에 조합사무소를 개

설하였다. 전라북도에서 가장 큰 수리조합으로 김제·정읍·부안에 물을 공급하였는데, 김제 지역은 죽산·진봉·만경 등지의 간척지에 농수를 공급하였다. 동진수리조합은 수원 확보를 위하여 1927년 12월 임실군 강진면 옥정리에 제언(옥정호)을 완공하였다. 섬진강물을 동진강 유역으로 끌어들이기 위해 배수로 개선사업과 간선수로 건설 사업을 병행하였다.

김제 간선수로와 정읍 간선수로 공사는 1926년 2월에 착수되어 1929년 6월 준공하였다. 김제 간선수로는 정읍 태인면 낙양리로부터 동진강 동부평야를 포괄하였다. 동진수리조합이 김제 간선수로를 건설하는 과정에서 성덕면 일대의 조선인 지주들로부터 농지를 매입한 기록을 살펴보면, 임기부와 임선부의 토지매매 문서와 수로 건설로 인한 필지 분할 관련 문서를 확인할 수 있다.

두 사람 명의의 토지는 성덕면 석동리·대목리, 진봉면 심포리·가실리 등에 소재했다. 이는 물론 간선수로가 지나가서 동진농조에 매각한 토지만 기록된 것으로, 전체 소유 규모에 대해서는 알 수 없다. 임휘영의 경우 석동리에만 논 5천 평을 소유하고 있는 것으로 파악되고 있다.

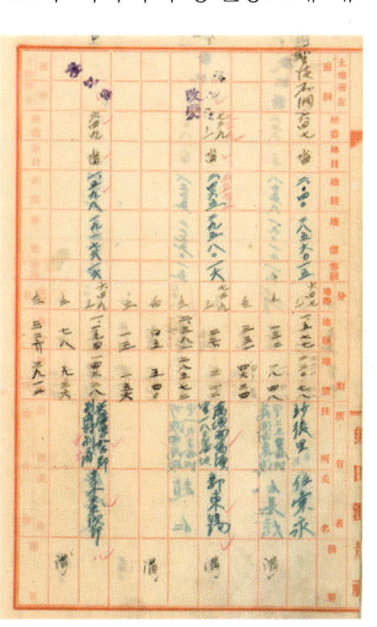

그림 ⑬
임휘영이 묘후리에 소유하고 있는 성덕면 석동리 647번지 소재 논 2,040평이 일부 분할되어 간선수로로 이용되었고, 남은 땅이 1,577평임을 확인해주는 문서이다. (동진수리조합 문서, 국사편찬위원회 소장)

할아버지 임공휘가 이루었던 재산은 임기부대에도 그대로 유지되었던 것으로 보인다. 다만, 임휘영 대에 이르러 서울 관철동에 주장을 마련하고, 독립운동가 김세동에게 적지 않은 자산을 건네주면서 손실이 있었다. 그럼에도 가장 어려웠던 시절인 일제 말기에도 경제적으로 여유가 있었던 것으로 보인다.

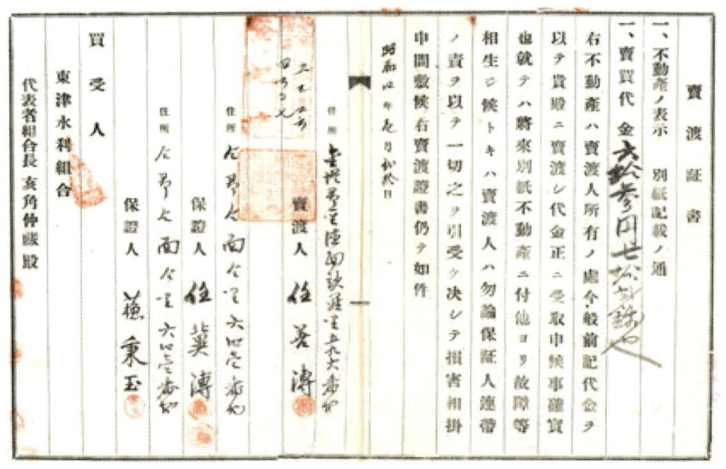

1929년 1월 임기부의 동생 임선부의 토지를 동진수리조합에 매도할 때 보증인으로 임기부와 임기부의 첫째 사위 소병옥이 보증인이 되었다. 세 사람 모두 후리를 주소지로 하고 있다. (동진수리조합 문서, 국사편찬위원회 소장)

2020년 현재 후리 생가에 살고 있는 임창의의 구술(2020.2.7.)에 의하면, 후리의 한옥은 1941년에 부안군 변산에서 해풍을 맞은 소나무를 가져와 지은 5칸 겹집이다. 또 1944~1945년경 가난한 동네 주민들에게 생산물을 무이자로 빌려주기도 했고, 해방 후에는 김제중학교와 벽골제에 많이 기부하기도 했다. 집안의 재산과 관련해 임성기도 다음과 같은 기록을 남기고 있다.

"할머니의 증언에 의하면 고조할아버지께서 돌아가신 뒤 우리 집 살림살이는 몹시 가난하여 숟가락도 충분치 못했다고 한다. 증조할아버지(임공희)께서는 (중략) 정신적인 면(孝 사상)이나 경제적인 면에서 근래 우리 집안의 중흥에 가장 이바지하신 분이었고, 우리 형제의 성장이나 교육에까지도 공이 크신 분이었다." 24) (임성기, 「고조할아버지, 증조할아버지, 그리고 할아버지」, 『한울타리』 12호, 2007.)

한편 일제 강점기에 조사한 전북지역의 대지주(30정보 소유 이상) 명단에는 임휘영가가 나오지 않는다. 임원기(70~80 마지기)와 임창의(72 마지기)의 구술을 종합하면, 농지개혁 당시 60~70마지기 정도를 자작하고 소작을 합하여 1천석 혹은 1천 5백 석을 생산한 것으로 보이는데, 이는 중규모의 지주에 해당한다. 일반적으로 1정보는 3천 평이고, 1마지기는 논 200평으로 계산한다. 1942년 전북지역의 경우 논 200평에 대체로 2석의 소출이 나왔다. 1천 석의 소출은 10만 평을 소유했다는 뜻이다. 곧 임휘영가의 소출 1천~1천 5백 석이 나오려면 소유 면적이 10~15만 평이 되며, 이는 33~50정보가 된다. 이러한 추정이 맞다면, 전라북도의 대지주 명단(30정보 이상, 1938년 조사)에 임휘영가가 나오지 않는다는 사실과 충돌된다. 그렇다면 1940년대에 농지를 늘렸다고 볼 수도 있지만, 일제말 전시체제기에 그 같은 농지 축적은 쉽지 않다. 또 한 가지 유의할 점은 생산량을 면적으로 바꾸어 계산하는 방법은 시기별, 지역별로 차이가 있어, 현재 농업사 연구에서도 논쟁이 있는 영역이라는 점이다. 즉 위의 계산 결과는 잠정적인 추정에 불과하다는 의미이다. 이러한 점들을 고려한다면, 대체로 임휘영가는 30정보 내외의 농지를 소유한 중규모의 지주였던 것으로 이해하는 것이 타당해 보인다.

24　생략된 부분은 이 책 36쪽의 임성기의 증언 참조.

30정보 내외의 농지를 가졌던 임휘영가였지만, 농지개혁 이전까지 임기부의 시혜적 태도와 임휘영의 젊은 자산가로서의 모습은 여러 구술에서 확인된다. 그리고 농지개혁을 거치면서 임휘영가는 상당한 경제적 타격을 입었고, 그 해결책으로 주장 매입을 비롯한 다른 경제적 모색을 할 수밖에 없게 되었음을 확인할 수 있다.

1950년대 농지개혁 결과를 보여주는 성덕면 묘라리와 석동리 등지의 『귀속농지분배부』(국가기록원 소장)에는 분배받은 농민들의 성명과 면적, 주소지가 남아있다. 이 자료는 1959년에 분배받은 토지에 대한 등기 상황을 보여주고 있는데, 원 소유 지주에 대한 정보는 남아 있지 않다. 당연히 농지분배 과정에 임휘영가의 토지도 포함되었겠지만, 이 자료를 통해 임휘영가의 토지 소유 규모를 파악하거나 농지개혁 결과로 인한 토지 소유 변동을 확인할 수는 없다. 다만, 묘라리의 농지는 모두 묘라리 주민들에게 분배되었다는 점을 확인할 수 있다.

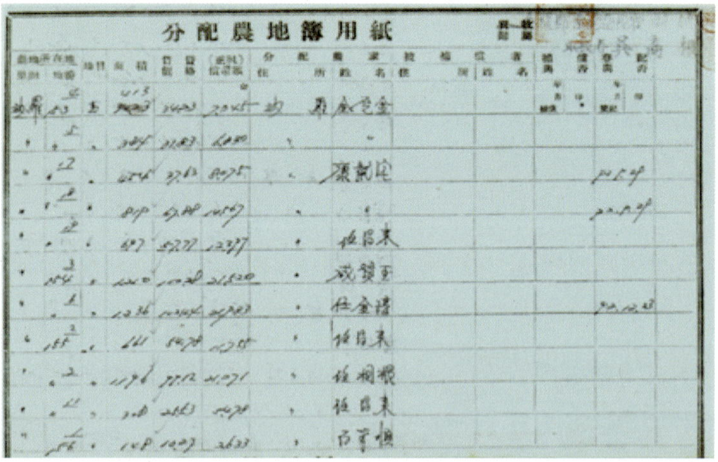

그림 ⑮
성덕면 묘라리의 『귀속농지분배부』의 일부(국가기록원 소장). 농지를 분배받은 이들의 성명과 주소, 분배농지의 소재지와 규모를 기록하고 있다. 묘라리의 농지를 묘라리 주민들이 분배받았음을 확인할 수 있고, 그들 중에는 풍천임씨가 적지 않다. 이때 분배받은 토지에는 임휘영가의 농지도 포함되었을 것이지만 현재로서는 확인이 어렵다.

농지개혁은 한국전쟁 이후에 실행되었다. 『귀속농지분배부』 자료는 농지를 분배받은 농민들이 등기를 완료하여 법적인 정리를 마무리하였다는 기록이다. 임휘영이 김제로 거처를 옮기고 주장을 경영하게 된 것은 더 이상 지주로서 농지경영이 곤란하였기 때문으로 보는 것이 합리적이다. 농지개혁의 파고를 거치면서 김제주장을 매입, 경영한 임휘영가는 1950년대 중반부터 과거 경험하지 못했던 경제적 곤란에 직면하게 되었다.

가족들의 구술에서 농지개혁 수용 상황과 그 과정에 닥친 경제적 변화 상황이 잘 나타난다.

"저는 아버지의 말 중에 두 가지가 떠오른다. 하나는 초등학교 때 대동아전쟁 시에 일본은 미국을 못 이긴다고 말한 기억이 난다. 그리고 할아버지와 아버지가 식사를 하면서 농지개혁을 두고 다투는 것을 봤다. 할아버지는 이런 세상 말이 안 된다고 하시자 아버지는 농지개혁은 해야 한다고 하셨다. 그러자 할아버지는 "너 같은 사람이 우리 식구를 어떻게 먹여 살리겠느냐"고 면박한 것이 기억난다. 당시 천석 혹은 천 오백석을 했다는 말을 들은 것 같다"(임원기, 2020년 7월 17일. 자택 ZOOM 구술)

"이모부는 옥구에서 대야주장을, 이리에서 주물을 하는 철공소를 운영했다. 그리고 토건사업을 따서 수문 공사를 했다. 이때 일손이 부족해 아버지를 현장에 모셔서 현장감독 역할을 의뢰했다. 이모가 이리에서 잡화점 삼성양행 가게를 운영하고 있어서 어머니가 도와준 것이다. 경제사정이 어려운 상황에서 이모와 이모부가 지원한 것으로 보인다. 농지개혁 당시에는 70~80마지기를 자작했던 것으로 추정된다. 가장 힘들었던 시기였다."(임원기 위 같은 구술)

"전주에서 부자라 알고 살았다. 그런데 어느날 학교에서 월사금을 안냈다고 하여 이를 아버지에게 말하니 아버지는 아무말 않으시고 나가셨다. 그때 굉장히 어려운 시절이었다. 어머니가 뽕나무를 심어 누에를 길렀다. 모시를 했는데 새벽부터 밤까지 어머니는 일을 하셨다. 베틀에다 모시를 짰다. 할머니는 중풍이었다. 어머니는 집일, 밭일이 있었고, 소주도 집에서 만들었다. 할아버지는 늘상 친구들이 있어 술상을 보는 것이 어머니의 일이었다." (임소자, 2020년 7월 3일 임정기 자택 구술.)

"농지개혁으로 가산이 기운 상황에서 아버지는 소작에게 다 내줘라 하였고, 그 뒤 자녀들이 등록금을 낼 때가 되면 막막할 정도의 상황이었다." (임승기, 2020년 7월 3일 임정기 자택 구술.)

5 전주고보 동맹휴학, 인생을 바꾸다

만경공립보통학교

임휘영이 보통학교에 입학하기 전에 가학(家學)을 했거나 서당에 다녔다는 기록이나 구술은 보이지 않는다. 다만, 임휘영은 조부 임공희가 남긴 재력을 바탕으로 어릴 적부터 유복한 환경에서 큰 어려움 없이 성장했음은 쉽게 짐작할 수 있다. 일부의 구술에서 할아버지가 현금은 손자 임휘영에게 상속하였다고 하는데, 환갑을 앞두고 뒤늦게

그림 ⑯ 만경공립보통학교를 이은 현 만경초등학교 전경(2020.2.7.). 학교 뒤 두내산을 배경으로 학교와 만경향교, 그리고 만경읍사무소가 위치하고 있다. 학교 남쪽에는 능제가 있다.

얻은 독손자에게 임공희의 온 신경이 모아졌음은 당연한 일이었을 것이다. 격세의 사랑은 임기부가 첫 손자 임성기에게 쏟은 마음과 같았을 것이다.

임휘영은 1917년 4월부터 1923년 3월까지 부친 임기부가 학무위원으로 있던 만경공립보통학교에서 수학하였다. 만경공립보통학교는 1909년 만경사립보통학교로 출발했다. 1911년 6월 만경공립보통학교로 인가되었고, 1920년 6년제 6학급으로 개편되었다. 김제군에서 김제소학교에 이어 두 번째로 설립되었을 만큼 지역의 중심 초등 교육기관이었다.

만경공립보통학교에는 여동생 임부득과 임영순도 함께 다녔다. 삼촌 임명부가 1922년부터 1926년까지 만경공립보통학교 교사로 재직하고 있어서 안정적인 학교생활이 이어졌을 것으로 보인다.[25]

임휘영은 만경공립보통학교에 다니면서 1919년 3·1운동에도 참

---

25   임명부는 후일 성덕면장을 지냈다.

여하였다. 4월 4일 김제군 만경면 만경시장 장날에 만경공립보통학교 학생들 중심으로 만세시위가 일어났다. 만경공립보통학교 훈도 임창무(林昌茂)의 권유로 오후 2시 만경시장에 모인 학생 약 40여 명이 독립만세를 외치기 시작했다. 학생들이 선두에 서서 만세시위를 전개하자 시장의 군중이 이에 호응하여 독립만세를 함께 외쳤다. 이날 시위로 모두 5명이 체포되었다.[26] 임승기는 이 날의 시위에 대해 할머니로부터 들은 사실을 똑똑히 기억하고 있다.

> "할머니께서 '너희 아버지가 3·1만세운동이 일어났을 때 만경에서 독립만세를 부르고 경찰을 피해 후리 집까지 뛰어왔다'고 하셨던 말씀을 기억한다. 2km 정도 떨어진 집까지 뛰어왔던 것이다." (임승기, 2020년 7월 3일 구술.)

그림 ⑰
만경초등학교 앞 옛 시장통 거리. 1919년 이 거리엔 만경공립보통학교 학생들의 만세소리가 울려퍼졌다. 2020년 2월 7일 촬영.

---

25   국사편찬위원회, 「4월4일 전북 김제군 만경면 만경시장 시위」, 『삼일운동 데이터베이스』 https://db.history.go.kr/samil/home/demons/select_demons_detail.do

전주 유학과 동맹휴학 투쟁

① 시대적 배경

1920년대 조선 사회는 3·1운동 이후 민족운동이 더욱 활발해졌고, 국외로부터 들어오는 세계 동향과 새로운 사상에 크게 영향을 받았다. 특히 청년학생들은 동맹휴학을 통해 일제의 차별적인 교육과 부실한 학교운영에 강하게 저항하였다. 또 동시에 다양한 사회단체 활동과 사상운동을 벌여 식민지 조선의 현실을 바꿔나갈 새로운 미래를 그려갔다. 일제하 학교 당국과 사법당국으로부터 탄압은 오히려 청년 학생들을 더욱더 단련시켰다. 그것은 필연이었다고 해도 과언이 아닐 것이다. 그야말로 1920년대는 청년의 시대이자 혁명을 꿈꾸는 시대였다. 임휘영도 예외가 아니었다.

1910년대와 달리 1920년대 조선인들에게는 신식교육에 대한 열망이 넘쳤다. 한국 근대 '교육열'의 시작이었다. 1910년대에 몇 개에 불과하던 고등보통학교도 지방 거점도시를 중심으로 널리 확산되어 갔다. 전북 전주에서는 몇몇 종교계 학교가 설립되어 있는 가운데, 전주시민들의 줄기찬 요구에 따라 1919년 관립전주고등보통학교(이하 전주고보)가, 1926년에 관립전주여자고등보통학교(이하 전주여고보)가 차례로 설립되었다.

② 전주고보 수학(1923.4~1926.7)

임휘영은 1923년 4월 전주고보에 입학하였다. 전주고보는 수업연한 4년으로 2학급 100명을 모집하였다. 조선인 9명에 대하여 일본인 1명의 비율로 선발되었다. 1922년부터 수업연한이 5년으로 변경되었고, 그 이후 한일 학생들이 '공학(共學)'하였다. 1938년 전주북공립중

그림 ⑱ 전주고등보통학교 개교식이 열린 체조장(1921, 군산 동국사 소장)

학교(전주북중)로 개칭되었고, 해방 후인 1946년 6년제의 전북공립중학교로 바뀌었다. 2019년 6월 15일에 전주고·북중 100주년 기념식이 거행되었다.

임휘영이 이 학교에 다니고 있던 1924년 당시 일본인과 조선인 학생들의 재학 현황은 다음과 같다.

표 ❷ **전주고보 재학생 현황**(1924년)

학년	1		2		3		4		5		합계	
구분	일	조	일	조	일	조	일	조	일	조	일	조
학생수	22	94	3	68	12	52	–	47	–	19	37	280

조 : 조선인, 일 : 일본인 / 출처 : 『제학교일람』

전주고보는 1923년에 졸업생 26명을 처음으로 배출하였는데, 위 표에서 알 수 있듯이 학년이 올라갈수록 당초 입학생 수 100명이 차

즘 줄어들었음을 알 수 있다. 적지 않은 수의 학생들이 학자금 문제와 학업성취 문제로 중도에 그만둔 결과였다.

그림 ⑲ 전주고보 제1회 졸업식(전주고북중총동창회)

전주고보에서는 1924년, 1926년, 1929년에 한일학생 차별대우와 일인교사 배척 및 조선사 수업 요구 등을 내걸고 동맹휴학이 일어났고, 가장 큰 사건은 76명[27]이 퇴학 처분을 당한 1926년 동맹휴학이었다.

임휘영은 학교에서 가까운 전주군 이동면 노송리(현 전주시 노송동)에서 하숙을 하며 학교에 다녔다. 임휘영의 전주고보 학적부에 따르면, 입학한 첫 1년은 낙제였다. 시험 기간 중 병으로 결석하여 성적을 받지 못했기 때문이었다. 다시 다닌 1학년 때는 전체 231일의 수업일수 중 43일을 결석하였고, 2학년에도 이런 흐름은 계속 이어졌

27 전주북중 퇴학자명단 자료(국가기록원 소장)에 의거한 수이다. 당시 신문자료에는 퇴학자가 54명이라고 나오는데, 7월 3일 퇴학조치 당일의 수와 동맹휴학 관련 퇴학 누적자 수와의 차이로 이해된다. 『동아일보』 1926년 7월 6일자는 "지목된 주모학생(主謀學生) 54名 출학(黜學) / 주모자로 인정된 54명 학생에게 학교 당국이 돌연히 출학처분을 명령 이러케 解決된 全州高普"라는 제하의 기사를 보도하고 있다.

다. 1, 2학년 재학 중의 성적은 좋지 않았다. 모든 과목 중에 체조 과목의 성적이 가장 좋았다. 2학년 말인 1926년 6월에는 동맹휴학으로 학년말 시험을 치르지 않아 성적은 아예 없다.

임휘영의 학적부에 따르면, 1926년 7월 2일자로 '동맹폭행(同盟暴行)'으로 퇴학을 받았다. 당시 담임선생은 카야마(香山)였는데, 동맹휴학 당시 배척대상 일본인 교사 중의 한 명이었다.

③ 1926년 전주고보 동맹휴학

1926년 6월 전주고보에서 동맹휴학이 일어났다. 1925년 4월 전주고보 교장으로 부임한 오사다 도미사쿠(長田富作) 교장은 강압적으로 학교를 운영하였다. 학생들은 차별적인 발언을 하는 일본인 교사의 퇴출과 대강당 및 기숙사 신축, 유도 및 검도 수업 신설 등의 요구 조건을 내걸고, 6월 3일에 동맹휴학을 단행하였다.

학부형들은 학생들의 요구사항에 대해 학교 당국과 대신 교섭하겠다며 중재에 나섰고, 학생들은 권고를 받아들여 5일부터 등교를 개시했다. 그런데 소강상태가 유지되는 동안 교장은 향후 동맹휴학에는 참여하지 않겠다는 서약서에 서명해달라고 요구했다. 학생들은 학부모들의 개입도 있는 상황을 고려해 교장의 요구를 받아들였다.

학부형들은 6월 27일 전주 청학루(靑鶴樓)에서 200명이 참여한 가운데 부형회를 개최하여 7명의 교섭위원을 선정하였다. 교섭위원들은 29일 교장을 방문해 원만한 해결을 도모했지만, 교장은 서약서를 내밀며 학부형들의 교섭에 전혀 응하지 않았다. 도리어 학부형들에게 학교 문제에 간섭하지 말 것을 요구했다.

다음날 이 소식을 들은 2, 3학년 학생들은 분노하여 대응방침을 논의했다. 이들은 세 그룹으로 나뉘어 첫째 그룹 약 40명은 교장을 학교 밖으로 내쫓는 역할을 맡았다. 둘째 그룹 약 2명은 야구용 배트를 가지고 첫 그룹의 행위를 방해하거나, 중도에서 배반하는 자가 있으면 이를 막는 역할을 맡았다. 셋째 그룹은 약 10명으로 교내의 전화실 또는 자전거 거치장에서 직원 등이 이를 사용하여 외부와 연락하는 것을 차단하는 일을 담당했다. 그리고 이들은 7월 1일 등교하여 오전 8시 30분 수업 시작 종소리에 맞추어 먼저 교장을 내쫓는다는 행동방침을 수립했다.

학생들을 격분시킨 또 하나의 요인은 6월 30일 학생 두 명을 퇴학 처분한 것이었다. 이들이 퇴학당한 이유는 '수신' 수업 시간에 교장이 지난 동맹휴학에 대해 반성문을 쓰라고 요구했는데 오히려 그 정당성을 논했다는 것이었다. 학생들이 격분하지 않는 것이 이상할 정도의 분위가 형성된 것이었다.

7월 1일 2, 3학년 학생 120명은 오전 8시 30분 수업시작 종소리에 맞추어 모두 할당된 곳에서 예정된 행동을 하였다. 이 중 100여 명은 곧바로 교장실로 몰려가 교장의 양복 소매를 잡거나 양손을 잡아끌어 복도로 끌고 나간후 발을 잡아 공중으로 들어 올린 채 현관 입구까지 끌고 갔다. 교사들이 이들을 막아서 교장은 잠시 교무실로 도망쳤지만, 곧이어 세 번째 그룹의 학생들이 가세해 교무실로 들어가 교장을 포위하고 강제로 그의 수족을 잡아 질질 끌고 나갔다.

이들은 현관 입구로부터 약 150칸 거리의 정문까지 교장을 데리고 가 "나가라"라는 분노에 찬 외침과 함께 그를 바깥으로 쫓아내고 교문을 안에서 잠그고 함성을 질렀다. 그리고 그동안 동맹휴학에 반대해오던 4학년 하모(河某) 학생을 잡아 구타하였다. 오전 9시 30분 전주경찰서 경관들이 학교에 출동하여 학생들은 해산하였다.

임휘영은 학생들이 역할 분담했던 세 그룹 가운데 첫째 그룹이었다. 그는 변영진, 조찬경과 함께 선두에 서서 교장실에 돌입해 교장의 수족을 잡아 학교 밖으로 끌어냈다. 또 동맹휴학에 반대해오던 학생을 구타하는 데도 가담했다. 또 그 전날 2, 3학년 학생들과 더불어 전주 칠성암(七星庵)에 모여 학생들 명의의 교사 사직 권고장을 보내기로 하면서, 김상순, 변영진, 유갑현, 조찬경, 송병채, 은낙빈과 함께 실행위원이 되어 권고장에 이름을 명기하였다. 서신에는 "교사로서 자격이 없으므로 빨리 퇴직해야 하며, 그렇지 않으면 각오하라"는 내용을 담았다.

7월 1일 오후부터 전주경찰서가 동맹휴학에 참여한 학생들을 검거하기 시작했다. 학교 측은 7월 4일까지 2, 3, 4학년에게 무기정학 처분과 함께 사건의 주동자로 지목된 2학년 17명과 3학년 37명 도합 54명에 대해 퇴학 처분을 내렸다. 퇴학생의 규모는 당시 조선에서 일어난 동맹휴학 사건에서 가장 많은 숫자로 초유의 사태였다.[28]

사건이 이렇게 확대되면서, 전주고보 사건 대책마련을 위한 시민회가 결성되었다. 이들은 학부형회와 함께 전주고보 동맹휴학 학생들에 대한 학교 당국의 강압적인 퇴학 조치에 대해 항의하고, 그 조치를 철회할 것을 주장하였다. 또한 7월 8일에 전주시민대회를 개최하기로 결정했다. 다만, 시민대회는 경찰의 방해로 실현되지는 못했다.

7월 12일에는 전주청년회관에서 시민유지회가 개최되었다. 이들은 학생들의 희생을 최소화하도록 결의했다. 나아가 전라북도 당국과 학교를 차례로 방문해 교섭을 진행하였다. 또 9월 5일 다시 한번 시민유지회를 개최하고 학교 당국이 개학 후에도 문제 해결 모습을 보지

---

28   이상은 재판기록 및 신문 자료에 의거함.

않는다며, 전 조선 사회에 알리기 위한 시민대회 개최를 결정했다. 그렇지만, 이 대회 또한 경찰의 방해로 실현되지는 못했다. 9월 15일에는 시민유지회 명의로 교장과 도지사에 보내는 성명서를 발표했다. 한편 전주고보 동창회도 정기총회를 개최하는 자리에서 교섭위원을 선정하고 퇴학당한 학생들의 복학을 요구했다.

이처럼 전주고보 동맹휴학 사건은 지역사회에 강한 연대의 기억을 남겼다. 주요 경과를 정리해 보면 다음과 같다.

표 ③ 1926년 전주고보 동맹휴학 경과와 전주시민의 대응

일자	내용
6.3	3학년 60여 명, 일본인 교사 4명 퇴출 및 대강당과 기숙사 신축 등을 요구로 맹휴에 돌입.
6.4	학부형회, 회의를 열어 위 요구 조건을 학부형이 책임지고 학교당국과 교섭하기로 결의.
6.5	학생, 학부형회측의 알선으로 등교 시작. 학생들의 요구조건은 학부형회에 일임.
6.27	학부형회, 오전 10시 전주 완산정 청학루(靑鶴樓)에서 모임. 출석인 77인 위임장 70인. 3학년 대표 2인에게 요구 조건을 청취하고 모든 일을 부형회에 일임하도록 함. 교섭위원 선정.
6.29	학부형회 교섭위원 7인, 오사다(長田) 교장을 만나 협의했으나 교장은 학부형들의 간섭이라는 반응을 보임.
6.30	소식을 들은 학생들이 동요. 학교 측, 수신 시간에 맹휴의 정당성을 언급한 학생 2명 퇴학 처분.
7.1	2, 3학년생 150명, 교장실에서 오사다 교장 축출하고 밀정혐의의 학생 1명을 난타. 전주경찰서, 오후부터 30~40명 검거하여 19명 빼고 모두 석방.
7.2	학교 측, 2, 3학년 일동 무기정학 광고. 전주경찰서, 13명 검거. 1학년생들, 건지산에 모여 휴학 결정 후 학교 측에 통보. 4학년과 5학년, 가혹 처분 학생에 동정하여 맹휴. 2, 3학년 일동, 저녁에 학무당국에 진정서 제출(기숙사와 강당 건축, 오사다 교장과 3명의 일본인 교사 퇴진 등 요구).
7.3	학교 측, 2명 정학 처분. 2, 3학년 130명 중에서 사건의 주동자로 자목된 2학년 17명과 3학년 37명 도합 54명 퇴학 처분.
7.4	학교 측, 4학년 전부에 무기정학.
7.8	전주시민대회를 개최할 예정이었으나 경찰의 간섭으로 중지.
7.11	전주경찰서, 취조받던 학생 16명 중 7명 석방.
7.12	전주청년회관에서 시민유지회 개최. 최소한의 희생을 내도록 결의.

7.16	시민유지회, 전라북도 당국을 방문하고 학교 측과 교섭. 학교 측, 1~4학년생에게 등교 지시를 통보하고, 서약서를 받은 1학년 61명, 2학년 25명, 3학년 6명, 4학년 11명 도합 103명에 대하여 정학 처분 해제.
7.21	학교, 하기 휴가
8.4	전주고보 동창회, 정기총회에서 교섭위원 선정해 퇴학자의 복귀 요구하기로 결정.
9.5	시민유지회 개최, 개학 후에도 학교 당국의 해결 모습이 없어 전 조선 사회에 알리기 위한 시민대회 소집 결의. 경찰의 방해로 결국 열리지는 못함.
9.15	시민유지회, 전주고보 맹휴와 관련하여 교장과 도지사에게 보내는 성명서 발표.

출처: 신문자료 및 재판기록 재구성

④ 두 차례의 재판

임휘영을 비롯한 사건의 주동자들은 1926년 8월 25일 전주지방법원에서 1심 선고를 받았고, 1927년 2월 1일 대구복심법원에서 2심 선고를 받았다. 임휘영은 1심에서 징역 6월, 집행유예 1년을 선고받았지만, 2심에서 징역 8월, 집행유예 2년으로 오히려 형량이 늘어났다. 대구복심법원의 판결은 전주지법에서 검사가 구형한 형량과 거의 동일했다. 이 같은 상황은 임휘영뿐 아니라 대상자 전원에게 해당되었는데, 재판 과정에 정치적 판단이 작용했음을 의심하지 않을 수 없는 결과였다.

사실 이들이 복심까지 가게 된 것 자체도 전주경찰서와 일제의 전북 교육 당국이 이 사건에 대한 처벌을 일종의 경고성 시범사례로 삼으려고 했기 때문이었다. 복심에서 형량이 가중된 것은 먼저 교장에 대한 '폭행' 사건이 크게 부각되었던 상황이 큰 영향을 미쳤다. 또 거의 같은 시기에 경성의 고등보통학교 학생들이 조직적으로 참여하였던 6·10 만세운동의 여파도 있었다.

한편, 전주고보 동맹휴학 사건에 대해 연구한 최근무는 전주지법

예심 과정에 일본인 후세 타쓰지(布施辰治)가 변호사로 참여했다고 논문에서 서술하였지만, 구체적 근거를 제시하지는 않았다.[29] 당시 신문기록과 후세 타쓰지 변호사 스스로의 기록 등에 관련 사실이 거명되지 않고 있는 사실로 미루어 그가 직접 변호사로 참여했을 가능성은 크지 않아 보인다.

현재 국가기록원에는 전주지방법원과 대구복심법원의 판결문이 모두 남아있다. 그러나 전주고보 동맹휴학 사건이 '폭행'사건으로 분류되면서 국가기록원의 '독립운동가판결문' 분류에는 빠져 있다. 시정이 필요해 보인다.

표 ④ 전주고보 동맹휴학 사건 재판 경과

일자	내 용
1926. 7. 12	전주경찰서, 9명을 검사국으로 송치.
7. 23	전주지방법원 검사국, 9명을 상해 협박죄로 기소하여 예심 회부.
8. 12	전주지방법원 1회 공판. 재판장 : 山下 판사 / 검사 : 酒井 / 변호사 : 大友, 李圭南, 金鍾根, 橋本, 志賀, 求永(총 6명)
8. 18	2회 공판, 구형.
8. 25	전주지방법원 선고, 집행유예 1년. 변호사 : 김병로, 김용성, 강완선, 이규남 등 조선인 변호사 7명과 布施[30] 등 일본인 변호사 4명.
8. 28	9명 보석.
1927. 1. 24	9명, 대구복심법원 출정.
1. 25	대구복심법원 재판, 長田교장과 학부형 증인 심문. 변호사 김완섭, 조주영, 함승호, 大友, 貝原.
2. 1	대구복심법원 선고, 집행유예 2년.

출처: 신문자료 재구성

---

29   최근무,「全北地方의 日帝下 抗日 學生 民族運動에 關한 硏究」, 건국대 석사학위논문, 1978.

한편, 일제 강점기 형사재판 절차는 ① 경찰의 조사 → ② 검사의 공소 제기 → ③ 예심판사에 의한 예심 → ④ 1심 → ⑤ 복심의 과정으로 진행되었다. 사상 사건의 경우 ① ② ③ 단계에서 고문이 자행되었고, ②와 ③ 단계에서 장기 미결구류 상태가 비일비재하여 인권유린의 대표적 사례로 알려져 있다.

표 ⑤ 전주고보 동맹휴학 사건 1심과 복심 판결 현황

성명	전주지방법원	대구복심법원
장태성	징역 8월 집행유예 1년	징역 10월 집행유예 2년
김상순	징역 8월 집행유예 1년	징역 10월 집행유예 2년
임휘영	**징역 6월 집행유예 1년**	**징역 8월 집행유예 2년**
조찬경	징역 6월 집행유예 1년	징역 8월 집행유예 2년
변영진	징역 6월 집행유예 1년	징역 8월 집행유예 2년
신영상	징역 4월 집행유예 1년	징역 6월 집행유예 2년
유갑현	징역 4월 집행유예 1년	징역 6월 집행유예 2년
송병채	징역 4월 집행유예 1년	징역 6월 집행유예 2년
은낙빈	징역 4월 집행유예 1년	징역 6월 집행유예 2년

출처: 1, 2심 판결문

[30] 布施辰治(후세 다츠지, 1880~1953). 이 때의 변호는 최근무의 논문에 따른 것이다. 그러나 정확한 근거가 제시되어 있지는 않다. 『한울타리』 26호(2018)의 「일본인 변호사 후세」라는 글은 『아빠의 일기장』(신호, 1973. 10. 서광출판사)을 근거로 후세의 변론 사실을 언급하였으나 본문 중에 "자기 나라 말을 사용하고 자기 나라 역사를 공부한다는 것이 소요가 된단 말인가"라는 변론은 전주고보 동맹휴학의 경과와는 동떨어진 내용이다. 또 『아빠의 일기장』은 현재까지 실물을 확인하지 못했다(국립중앙도서관과 국회도서관에도 소장되어 있지 않다). 그리고 후세의 행적을 정리한 논문과 기록을 보면, 그는 1926년 3월 2일부터 11일까지 조선을 찾았고, 다시 1927년 10월 조선공산당 사건 변론을 위해 조선을 방문했다. 즉, 전주고보 동맹휴학 재판 일정과는 무관함을 알 수 있다. 이규수, 「후세 다츠지의 한국인식」, 『한국근현대사학회』 25, 2003 참고.

전주고보 동맹휴학 사건의 의미와 영향

① 사회적 의미

　1926년 6·10 만세운동에 대한 식민당국의 대응이 전주고보 동맹휴학 사건 처리 과정에도 반영되어, 당초 전주지법의 선고로 마무리될 정도의 사건이었으나 대구복심법원까지 가게 되었음은 위에서 언급한 바 있다. 그렇지만, 지역사회에 미친 파장이나 퇴학생의 규모로만 보면 전주고보 동맹휴학 사건은 1929년 광주학생독립운동 이전 시기에 일어난 식민지 교육에 대한 최대의 학생 저항운동이었다.

　동맹휴학은 식민지 교육에 대한 저항이었지만, 교육 시설 개선에 대한 자연스러운 요구이기도 했다. 그렇기 때문에 전주고보의 맹휴에서 사상적 성격은 뚜렷이 보이지 않았다. 교장 '폭행'사건만 크게 부각되어 일제 교육당국의 강경한 조치의 배경으로 작용했다.

　전주고보 맹휴사건으로 퇴학자 76명, 자퇴자 37명 등 총 113명의 학생들이 학교를 떠나게 되자, 전주유지들과 동창, 학부모들이 단결해 시민유지회를 조직하고 학교 당국의 조치에 강하게 항의하였다.

　전주고보 동맹휴학으로 정식 재판을 받은 9명을 포함해 퇴학당한 학생들은 1920년대 후반 사상운동이 고조되는 상황에서 전주를 떠나 경성으로 올라가 학업을 계속 이어가거나 사상단체에 들어가 활동하였다. 퇴학자 중의 한 명이면서, 임휘영의 후리 친구인 박판동이 대표적인 경우였다. 훗날 임휘영의 여동생 임부득의 남편이 되는 김철주는 학교 당국의 퇴학 조치에 항의하여 자퇴하였다.

② 개인적 영향

　임휘영은 동맹휴학 당시 교장실에 들어가 교장을 들어서 교문 밖으로 내쫓는데 앞장섰고, 민족차별을 일삼던 교사들에게 경고장을 보내는데 이름을 올렸다.

전주고보에서 퇴학당한 임휘영은 전주를 떠나 경성의 학교로 전학해서 계속 수학할 것인지가 고민이었다. 1927년 2월 1일 대구복심법원에서 재판을 받을 때 그 주소지가 경성인 것으로 보아 퇴학당한 친구들과 함께 상경해 학교 사정을 두루 살펴보았을 것으로 보인다.

동맹휴학, 퇴학 조치, 재판 등 일련의 경험은 임휘영에게 자신이 일제 식민주의와 식민교육의 희생자라는 강한 민족적 자의식을 심어주기에 충분했다. 더 나아가 당시 사회주의 사상에 관심을 두던 시대적 흐름과 함께, 퇴학자 상당수 친구들이 사회주의 사상단체에서 활동하는 모습에 영향을 받으면서 그 스스로 사회운동에 개입할 수 있는 길을 적극적으로 모색하게 된다. 이 같은 변화는 만경청년회 활동에서 엿볼 수 있다. 전주고보에서의 경험은 평생 그를 규정하는 준거가 되었고, 민족과 사회에 대한 적극적인 세계관의 토대가 되었다.

동네 친구 박판동은 학생 공산당운동으로까지 사상적으로 변화했지만, 임휘영은 그렇게까지 가지는 않았다. 강한 민족의식이 있었지만, 집안의 장남이자 독자라는 의식도 크게 작용한 것으로 추측된다.

임휘영의 동맹휴학 참가와 퇴학은 동생 임부득에게 강한 영향을 미쳤다. 후일 그의 판결문을 보면, 오빠로부터의 영향을 언급하고 있다.

관련 인물

① 퇴학자들

전주고보 맹휴사건을 다룬 것은 앞에서 언급한 최근무의 연구가 유일하다. 그는 논문을 쓰기 위해 1970년대 학교를 방문해 전주고 제적대장을 구하여 분석했는데, 국가기록원 소장 자료『중도퇴학생학적부(전북중학교) - 1926』와[31] 달리 퇴학자와 자퇴자를 구분하고 있다. 또 일본인 퇴학자를 제외한 것이 특징이다. 국가기록원 소장 자료에는 퇴학자와 자퇴자의 구분이 없으며, 일본인 학생 퇴학자까지 포함되어 있다. 최근무의 연구에 등장하는 퇴학자 명단은 아래와 같다. 굵은 글씨는 맹휴로 재판을 받은 9명이다. 박판동도 눈에 띈다.

퇴학자 명단

신용근(辛龍根) 임명길(林明吉) **장태성(張泰成) 조찬경(趙讚慶)** 김병칠(金炳七) 김규철(金奎哲) 김종문(金宗文) 김병기(金炳琪) 김판산(金判算) 유태백산(劉泰白山) 이병수(李炳壽) 이은택(李殷澤) 이생광동(李生光同) 박득룡(朴得龍) 박병덕(朴炳德) 박판동(朴判同) 문동렬(文東烈) 고석두(高錫斗) 최판술(崔判述) 진희경(晋羲暻) 백석신(白錫信) 정익향(鄭翼香) 장기성(張己成) 김동석(金棟錫) 김영욱(金寧煜) 김학우(金學愚) **김상순(金相順)** 김원기(金源起) 김훈식(金勳植) 김용하(金容河) 김용환(金容煥) 김정(金珽) 김금락(金金洛) 임주성(林周成) 유흥규(柳興奎) **유갑현(柳甲鉉)** 유훈석(柳勛錫) 이문기(李文基) 이복수(李福壽) 박문호(朴文鎬) 박상호(朴相浩) 박귀남(朴貴男) 문적현(文翟鉉) 오진묵(吳振默) 오종호(吳鍾皓) 홍재표(洪宰杓) **변영진(邊永鎭)** 최정렬(崔廷烈) 최선길(崔善佶) 최삼동(崔三同) 최일동(崔一童) **임휘영(任彙永) 신영상(辛泳庠)** 신준희(申駿熙) 안술이(安述伊) **송병채(宋炳采)** 송주영(宋柱永) 공점권(孔点權) 김정봉(金丁鳳) 문운학(文雲鶴) 최균식(崔均植) **은낙빈(銀洛彬)** 석상옥(石常玉) 김정기(金正奇) 박장수(朴長壽) 박경남(朴景南) 정교동(鄭敎童) 문윤희(李允熙) 김상용(金尙容) 양기초(梁基初) 김석두(金錫斗) 전승해(全承海) 안봉역(安鳳驛) 진계현(晋啓鉉) 조남윤(趙南允) 윤상의(尹相義) 이상 76명

문서번호 CJA0030942

최근무는 자원퇴학자들에 대해 학교 측이 "유기와 무기의 정학 처분을 한 뒤 권고 자퇴 또는 무한정 정학 처분을 해제하지 않으므로 부득이 학업을 포기하거나 고창고보, 중앙고보 등 학교로 전·편입해 나갈 수밖에 방법이 없도록 압력을 가한 것이다. 또 1926년 12월의 소위 일본 천황 즉위를 계기로 복학을 허용하도록 유인했으나 거의 대부분 학생이 복학을 거부해버렸다는 것이다"라고 하여 자퇴자도 사실상 맹휴에 동조하고 학교당국의 방침에 반대한 것으로 이해하였다.[32]

그가 소개한 자퇴자 명단은 다음과 같다. 임부득의 남편이 되는 김철주가 눈에 띈다.

자퇴자 명단

김형순(金炯淳) 소길영(蘇吉永) 유필현(柳畢鉉) 김개동(金介同) 백원용(白源鏞) 유문희(柳文熙) 오치정(吳治貞) 김환태(金煥泰) 김철주(金鐵柱) 조완경(趙完慶) 강기영(姜麒永) 이홍의(李鴻儀) 오동운(吳東云) 박태철(朴泰喆) 은희동(殷熹東) 송기준(宋基俊) 곽금렬(郭金烈) 정우상(鄭愚尙) 정항민(鄭恒民) 유동언(柳東彦) 박윤창(朴潤昌) 이용근(李龍根) 박환수(朴煥秀) 윤혁진(尹赫珍) 백인기(白璘基) 장두영(張斗永) 박균복(朴均復) 김홍순(金弘淳) 최성환(崔星煥) 박천식(朴天植) 박학석(朴鶴錫) 임대준(林大駿) 진길현(陣吉玹) 한병협(韓秉協) 정종우(鄭琮雨) 오세출(吳世出) 문채옥(文彩玉) 이상 37명.

동맹휴학의 여파는 전주고보 졸업생 현황에서도 확인된다. 맹휴에는 1~3학년이 앞장서고 졸업을 앞둔 4, 5학년은 뒤에 빠져 있었는데,

---

32 최근무, 「全北地方의 日帝下 抗日 學生 民族運動에 關한 硏究」, 건국대 석사학위논문, 1978. 17쪽.

100명 이상이 퇴학을 당하면서 맹휴 이후 졸업생은 30명 내외였고, 1930년이 되어서야 50명 정도로 회복되었다.

표 ❻ 전주고보 동맹휴학 사건 이후 졸업생 현황(1926~1933년)

연도	한인	일인	연도	한인	일인
1926	26	7	1930	32	20
1927	21	3	1931	36	5
1928	15	7	1932	41	9
1929	30	0	1933	36	4

한편, 퇴학자들의 이후 행적을 보면 크게 두 가지 유형으로 나눌 수 있다. 그 하나는 상경해서 학업을 이어가는 경우이고, 다른 하나는 고향 혹은 경성에서 사업을 하는 경우다. 전자의 경우는 대부분 청년운동단체에 참가하여 민족운동을 지속하였다. 그들중 재판을 받았던 9명의 행적을 정리해 보면 〈표 7〉과 같다. 당시 3학년이었던 장태성과 송병채는 이후 사상운동을 하였음이 확인된다. 장태성은 ML당에 가입해 사회주의 활동을 전개했고, 송병채는 학생공산당 조직에 가담해 활동했다. 임휘영의 경우에는 만경청년회 활동을 하면서 서울에서 사업을 진행하였다. 그 외 신영상이 미곡상을 하고 있음이 확인된다.

표 ❼ 전주고보 동맹휴학사건으로 재판받은 학생들의 이후 행적

성명	학년(나이)	출신지	행적
장태성(張台成)	3학년 을조급장(19)	옥구	후일 ML당에 가입[33]
김상순(金相順)	3학년(17)	무주	
임휘영(任彙永)	2학년(18)	김제	
조찬경(趙讚慶)	(17)	김제	만경청년회, 서울에서 경신양조 운영
변영진(邊泳鎭)	(17)	군산	
신영상(辛永庠)	(17)	부안	
유갑현(柳甲鉉)	2학년 갑조 급장(17)	익산	미곡상. 1928년 결성된 부안미곡상조합 평의원으로 재직
송병채(宋炳采)	(17)	전주	
은낙빈(殷洛彬)	2학년 갑조 부급장(18)	정읍	경성노어학원에 입학. 1930년 학생공산당 조직으로 체포되어 징역 4년. 태양생명보험 전주대리점장. 정미업. 1·2회 국회의원 선거에서 익산 갑(차례로 한민당과 민국당)으로 출마했으나 낙선. 5.16 후 전북사대당 사건으로 5년형. 2005년 학생운동으로 서훈(애국장)

② 학교 당국 관련자들

교장 오사다 도미사쿠(長田富作, 1880~1970)는 1928년 7월 퇴직 후 오사카부립도서관의 2대 관장(1933.9~1947.4)으로 재직했다. 해당 도서관에 '長田富作資料'가 소장되어 있다. 자료는 주로 학교 퇴직 이후의 기록이다. 그는 일본 이시카와현(石川縣) 출신으로 현립사범학교와 히로시마고등사범학교를 졸업하고 오카야마, 사가, 구마모

33　정세현, 『항일 학생 민족운동사 연구』, 일지사, 1975, 258쪽.

토, 미야기, 오사카 등의 중등학교 교사를 거쳐 한국으로 건너왔다. 1920년 경성여자고등보통학교 교장을 거쳐 전주고보에서 3년간 재직했다. 학생들이 전라북도 학무당국에 제출한 진정서에 따르면, 수업 시간에 수업료 미납자를 호출하는 등 인격이 비열하고, 학생들의 의견을 무시하고 학교를 마음대로 운영하며, '사제 간은 부자와 같다'라고 말하면서도 표리부동한 행동을 하였으며, 부족한 교사를 보충하지 않고 학과를 겸임시키는 등 학교 운영에 무책임하다고 평가되었다.

임휘영의 담임 교사 카야마(香山)에 대해서도 학생들이 전라북도 학무당국에 제출한 진정서에서 확인할 수 있다. 그는 학생들의 사소한 실수에도 화를 내며, 수업 내용을 조리 있게 설명하지 못하는 무자격자라는 비판을 받았다.

6 | 만경, 청년회에서 새로운 세상을 꿈꾸다

만경청년회 유학생부 활동

전주고보 맹휴사건으로 1927년 2월까지 재판을 받았던 임휘영은 1928년부터 만경읍에서 만경청년회 활동에 집중했다. 그런데 대구복심법원의 판결문에는 변영진, 유갑현, 송병채와 함께 임휘영의 주소지가 경성부로 되어 있다. 전주고보 퇴학 후 경성 소재의 중앙고보를 비롯한 사립학교 입학을 준비하기 위한 일시적인 경성 체류가 아닌가 생각된다.

임휘영은 대구복심법원에서 징역 8개월에 집행유예 2년의 형을 받았다. 이후 행적을 보여주는 기록은 보이지 않으나 만경청년회에 이름을 올리고 활동을 한 것으로 보아 집안에서 은인자중하고 있었던 것 같지는 않다.

만경청년회는 1920년에 설립되었다. 뚜렷한 활동실적이 없던 만경청년회는 1926년 여름부터 사상단체로 그 성격을 바꾸어 1928년 여름에는 조선청년총동맹 김제청년동맹 만경지부로 변신하였다. 식민지 조선에 사회주의 사상의 영향이 커지는 가운데 조선청년총동맹의 영향이 전국적으로 끼쳤던 것과 맥을 같이 하는 변화였다.

만경지역의 청년들은 청년회, 소년회, 유학생회, 야학회 등 다양한 단위로 조직되었다. 물론 이 조직들의 중심은 만경청년회였다. 만경청년회에는 현풍을 본향으로 하는 현풍 곽씨가 지역의 유력자 집안답게 주목할 만한 활동을 하였다. 성덕면 묘라리의 청년들로서는 만경보통학교를 다닌 경험과 지역의 중심지인 만경을 활동 근거지로 삼는 것이 자연스러웠다. 1920년대까지 성덕면에는 아직 보통학교도 없는 등 묘라리 청년들을 끌어들일 만한 조건들을 갖고 있지 않았다.

1920년대 신문 기사를 통해 확인할 수 있는 1920년대 만경지역 청년단체들과 활동을 정리해 보면 다음과 같다.

❖ **단체와 활동**

1) 만경청년회, 1920년 9월 창립

임원   회장 곽지창(郭址昶), 부회장 정석주(鄭錫朱), 총무 곽형진

(郭兄鎭), 서무부장 곽동선(郭東善), 덕육부장 곽동희(郭東禧), 지육부장 곽전근(郭塡根), 체육부장 곽형근(郭炯根), 경리부장 김규봉(金奎奉)

활동 창립 직후 활동은 확인되지 않는다. 1926년 8월부터 조직개편 논의가 등장하면서 주의적(主義的) 성격, 즉 사상단체로 성격이 바뀌어 감을 확인할 수 있다.

1928년 7월 28일 만경청년회는 재외 만경유학생들을 중심으로 만경독서구락부를 설치했다. 이 기구는 독자적인 조직을 가졌다. 임원에는 위원장 곽대형, 서무재정부 박두언, 박판동(朴判同), 운동부 정회근(鄭會根), 곽병진(郭炳鎭), 도서부 곽진열, 곽준희(郭俊r), 유학생부 임휘영, 정화준(鄭和濬) 등이 활약했다.

1928년 7월 만경청년회는 '노동야학원'을 설치 운영하기 시작했다. 12월에는 1회 졸업식을 거행하고 이름을 '만경야학원'으로 변경했다. 명칭 변경은 만경주재소의 요구에 따른 것이었다. 사상운동을 경계했던 조치로 이해할 수 있다. 1928년 12월부터는 여자야학도 운영하기 시작했다. 여자야학원에는 곽진열, 박두언, 곽대형(郭戴炯) 등의 교원이 활동했다.

1928년 9월에는 만경청년회를 해체하고, 조선청년총동맹 김제청년동맹 만경지부를 설치하는 정기대회를 진행할 예정이었지만, 경찰의 집회 불허로 무기 연기하였다. 단체는 1929년 4월에 다시 정기총회를 진행하려고 했지만 역시 경찰의 불허로 개최하지 못했다. 이후의 활동은 확인되지 않는다.

2) 만경여자야학회, 1922년 설립

임원 회장 곽영욱(郭永郁).

활동 야소교(기독교) 예배당 내에 설립되었고, 야학 활동을 했다.

3) 만경소년회, 1923년 11월 창립

4) 만경공립보통학교 동창회

임원 간사 곽행진(郭幸鎭) 곽우열(郭愚烈) 김윤기(金允基) 이기채(李箕采) 곽용형(郭鏞炯)

활동 1925년 9월 교사 임명부(任明溥)에게 기념품을 증정했다.

5) 만경경성유학생회, 1926년 8월 만경노동야학 창립

6) 만경소년회, 1920년 창립

임원 위원장 곽진열(郭鎭烈),[34] 문예부장 박두언(朴斗彦), 곽홍규(郭洪奎), 경리부 백삼기(白三基), 이갑수(李甲樹), 운동부 □갑쇠(□甲釗), 곽장희(郭章熙).

활동 1927년 5월 7주년 기념식과 어린이데이 행사를 추진했다. 1928년 9월에는 임원 개편을 진행했다. 새로 선임된 임원은 다음과 같다.

위원장 박두언, 위원 위일준(魏日濬), 백종기(白鍾基), 김경련(金慶連), 은희용(殷熙用), 위형완(魏亨玩), 이광덕(李廣德)

7) 만경여성친목회 1927년 8월 발기

임원 발기인 : 정경하(鄭瓊河), 곽영옥(郭永玉), 김서운(金瑞雲),

---

34 해방 후 만경의 중심인물로 활동하였다.

임부덕(任富德)*

* 임부득은 당시 신문에 임부덕으로 등장하기도 한다.

❖ 기타 청년 활동

1) 곽대형 환영회

1927년 9월 6·10 만세운동에 참여하여 1년형을 받아 수감되었던 곽대형의 출옥 환영회가 개최되었다. 환영회는 김제에서 열렸고 만경청년회와 만경소년회 대표가 참여했다.

2) 만경공립보통학교 동맹휴학

1927년 11월, 일본인 교사의 폭언에 항의한 학생들의 동맹 휴학이 전개되었다.

3) 만경공립보통학교 동창회 정기대회에서 학술강연회 계획

1928년 8월 다음과 같은 내용의 학술강연회를 계획하였지만, 만경 주재소에 의해 제지당하였다.

현대 여성의 지위	임부득(任富得)양
會에 잘 다니는 사람이 되자	곽진열 군
우리는 조선의 여성임을 알자	곽영옥 양
생물의 진화	박대형 군
관념	박두언 군
미정	정화준 군
미정	곽양훈(郭良勳) 군
미정	유한조(柳漢朝) 군

4) 박판동과 송병채 체포

1928년 11월 두 사람이 학생공산당 사건으로 서울 서대문서에 체포되었다.

이상에서 확인할 수 있듯이 만경지역에서는 만경청년회, 만경소년회, 만경여성친목회 등의 청년단체들이 1920년대 중후반기 동안 적극적인 활동을 전개하고 있음을 확인할 수 있다.

1928년 만경청년회 집행부 가운데 활동 사항이 알려진 이들을 좀 더 자세히 살펴보자. 위원장 곽대형은 만경읍 출신이다. 1926년 경성의 중동학교 특과 2학년에 재학 중 6·10 만세운동에서 학생시위를 주동한 혐의로 징역 1년 형을 선고받았다.

서무재정부 박두언은 만경소년회, 김제소년동맹에 관여하였고, 1930년에 조선청년총동맹에 참여했다. 1936년 김제농민조합운동 관련으로 검거되었고, 해방 후에는 여운형계로 활동하는 등 김제지역 사회운동단체의 지도자로 활동하였다.

같은 서무재정부의 박판동은 임휘영의 후리 친구로 전주고보 동맹휴학으로 퇴학당한 후 상경했다. 동맹휴학 건으로 같이 재판을 받았던 송병채와 함께 '학생공산당'을 결성하였고, 조선공산당에도 참여하였다.

도서부의 곽진열은 만경소년회의 위원장, 김제청년동맹 만경지부의 정치부 임원, 노동야학 교사 등 만경지역을 무대로 청년단체를 이끌었다.

임휘영과 함께 유학생부를 이끌던 정화준은 재외 김제청년유학생회에 참여한 인물이다. 1930년 일본대학 예과를 졸업하였고, 해방 후에는 여운형의 건국준비위원회에 참여하였다.

이처럼 만경청년회 집행부를 구성하는 청년들은 사상적으로 사회주의 경향의 민족운동에 참여했던 인물들이었다. 전주고보 퇴학 후 만경청년회에 참여한 임휘영으로서는 새로운 사조인 사회주의 사상에 강하게 영향을 받았을 것이다. 민족과 사회의 대개조라는 시대적 흐름은 청년 임휘영의 가슴을 격동시키기에 충분했을 것이다. 식민지 조선 청년 학생들에게 1920년대는 그런 시대였다.

임휘영이 맡은 만경청년회 유학생부는 만경 출신으로 경성이나 전주 혹은 일본에 유학한 학생들이 방학 중 고향에서 강연, 연주회, 독서회, 친목 도모 등의 활동을 조직하고 지원하는 역할을 하였을 것으로 추정된다. 이 시기 청년회가 주도하는 강연회에서는 사회주의 사상을 소개하는 경우가 많았는데, 임석한 경찰들이 제지하기도 하였다.

만경읍 소재 만경청년회관에는 만경청년회를 비롯해 만경독서구락부, 만경소년회, 만경의 농민들과 아동, 여성들에게 한글을 가르치는 만경신선학원, 만경야학원 등 5개 단체가 명패를 달고 있었다.

한편, 전주여고보 2학년에 재학 중이던 임부득은 방학 중인 1927년 8월에 만경에서 만경여성친목회를 발기하였다. 이듬해 8월에는 만경공립보통학교 동창회 정기대회에서 학술강연회를 계획했으나 만경주재소로부터 금지 처분을 받았다. 그의 이러한 적극적인 활동은 오빠 임휘영으로부터 받은 영향이 컸을 것이다. 임부득의 재판기록에서 "피고인은 전주공립여자고등보통학교 제 4학년으로서 평소 그 실형(實兄) 임휘영과 내연(內緣)의 남편 김철주의 감화를 받아 공산주의에 공명"했다고 하였다.[35]

그런데, 임부득이 적광회 사건으로 체포된 것이 1929년 7월이었

---

35   1930년 3월 5일 전주지방법원 판결문.

고,[36] 임부득의 혼인은 같은 해 봄에 있었기 때문에 '내연의 남편'이라는 표현은 이미 부부였던 두 사람에 대한 일제의 악의적 기술이라고 할 것이다.

임부득은 만경공립보통학교 동창회를 이용하여 '현대 여성의 지위'라는 주제로 강연을 구상하기도 했다. 8월은 각 학교의 방학 기간으로 외지에 유학하던 청년들이 고향에 돌아와 유학회를 조직해 모임, 강연, 연극 등의 활동으로 지역 청년들과 다양한 사상과 세상의 변화를 알리는 시기였다. 임휘영과 임부득의 만경에서의 활동은 모두 여름에 한시적으로 이루어졌다.

한편, 임휘영과 함께 전주고보에서 퇴학당했던 박판동과 송병채는 경성으로 가서 각각 중앙고보와 경성어학원 로어(러시아어)과에 다녔다. 상경 시기는 1927년 상반기로 추정되는데, 박판동 역시 여름방학 때 잠시 내려와 만경유학생회 활동을 한 것으로 보인다.

만경에서 경성으로

1928년 9월부터 김제경찰서를 중심으로 일제는 만경청년회를 탄압하기 시작했다. 정기총회를 갑자기 막았고 사상단체로서의 움직임에 감시의 눈길을 거두지 않았다. 이런 와중에 박판동과 송병채가 1928년 11월 경성 서대문경찰서에 '학생공산당사건'(일명 'ㄱ'당 사건)으로 함께 피검되면서 만경청년회도 상당한 영향을 받았을 것이고, 임휘영도 마찬가지로 적지 않은 영향을 받았을 것이다.

사상단체로서 면모를 보이던 만경청년회는 1929년 3월 만경주재

---

36 적광회에 대해서는 임부득의 활동 관련 부분(101쪽)에서 후술한다.

소의 압박으로 정기대회를 열지 못할 정도였고, 7월에는 만경청년회 집행위원 8명이 김제경찰서에 체포되기도 했다. 8월에는 만경주재소가 만경청년회 회관에 붙어있던 5개 단체 간판을 떼면서 단체 해산 명령을 내렸다. 경찰은 이 과정에서 이후 사상단체와 아무런 관계를 하지 않는다는 서약서를 제출하는 조건으로 간판을 다시 붙여주기도 하였다.

이같은 일제의 탄압으로 만경청년회는 사실상 해체의 길을 걷게 되고 말았다. 일제의 사상단체 통제에 따른 운동가들과 조직의 지하화 흐름 속에서 만경청년회 집행위원들도 김제, 전주, 경성으로 그 활동 무대를 옮기지 않을 수 없었다. 친구 박판동, 송병채의 검거와 만경청년회의 해산을 계기로 만경청년회 집행위원 임휘영도 1929년 상반기에는 민족운동의 중심지 경성으로 활동 무대를 옮겼다.

다시 정리해 보면, 대구복심법원에서 집행유예를 선고받은 이후부터 1929년 상반기까지 만경청년회에서의 활동은 임휘영에게 전주고보를 벗어난 첫 사회 경험이었고, 동지들과 함께 민족과 지역을 위해 헌신할 방법을 훈련하는 기회가 되었다. 특히 사회주의 사조에 강한 영향을 받고 있던 청년들이 지주제와 농민 생활에 대한 관심을 공유하고 근본적인 해결책을 모색하는 가운데, 임휘영은 만경청년회 활동 과정에서 사회주의적 혹은 평등주의적 세계관을 형성하였을 것으로 보인다. 후일 농지개혁에 적극 찬동하면서 아버지와 논쟁까지 하기에 이른 것도 이시기에 형성된 세계관의 영향으로 볼 수 있다.

7 경성, 민족운동의 후원자 근대와 자본주의를 경험하다

종로경찰서 구금사건

대구복심법원에서 재판을 받던 1927년 2월 당시 임휘영의 주소지는 경성이었다. 다른 친구들처럼 경성의 사립학교로 전학을 모색한 것으로 보인다. 1926년 3학년으로 전주고보에서 퇴학당한 박판동이 1928년 11월 학생공산당 사건으로 체포되었을 때 그는 중앙고등보통학교 4학년에 재학 중이었다. 그리고 함께 재판을 받았던 송병채도 상경하여 경성어학원에 다니고 있었다. 대구복심법원의 판결문에서

그림 ⑳
박판동. 〈일제감시대상인물카드〉, 국사편찬위원회 소장.

그림 ㉑
송병채. 〈일제감시대상인물카드〉, 국사편찬위원회 소장

경성부를 주소지로 하는 이들은 임휘영과 송병채 외에도 변영진, 유갑현 등 모두 4명이었다. 변영진과 유갑현의 행적은 자세히 알 수 없으나 박판동과 송병채가 경성에서 학업을 이어나가는 과정을 보아 임휘영도 그런 마음을 먹었던 것으로 보인다. 그러나 임휘영은 학교에 적을 두지는 않았다.

1929년 3월 말 김철주를 비롯한 전북 지역의 사회운동가 50여 명이 조선공산당과 조선공산청년회의 세포를 조직했다는 이유로 김제경찰서에 체포되어 경성으로 압송되었다. 임부득과 김철주가 혼인한 직후였다.

이들이 압송된 지 얼마 지나지 않은 1929년 6월 임휘영도 종로경찰서에 구금되었다. 중외일보 1929년 6월 16일자는 "종로서 고등계에 검거된 사건은 연일 밤을 새워가면서 미와(三輪) 고등계 주임의 손으로 엄중한 취조를 진행 중이며 한편으로는 활동을 계속하고 있는 터인데, 15일 새벽 4시 반경에 또다시 동서(同署)의 형사대는 시내 죽첨정 3정목 162번지 김제형(金濟亨)씨의 집을 습격한 후 얼마 전에 입경하여 동씨(同氏)의 집에 묵고 있는 전북 만경 읍내에 사는 만경청년회 집행위원인 임휘영(任彙永, 22)이란 청년을 검거하는 동시에 그가 가지고 있던 행리(行李) 중에서 다수한 서신 등을 압수하여 가지고 주인 김제형씨까지 본서로 동행을 구하여 잠시간 취조를 한 후 동 10시경에 김제형씨만은 석방을 시키고 임휘영은 수사유치를 하고 엄중 취조 중인데, 전기 검거된 청년은 일찍이 전주고보 사건으로 집행유예 중에 있는 터인바, 동서에서는 혹시 검거한 사건에 관련이나 없는가 하여 그와 같이 검거를 한 것이며 그 외 시내 수처에서 활동을 개시한 바 있었으나 이렇다 할만한 소득이 없는 모양이라더라."[37] 라고 보도

했다. 당시 언론 기사만으로는 임휘영이 어떤 조사를 받았는지 알 수 없지만 김철주와의 관련 여부를 확인한 것으로 추측된다.

송병채와 박판동이 체포된 학생공산당 사건을 전하는 언론들은 두 사람이 전주고보 맹휴사건의 리더였고, 2년간 집행유예 상태라는 사실을 알리고 있었다. 일제 경찰도 두 전주고보 퇴학생의 존재를 확인하였고, 더구나 송병채는 학생공산당 책임비서였기 때문에 크게 주목하고 있었다. 대구복심법원의 판결이 난 1927년 2월부터 집행유예 2년의 기간이 지나면서 다시 민족운동의 현장에서 여러 가지 모색을 하던 차에 종로서에 구금되는 사건이 발생한 것이다.

여기다 1929년 7월 말에는 전주여자고등보통학교에 다니던 여동생 임부득이 '적광회' 사건으로 체포되었다. 먼저 체포된 김철주는 경성에서, 임부득은 전주에서 구치소 생활을 하게 된 것이다.

박판동과 송병채가 관련된 학생공산당 사건을 거치고, 종로서 구금 사건, 그리고 김철주와 임부득의 검거와 재판을 지켜보면서 민족운동에 헌신하려던 임휘영의 의지가 크게 위축되었을 가능성이 크다. 그렇지 않더라도 행동을 더욱 조심스럽게 하거나, 비밀리에 해야했을 것이다. 특히 자신의 영향을 받은 여동생의 체포는 적지 않은 충격으로 다가왔을 것이다. 또 그동안 미래와 관련해 뚜렷하게 의식하지 않았던 집안의 독자이며 장자라는 처지가 새삼 마음 속에 떠올랐을 것이다.

박판동과 송병채는 1928년 11월에 체포되어 13개월 만에 예심에 넘겨져 1930년 4월 각각 징역 3년과 4년 형을 선고받았다. 박판동이

---

37 국사편찬위원회의 근대사연표에 "萬頃청년회 집행위원 任彙永, 종로서 고등계원에게 인치됨. [출전] 동아일보 1929.6.16. 일제하 사회운동사자료집 2 p. 211."라고 하였으나, 해당 기사는 중외일보 1929년 6월 16일자이다.

1932년 5월 서대문형무소에서 만기 출옥한 당일, 그는 임휘영의 경성 관철동 집에서 며칠간 함께 머문 후 고향으로 내려갔다. 박판동이 서대문형무소에 수감 중에도 서로 연락을 주고받았음을 알 수 있다.

김철주는 1929년 3월에 검거되어 경성 서대문형무소에서 예심이 완료되는 1930년 12월까지 미결수로 수감 되어 있었다. 동네 친구와 매제 모두 전주고보 동맹휴학으로 퇴학을 당한 처지였고, 이들의 안위가 임휘영에게 무엇보다 큰 관심사였을 것이다. 이들의 옥바라지에도 적지 않은 공력을 기울였을 것이다.

경신양조 지점 운영

임휘영에게 1929년은 중요한 해였다. 어느덧 나이도 20대 초반이 되었다. 민족과 사회운동에 대한 전망을 한창 모색하던 차에 여러 사건에 직면하게 되었고, 경성에서 친구들(송병채, 박판동, 김철주)의 옥바라지와 생활 후원까지 하게 되었다. 이러한 상황에서 그는 젊은 실업가로서의 삶을 새롭게 모색하기 시작했다. 사회운동을 하든 장남으로서의 역할을 하든 경제적 기반을 마련하는 것은 매우 중요한 일이었다.

임휘영이 경성에서 활동한 기록은 많지 않다. 주소지인 관철동 24번지(89평) 폐쇄토지대장, 경신양조합자회사(이하 경신양조)의 주주로 참여한 기록을 담은 『조선은행회사조합요록』(이하 회사요록)과 민적부 및 가족들이 남긴 구술 등을 참고할 수 있다.

격동의 1929년을 넘긴 임휘영은 경신양조(京信釀造)라는 주장(酒場)에 출자하고 경성 관철동에서 그 지점을 운영하였다. 경신양조는 주류 제조 및 판매를 하는 양조회사로 1927년 자본금 13,700원에 위경섭(韋京燮)[38] 등이 설립했다.

회사요록에 보이는 경신양조의 1929년 3월 기준의 출자액 현황을 보면 위경섭과 이창우가 최고로 각 2,500원이었다. 이때는 임휘영의 이름이 보이지 않는데, 1931년 4월 기준의 경신양조 출자액 내역에는 7천원을 출자한 임휘영의 이름이 보인다. 이때 경신양조 자본금은 25,450원으로 1929년보다 11,750원이 증가했는데, 임휘영을 비롯해 박성근(朴成根), 김제형(金濟亨), 오성근(吳成根) 등 몇몇 새로운 주주들이 참여한 결과였다. 증가된 출자액의 상당 부분을 임휘영(7,000원)이 차지하고 있는데, 그의 출자액은 경신양조 사장 위경섭의 그것보다 4,500원이나 많았다. 관철동 지점을 운영한다는 조건에서 출자가 이루어진 것으로 봐야 할 것이다.

관철동 24번지 폐쇄토지대장(서울 종로구청 소장)에 따르면, 죽첨정 3정목(오늘날 충정로 3가)에 주소지를 둔 경신양조는 1930년 12월 6일에 관철동 24번지를 매입하였고, 1932년 2월 20일에 주소지를 관철동 24번지로 바꾸었다. 이곳의 명의는 임휘영이 아니라 경신양조였다. 이로 미루어보아 임휘영 등의 신규출자에 따라 경신양조는 본점을 죽첨정에 그대로 두고 관철동 24번지에 지점을 내면서 임휘영이 이를 맡아 경영하였다.[39]

---

[38] 위경섭은 평양일어학교를 졸업하고 1909년부터 1924년까지 조선 근위기병대와 조선보병대의 위관으로 근무했다. 퇴직 후 1927년부터 경신양조합자회사의 사장이 되었고, 경성조선주양조조합 이사장, 경성국자제조조합 취체역, 조선주조협회 이사 등 각종 양조업 관련 단체의 책임자로 역할하였다. 경성 양조업계의 리더 중의 한 사람으로서 일제강점기 경성에서 양조업계의 이해를 조선총독부, 혹은 경성세무감독국과 협의하는 창구 역할을 하였다.

[39] 일제강점기 (폐쇄)토지대장에 나오는 날짜는 신고일 기준인 만큼 실상과는 다소 차이가 있을 수 있다.

1930년 12월 경신양조가 관철동 24번지를 매입하고 지점을 둔 것은 임휘영이 출자한 결과이며, 1931년판 『회사요록』에 그 같은 사실이 반영되었던 것이다. 『회사요록』의 경신양조 신규 출자자 가운데 주목되는 인물이 있다. 바로 김제형(金濟亨)이다. 앞서 1929년 6월 15일 종로서 구금사건 당시 임휘영이 묵고 있던 곳이 경성부 죽첨정 3정목 162번지(오늘날 서울시 충정로 3가로 아현고개 일대) 김제형의 집이었다. 이때 김제형도 종로서에 함께 잡혀갔으나 곧바로 풀려난 바 있다.

그런데 박판동과 송병채의 학생공산당 사건 판결문에 따르면, 1928년 2~4월에 비밀회합을 했던 곳이 경성부 누하동 246번지 김제형의 집이었다.[40] 두 사람은 그해 11월 말에 검거되었다. 박판동과 임휘영 등에게 거처를 제공한 김제형이 경신양조에 출자하는 것으로 보아 단순히 하숙집 주인으로만 이해할 수는 없다. 김제형은 김제, 전주 지역과 긴밀한 연계를 가지면서도 민족운동에 관심을 지닌 실업가가 아닌가 추측된다. 임휘영이 김제형을 매개로 경신양조에 출자를 결정한 것으로 이해하는 것이 합리적이다. 김제형의 집 죽첨정 3정목 162번지는 죽첨정 3정목 136번지에 있던 경신양조 본점과는 매우 가까웠다. 임휘영은 박판동, 송병채 등과 연결되는 모습을 보여준 김제형에 대해 상당한 신뢰를 가졌고, 김제형과 함께 경신양조에 출자하였던 것으로 볼 수 있다. 더 이상의 자료가 확인되지 않아 더 깊은 관계를 파악하기는 어렵다.

당시 조선인 지주들에게 정미업과 함께 양조업은 유망업종이었다. 비교적 소자본으로도 공장설립이 가능하고 더욱이 원료미의 조달이

---

40) 「學生秘社事件의 韓炳宣等公判開廷 公開禁止裡에 審理」, 『매일신보』 1930년 4월 19일.

용이했기 때문에 주조업은 정미업과 함께 큰 돈을 벌 수 있는 업종이었다. 주조업의 기업환경이 배태되면서 1920~1930년대를 전후로 국내 주조업은 본격적인 기반을 닦기 시작했고, 일제 말기까지 순수 민족자본 형성의 모태가 되었다.[41]

『조선주조사朝鮮酒造史』(1935, 조선주조협회)에 따르면, 1927년에 설립된 경신양조는 약주 1,100석과 탁주 1,700석을 생산하며 상호명은 '경신京信'이며, 경성부와 경기도 내외에 판로를 가지고 있었다. 관철동 지점의 현황도 이 통계 안에 포함되었을 것이다.

이들 자료를 종합해 본다면, 임휘영은 1929년 상반기에 상경하여 김제형을 통해 경신양조에 주목하였고, 적어도 1930년에는 경신양조에 출자하였으며, 적어도 1932년 2월부터는 관철동 24번지에서 경신양조 지점을 경영하기 시작했다.

중앙체육연구소에서의 신체 단련

임휘영은 1934년 역기(후일 역도로 개칭) 선수 양성과 일반인의 신체 단련과 건강 증진을 위해 설립된 중앙체육연구소에 나가기 시작했다. 중앙체육연구소는 1930년 서상천에 의해 설립되었다.

1934년 3월 중앙체육연구소 내의 '특별반 역기 홍백전' 관련 언론기사에 임휘영의 이름이 처음 나온다. 특별반은 전문 선수라기보다는 체력 단련과 심신 수양을 목적으로 참여한 일반인으로 구성되었는데,

---

41 하재영, 「해방 전후(1937-1948) 주류 통제정책과 양조업의 동향」, 한양대 석사학위 논문, 2016. 이 논문에 따르면, 1930년대 전반기는 조선경제 호황에 따른 전체 소비량의 증가와 맞물려 양조업도 호황이었다. 조선총독부 재정에서 1935년 기준 주세의 비중이 30.2%가 될 정도였으며 1934년부터는 전체 세목 가운데 1위가 되었다.

그림 ㉒
죽첨정 3정목 소재 경신양조 본점 전경(『조선주조사』, 1935). 관철동 지점도 이와 유사하지 않았을까 추측한다.

홍백전은 사회 저명인사들을 대상으로 한 내부 행사였다. 중앙체육연구소는 중년 이상의 일반 위장병자와 허약자의 구경을 환영한다고 밝히기도 했다. 이 역기전 참여자 가운데 직업과 나이를 확인할 수 있는 인물로는 보성전문 법학교수 옥선진, 동아일보 기자 이여성, 서점 주인 이정래, 양복업 주인 홍창유 등 지식인이나 경제인들이 대다수이고, 연령은 20대 후반에서 30대 초반 사이였다. 20대 후반이던 임휘영은 어린 축에 속했다.

임휘영이 중앙체육연구소에서 역기에 참여하게 된 것은 복수의 이유였을 것으로 보인다. 우선은 전주고보 시절에 허약한 체질과 질병으로 거듭되는 결석에 1년을 유급하기도 했던 그로서는 신체단련과 건강법에 많은 관심을 가지고 있었을 것이다. 중앙체육연구소는 『현대체력증진법』(1931)을 간행하면서 일반인들에게 큰 관심을 불러일으켰다. 남녀노소의 건강증진법을 다룬 것으로 당시 체육을 전문적으로 공부한 자에 의해 저술된 이러한 종류의 책은 조선에서 처음 있는 일이었다고 한다. 이 때문에 중앙체육연구소의 특별회원인 여운형을 비롯한 13명의 유명인사들이 서문 집필에 참여하기도 했다. 당시에는 일본인에 비해 경기력이 앞선다는 판단, 신체적 효과와 의료적 효과가 크다는 기대, 거듭되는 역기대회 보도 등이 역기 운동의 인기에 영향을 미치고 있었다.

또 다른 이유는 경성에 올라와 본격적인 주장 경영에 참여하는 실업가로서 다양한 인적네트워크를 형성할 필요성 이었을 것이다. 물론 이런 두 가지 이유 가운데 전자의 이유가 훨씬 컸을 것으로 보인다.

당시에는 중앙체육연구소의 역기 승급, 승단 관련 성적도 언론에 보도되었다. 임휘영은 1934년 9월, 경경체급부(59.88~67.45kg)에서 2등인 김성집에 이어 3등을 하였고, 이해 10월 2급으로, 이듬해 11월에 1단으로 차례로 승급, 승단했다.

1934년 11월 중앙체육연구소와 휘문고보와의 역기대회는 일종의 이벤트였다. 중앙체육연구소의 운영자였던 서상천은 휘문고보의 체육 교사이기도 했다. 그가 주도적으로 두 단체의 유력선수들을 차출했음을 짐작할 수 있다. 임휘영은 중앙체육연구소의 선수 5명 가운데 한 명이었다.

1935년 5월 5일 장충단 운동장에서 개최된 제9회 전경성(全京城)상공연합운동회에서는 서상천이 심판장을 맡은 가운데 임휘영은 설비계(設備係)의 임원으로서 대회를 준비하였다. 설비계에는 중앙체육연구소 인물들이 대거 배치되었다. 대회 회장은 경성상공협회장 박승직이었다.[42]

---

42 「임박한 제9회 전경성 상공연합대운동회」, 『동아일보』 1935년 5월 1일.

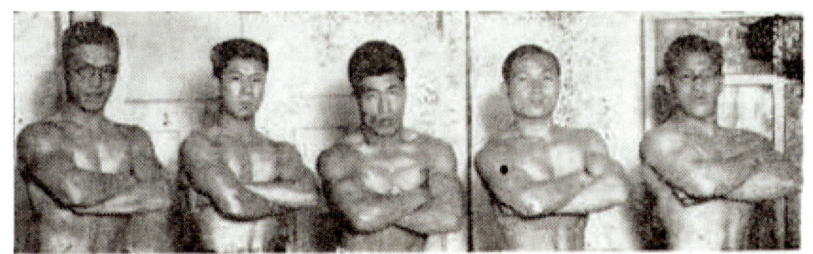

그림 ㉓
중앙체육연구소의 역기선수들 모습. 왼쪽에서 첫 번째가 임휘영이다(『동아일보』 1934년 11월 18일).

중앙체육연구소와 관련해 임휘영의 마지막 활동은 1935년 11월 30일 중앙체육연구소로부터 승단, 승급자에게 증서를 받은 것이다. 이때 초단으로 승단했다. 이를 통해 그의 낙향 시기가 1936년 이후임을 추측해볼 수 있다.

현재 후리 생가에 살고 있는 임창의의 구술에 따르면, 후리집을 인수할 때 중앙체육연구소 역도 관계 앨범이 다수 있었다고 한다.

혼인과 득남

임휘영은 익산 출신의 김복녀와 1925년 전주고보 재학 중에 혼인하였으나 1930년 협의이혼하였다(민적부). 자식은 없었으며, 부모의 강원에 의한 결혼으로서 구식부인이었던 것으로 추정된다.

임휘영은 1930년 조두현의 장녀로 김제군 월촌면 출신의 조정희와 혼인하였다. 이혼과 재혼을 한 1930년은 임휘영으로서는 사업가로서 경성 진출이라는 중요한 결정을 한 때이기도 했다. 1932년 첫 아들 임성기가 관철동 24번지에서 태어났다. 임휘영으로서는 세상을 다 가진 듯이 기뻐했을 것이다.

그림 ㉔
1933년 경성에서 임휘영과 조정희 그리고 장남 임성기(『한울타리』 4호, 2005).

　부인 조정희는 조한백의 여동생이다. 조한백은 임휘영과 동갑인 1908년생으로 1929년 전주사범을 졸업하였다. 같은 전주사범을 졸업한 후리의 박판철과는 절친한 선후배 사이었다. 박판철은 1905년생으로 조한백보다 세 살 위이며, 전주고보 졸업은 각각 1925년과 1929년이었다. 박판철은 1925년부터 1929년까지 금구공립보통학교(1925~1928)에서 근무했고, 1931년 교직을 그만둘 때까지 순창과 남원에서 생활했다. 반면 조한백은 김제보통학교(1929~1937)와 김제중앙심상소학교(1938~1940)에 재직했다. 두 사람의 교류는 박판철이 교사 생활을 그만둔 1930년대 김제에서 이루어진 것으로 추정된다.

경성의 도시문화 경험

　혼인과 함께 첫아들을 얻은 부부는 경성에서 행복한 생활을 하였다. 임휘영은 근대 도시의 신문물을 체험하는 가운데 예술 분야에 많

그림 ㉕

『한울타리』 5호(2001) 표지에 실린 임휘영과 조정희 부부 모습. 조정희의 복장은 당시 신여성의 모습이다.

　은 관심을 가졌다. 1930년대 초 양조업의 활황 덕분에 경신양조 지점의 운영에는 큰 어려움이 없었기에 더 활발한 예술 활동이 가능했을 것이다.

　관철동 경신양조를 직접 방문했던 막내 처제 조소영의 회고에 따르면, "느이 아버지 멋쟁이 말도 못해. 서울에 있을 때 유명한 체육관장하고 형제같이 지내셨는데 느이 아버지는 부관장이셨어. 아령이고 뭐고 운동이란 운동은 다 했어. 늘 등산하시고 한강에서 스케이트 타시고. 주일날에 느이 막내고모 데리고 늘 스케이트 타러 다녔지. 느이 엄마는 고모한테 치마 주름잡아 반듯하게 다려 입혀서 보내셨지. 나 초등학교 때 서울 언니 집에 왔는데 하늘색 세루치마에 꽃 자주색 우단 저고리를 해주셨어. 얼마나 좋았는지 시골 와서 큰 집으로 우리 집으로 큰 집으로 우리 집으로 얼마를 다녔어. 자랑하려고 얼마나 좋은 내 세상이야!"[43]

43　『한울타리』 4호, 2001.

또, 임승기의 구술에 따르면, "관철동에서 양조장을 할 때, 어머니가 막내 고모에게 예쁜 옷을 사입혔고, 한강 가서 찍은 사진이 있었다."(임승기, 2020년 7월 3일 구술)

임휘영이 스포츠를 포함하여 음악과 미술에 많은 관심을 기울였다는 가족들의 구술은 쉽게 접할 수 있다. 임성기는 "김제 후리에서 초등학교 다닐 때 나는 아버지가 모으신 레코드 중에서 하이페츠(Heifetz)나 메뉴인(Menuhin)이 연주한 바이얼린 협주곡 레코드 등을 보았고, 서울에 계실 때 당시 소련(러시아)의 성악가 샬리아핀(Chaliapin)의 독창회에 가셨다는 말도 들었다.[44] 아버지의 책 중에서 서양의 미술사도 보았다."라고 추억하였다.[45]

한편, 만주사변 후인 1932년 4월 일제는 애국기 헌납운동을 강제하였고, 사업가였던 임휘영도 헌납을 피해가지 못했다. 그는 30전을 헌납하였다. 이때 헌납금으로 만들어진 비행기가 바로 '조선호'였다. 경성에서 사업하는 자라면 애국기 헌납운동에 예외가 없었다.

---

44 표도르 샬리아핀(Feodor Chaliapin, 1873~1938)은 당시 세계적 성악가로 명성이 높았다. 그는 1936년 하얼빈에서 공연을 하였고 도쿄도 방문했지만 경성을 방문한 기록은 없다. 당시 조선인 중에 도쿄까지 샬리아핀 독창회를 구경하러 가는 경우가 있었다. 임휘영이 남긴 사진 중에는 도쿄 우에노 공원에서 찍은 사진도 있어, 임휘영이 도쿄 방문시 공연을 보았을 가능성이 크다. 다만, 정확히 확인되지는 않는다. 당시 라디오에서도 샬리아핀의 음반을 종종 틀어주었다. 이와 관련해 우리나라에서 처음으로 피아노를 전공한 김영환(1893~1978)의 회고가 있다. "그때 온 사람들은 대부분이 바이얼리니스트들이었다. 그리고 청중들도 턱밑에 끼고 손을 떠는 바이얼린을 제일 좋아했다. 바이얼린은 선율이 곱고 멜로디를 연주하고 또 기교가 제일 잘 나타나기 때문이다. 바이얼린 다음으로는 첼로나 성악이었고 피아노 독주는 영 인기가 없었다. 이때 러시아의 유명한 베이스이던 「샬리아핀」을 데려오려고 했는데 실패하고 말았다. 그는 출연료가 너무 비싸 하룻밤에 파격적으로 5천원을 준다고 했는데도 스케줄이 비지 않는다고 거절하는 것이었다." 김영환, 「양악백년」, 중앙일보 1974년 5월 7일.

45 「늙을수록 나를 즐겁게 하는 것들」, 『한울타리』 25호, 2016.

낙향과 경신양조 출자 정리

임휘영의 경신양조 지분 매각과 낙향 시기에 관해서는 몇 가지 자료가 있다. 이것은 '8천원 독립운동 자금 제공'설과 관련되는 사안으로 중요하다.[46] 자료는 『회사요록』(1935년, 1937년), 토지대장, 『조선총독부관보』(경신양조 지분 매각 관련) 등이다. '8천원 독립운동자금 제공설'과 관련해서는 김세동 관련 제국흥신소의 보고자료가 있다.

> 자료 1) : 대체로 2년 단위로 간행된 『회사요록』에 나타난 경신양조의 출자금 상황 변화.
>
> 1937년 : 자본금 14,500원, 대표자 위경섭. 위경섭 3,500원, 임휘영 5,000원 등. 본점 죽첨정 136-1, 지점 관철정(현재의 관철동) 24번지
>
> 1939년 : 자본금 14,500원, 대표자 위경섭. 위경섭 8,500원 등. 본점 죽첨정, 지점 없음.
>
> 자료 2) : 『회사요록』에 나타난 경일양조(관철정 24번지)
>
> 1937년 : 자본금 30,000원, 대표자 박건영.[47] 박건영 27,000원, 위경섭 외 2명 각 1,000원. 본점 관철정 24, 설립일 1936년 5월 30일[48]

---

46 8천원 독립운동 자금 제공설은 후술한다.
47 『회사요록』 경일양조 편에는 박건영(朴健榮)이 아니라 이건영(李健榮)으로 되어 있으나 당시 양조업자로 활동한 이는 박건영이었다. 관철동 24번지 토지대장에 언급된 박건영을 말한다.
48 국사편찬위원회의 한국근현대회사조합자료에 따르면 박건영은 곧바로 관철동 24번지에다 경일양조합명회사를 설립해 운영하였다. 경일양조는 1957년까지도 관철동에서 영업을 하고 있었다.

자료 3) : 관철동 24번지의 폐쇄토지대장

사유	시기	소유주	주소
소유권이전	1930년 12월 6일	경신양조합자회사	죽첨정 3정목 136-1
주소변경	1932년 2월 20일	경신양조합자회사	관철정 24
소유권이전	1936년 9월 2일	박건영(朴健榮)	청진정 288-1

자료 4)
『조선총독부 관보』(제3258호, 1937년 11월 24일)를 보면, 1937년 10월 25일 임휘영이 경신양조 출자금 5천원 전부를 위경섭에게 양도하고 퇴사하였고, 출자금이 3,500원이던 위경섭은 이를 전부 인수하여 8천 5백원이 되었다.

    이상의 자료를 바탕으로 확인되는 사항은 다음과 같다. 1936년 5월 경일양조를 설립한 박건영은 1936년 9월 임휘영으로부터 관철동 24번지 소재 경신양조 지점 운영권을 사들였다. 임휘영은 부인과 아들을 데리고 낙향하면서도 죽첨정에 있던 경신양조의 출자금을 계속 유지했다. 경성과 고향을 왕복하며 사업에 일정하게 관여하다가 1937년 10월 출자금 5천원을 위경섭에게 양도하여 경신양조와의 관계를 모두 정리하였다.

    경신양조의 지점 매각 계기는 1936년에 있었던 조선총독부의 양조장 통폐합 방침 때문이었다. 그해 6월 조선총독부는 전국의 양조장을 통폐합하려는 구상을 밝혔고, 그 종결 시점은 9월이었다. 양조장 통폐합 건은 지방에서는 성과가 있었으나 경성에서는 통폐합에까지 이르지는 못했다. 그 대신 같은 해 10월에 경성조선주판매주식회사(취체역 위경섭)를 설립해 경성세무감독국의 양조업 통제방침에 호응하였다. 이 과정에서 위경섭은 경성부 양조업계의 지도자로서 양조장 통폐합의 움직임에 선제적으로 대응하는 과정에 관철동 지점을 정리하고자 임휘영과 논의했을 것으로 추정된다.

물론 이런 상황에 대한 결정권자는 임휘영이었다. 마침 고향에서 부친이 낙향을 적극 권유하던 차였다. 조선총독부는 1937년에도 양조업 통제방침을 지속하여 당시 경성부 소재 양조장 48개를 10개로 줄이려는 구상을 하였다. 이 같은 정책이 경신양조 지분 매각에 상당한 영향을 주었을 것으로 보인다.

이로써 20대 청년 사업가로서의 꿈을 안고 상경했던 임휘영의 경성생활과 주장 경영이 8년((1930~1937)만에 마무리되었다. 행복한 신혼생활, 득남, 사회운동 현장 친구들과의 교류와 지원, 경성 지역 사업가들과의 교류, 다양한 근대 도시문화의 향유, 역기를 통한 신체단련, 사업가로서 일제 통치체제와 일정 부분 연결되지 않을 수 없었던 현실, 일제의 통제경제 강화의 흐름에서 사업가로서 느껴야 했던 좌절감 등이 임휘영이 서울에서 경험하고 느낀 성취와 좌절이었다.

가족들은 임휘영의 경성에서의 생활과 상경 및 낙향 시기에 대해 다음과 같이 기억하고 있다.

"내가 서울에서 출생하고 3년 후 아버지는 어머니의 반대에도 김제로 귀향하셨다. 그것은 큰 손자를 보러 서울로 자주 오셔야 했던 할아버지의 강권이었다고 한다."[49]

"하루는 갑자기 오셔서는 시골사람들이 길에 돈 다 깔고 다닌다고 흉본다

---

49 임성기, 「아버지와의 작은 만남들」, 『한울타리』 5호, 2001.

고 당장 시골로 이사를 하라고 하셔. 닷새만에. 느이 아버지가 아버님 명령을 따라야 한다고 느이 어머니를 설득하셔. 우선 갔다가 아버님 마음이 가라 앉으면 다시 오자고. 그런데 그 길로 못 오셨어. 금은방 하던 친구 집에 고추장, 간장 장독대만 실어다 그집 창고에 놓고 곧 다시와 찾아간다고 맡겨놓으셨지." 50)

'8천원 독립운동자금 제공'설

제국흥신소는 1937년 11월 12일에 경성부 재정과장 앞으로 '특급조사' 결과를 보고하였다. 보고 내용은 명륜정 4정목(현재 명륜 4가동) 127-31번지 거주 김세동(金世東, 1870~1942)의 자산상태와 경력사항 및 신용정도, 행실, 가족관계, 직업, 주변 관계 등이다. 여기서 주목할 점은 김세동의 부채 2만 5천원의 상세 내역이다.

△ **차입선 내역**
금 1만엔 내외 경북 경주읍 최준(崔俊)씨
금 8천엔 내외 전북 김제군 성덕면 임휘영(任彙永)씨
금 1천엔 내외 경성부 홍파정 14 최유겸(崔柔謙) 여
금 6천엔 내외 전남 광주읍 某, 개성부 某

제국흥신소는 일반적으로 금융권의 요청으로 개인과 회사의 신용 등을 조사 평가하여 수익을 올리는 민간 회사이다. 경성부의 요청으로 김세동의 자산상태를 조사하였는데, 자세한 이유는 후술하겠다.

50   조소영, 「나의 언니 조정희」, 『한울타리』 4호, 2001.

김세동은 의성김씨 학봉 김성일의 11대 후손으로, 종손 김용환과는 9촌 관계였다. 김세동의 손자 김용진은 어느날 임성기 등 임휘영의 후손을 찾아와 매우 중요한 사실을 전달했다. 그의 말에 따르면 임휘영은 김세동에게 독립운동 자금 8,000원을 전달하였다. 당시 이는 누구에게도 알릴 수 없는 극비사항으로, 이러한 용처를 숨기기 위하여 가족들로 하여금 "광산 투자로 사기를 당하여 가산의 많은 부분을 탕진하였다"라고 믿도록 했다. 이에 따르면 경신양조장 투자금이 당초 7천원에서 5천원으로 거금 2천원이나 줄어든 것도 김세동에게 전달된 것으로 추정할 수 있다.

김세동 관련 기록을 좀 더 살펴볼 필요가 있다. 김세동은 1915년 강원도 태백 인근에서 독립운동 공급용 무기를 만들고 군자금을 모금한 경북 안동 출신의 독립운동가이다. 같은 의성김씨 가문인 일송 김동삼이 우당 이회영 등과 함께 신흥무관학교를 설립할 때 자금을 조달하는 역할을 했다고 한다. 김세동은 1910년대의 이 사건으로 1993년 건국훈장 애국장을 받았다.

1923년 조선총독부가 임야조사사업을 실시하면서 김세동의 아버지인 김병락이 관리하던 토지를 국유지로 귀속시켰다. 김세동은 강원도 삼척 인근의 토지(현 태백시)가 학봉 김성일이 임진왜란 때 공을 세워 국왕으로부터 하사받은 토지였다며(賜牌) 조선총독부를 상대로 반환을 요구했다.

조선총독부는 김세동이 제출한 교지가 위조되었고 동네 주민들의 증언에도 김세동가에서 해당 산지를 관리하지 않았다면서 김세동의 주장을 정면에서 부정하였다.

국가기록원에 보관되어 있는 「국유임야양여서류」에 따르면, 김세동은 1923년 조선총독부의 삼림조사사업이 진행되는 과정에서 삼척 소재 산지가 국유림에 잘못 편입되었다고 주장했다. 그는 1924년부터 1942년 사망하기까지 조선총독부에 진정서와 탄원서를 수십 차례 제출하였다. 김세동은 이 같은 반환요구와 함께 의성김씨 문중 족보 편찬과정에서 자신이 소유한 부동산을 다수 팔았고, 많은 부채도 지게 되었다.

김세동이 독립유공자로 서훈을 받은 것은 위에 언급한 군자금 마련 사실이 발각되어 1919년 보안법 위반으로 1년 6개월의 형을 받은 것이 확인되었기 때문이다. 김세동은 1920년대 중반부터 사망한 1940년대까지는 삼척 소재 산지를 조선총독부로부터 돌려받는 일에 집중하고 있었다. 1930년대에 이르면 이 산지 반환요구와 관련해 조선총독부에 다소의 영향을 행사할 수 있는 친일파 한상룡, 박영효나 일부 일본인과도 접촉해 그들도 이 사건에 일부 개입하고 있었다. 이 시기 김세동의 활동은 독립운동과는 거리가 있었다.

의성김씨 문중 종손인 김용환과 김세동의 갈등도 컸다. 삼척의 해당 산지를 반환받을 시 문중 소유로 할지 김세동 개인 소유로 할지를 두고 상호 비난이 오가기도 했다.

경신양조 출자금 5천원 매각 시점은 1937년 10월 25일이고, 제국흥신소가 경성부 재정과장에게 김세동의 자산 내역을 조사 보고한 시점은 1937년 11월 12일이다. 두 사건이 서로 연결되는 것으로 이해할 수 있다. 김세동에게 전달했다는 독립자금 8천원은 경신양조 출자금 매각 대금 5천원이 포함된 것으로 보는 것이 합리적이다.

김세동에게 전달된 돈이 8천원이라면 결국 경신양조 출자금 매각 대금 5천원 차입 이전이나 그 후에 3천원이 더 전달되었다는 것을 의미한다. 그런데 임휘영의 경신양조 출자금은 1931년 7천원에서 1933년 4천원으로 줄어들었다. 그 감액분 3천원이 바로 그 돈일 가능성이 크다. 1933년 당시 김세동은 삼척 산지의 반환을 전제로 요로에 도움을 청하고 있던 때였다.

　그러면 왜 임휘영은 김세동에게 돈을 주었던 것일까? 독립운동 자금이었을 가능성도 있으나 이 시기 김세동의 행적이 독립운동과는 다소 거리가 있었다는 점을 고려하면 증명하기가 쉽지 않다. 물론 당시 열풍이 불던 광산 투자로도 이해할 수 있지만, 그것도 확인할 수 있는 자료가 없다. 당시 김세동은 돈을 빌리러 다니면서, 삼척의 땅을 총독부로부터 돌려받으면 갚겠다는 말을 하고 다니는 상황이었다. 청년 실업가 임휘영에게도 같은 말을 했을 개연성이 적지 않다. 두 사람 사이에 어떤 말이 오갔는지 지금으로서는 알 길이 없다. 다만, 출자금 매각에 따른 유동자금을 지닌 임휘영으로서는 좋은 사업 기회로 여겼을 수도 있다. 그러나 이 모든 것은 추정의 영역일 뿐이다. 사회운동에 관심이 많던 임휘영이 남몰래 독립운동을 지원했거나, 그러한 말에 현혹당했을 개연성도 여전히 남아있다. 다음은 가족들의 구술이다.

"나는 어렸을 적, 할아버지께서 아버지가 가산을 탕진했다고 우리들 보는 앞에서 큰 소리로 나무라시는 것을 보았고, 어머니도 아버지의 무모한 광산투자에 관해 불평하셨던 것을 기억한다. 아버지는 위의 두 사건에 관해서 단 한 번도 우리들에게 이야기하신 일이 없다. 다만, 고모님들이 전주고보 퇴학 사건은 가끔씩 얘기하셨던 기억이 있을 뿐이다."[51]

51　임원기, 「침묵:그 귀중한 유산」, 『한울타리』 24호, 2015.

8 임부득과 김철주의 민족운동 여정

임부득(1911~1987)

임부득은 만경공립보통학교를 졸업하고 1926년 6월 전주여자고등보통학교 1기로 입학했다. 당시 전주여고보는 한해에 50명이 입학했다. 임부득은 1927년과 1928년 여름방학을 이용해 만경에서 여성친목회, 학술강연회를 조직해 활동하였다. 강연 주제가 '현대여성의 지위'라는 점으로 보아 여성교육과 여성해방이라는 시대적 흐름에 조응하고 있었다.

1929년 5월 임부득은 전주여고보에서 여성회를 조직해 좌담회를 열 정도로 학생들 사이에서 리더십을 보였다. 전주여고보교에서 일본인 학생과의 공동 수업을 두고 맹휴 움직임이 나올 때 임부득이 관여한 사실을 확인할 수 있다.

임부득은 1929년 7월 전주여고보 4학년 재학중 이른바 '적광회(赤光會)[52] 사건'으로 체포되었다. 임부득과 동료 학생들은 전주극장에서 경성 단성사 극단이 흥행하고 있는 기회를 이용하여 유인물을 뿌리다가 체포되었다. 당시 일제 경찰은 전주여고보 동맹휴학 움직임

---

[52] 이 당시 적광회는 적우회(赤友會)·적기회(赤旗會) 등과 같이 붉을 '적(赤)'자가 상징하는 의미를 강하게 드러내는 데에서도 알 수 있듯이 사회주의운동을 위한 비밀결사 성격의 단체였다.

을 조사하던 중이었다. 적광회는 전주여고보 2, 3, 4학년 학생 20여 명이 그해 5월 사회주의 연구와 식민지 통치 거부를 목표로 학교에서 비밀리에 조직하였다. 임부득은 전주 청수정(오늘날 교동) 자신의 집에서 혼자 〈뉴쓰〉라는 삐라 300부를 등사 후 배포하였다.

유인물에는 "① 3·1운동의 유래와 우리들이 취할 금후의 태도, ② 하기 방학을 앞에 두고 우리의 진용을 정제하자 ③ 전주고등보통학교 맹휴사건에 대하여[53] ④ 북만 조선인 압박에 대하여 ⑤ 기타무리(北村) 교장 배척에 대하여" 등이 실려 있었다.[54]

당시 신문은 "경성 서대문 밖 형무소에 재감중인 김철주와 금년 봄에 결혼한 후 그 남편의 권유로 경성 모 여성단체의 중요한 간부 모씨와 연락을 취함과 동시에 불온한 문서를 인수한 후 동교 3, 4학년생을 중심으로 삼아 사상 선전을 하는 동시에 모종의 비밀결사를 조직"했다고 보도했다.[55]

임부득의 재판기록에는 "피고인은 전주공립여자고등보통학교 제4학년으로서 평소 그 실형(實兄) 임휘영과 내연의 남편 김철주의 감화를 받아 공산주의에 공명"했다고 기록되어 있다.[56] 임휘영, 임부득 남매가 함께 이름을 드러낸 것이 1928년 여름 말경이었는데, 이듬해 봄 김철주와 혼인한 임부득은 본격적인 민족운동, 사회운동에 나섰던 것이다.

임부득은 7월 27일 전북경찰부에 체포되었고, 전주여고보는 8월

53　전주고보에는 1929년 5월에 일본인 교사가 조선인 학생을 구타한 사건을 계기로 다시 동맹휴학이 일어났다.

54　『조선일보』 1929년 8월 18일.

55　『동아일보』 1929년 8월 3일, 1930년 2월 26일.

56　'내연의 남편'이라는 표현은 사실과 다른 일제의 악의적 기술임은 앞에서 언급한 바 있다. 78쪽 참조.

26일에 그녀에게 퇴학 처분을 내렸다.[57] 독립운동가에 대한 일제 경찰의 모진 고문은 당시 상례였다. 임부득도 악독한 고문을 피해갈 수 없었다. 임승기는 "원기 형님이 고모에게 일제의 고문을 물어보니, 처음에는 무섭고 힘들었는데 나중에는 그냥 견디어 버렸다고 말씀하셨다고 한다"고 증언 한 바 있다.[58]

전주여고보에서 함께 검거된 20여 명의 학생은 모두 기소유예되고 임부득 혼자만 재판에 넘겨져 1930년 2월 26일 전주지방법원에서 제1차 공판이 열렸다. 임부득은 공판에서 "유창한 일본말로 사유재산을 부인한 것이 아니며 결코 공산주의를 표방한 것이 아니라는 전제하에 학생인 만큼 모든 지식을 연구할 목적으로 단체를 조직하여 매월 1회씩 논문을 작성하여 일반회원이 비판하자던 것이라고 공소사실을 부인"하였다.[59] 임부득은 1930년 3월 5일 징역 1년을 선고받았으나 항소를 포기하였고, 1931년 1월 전주형무소에서 만기출옥하였다. 예심 과정에서 언론은 임부득의 재판 사항을 전하면서 이미 조선공산당 사건으로 서대문형무소 미결감에 수감 중인 김철주를 계속 언급하였다.

출옥 이후 임부득의 삶은 결코 순탄할 수 없었다. 부부가 함께 수감되거나, 수시로 경찰에 의해 가택수색과 예비검속을 당하기 일쑤였다. 1931년에도 3월 14일부터 5월 6일까지 전주경찰서에 구금되어

---

57   당시 여성운동단체인 근우회는 전주여고보사건은 사회교양을 위한 반조직에 관한 사건임에도 불구하고 학교당국이 7명을 퇴학시킨 것은 부당한 처분이라며 퇴학처분 해제 권고문을 발송하기도 하였다(조선일보 1929년 9월 25일). 일부 후손들의 구술 중에 임부득이 1929년 11월 광주학생독립운동과 연관되어 있었다는 언급이 있지만, 임부득이 적광회 사건으로 1929년 7월에 체포되어 광주학생독립운동 당시에는 구금상태였기 때문에 직접적으로는 무관하다. 다만 김철주와 혼인한 1929년 봄에 도 단위의 광주학생독립운동 주도세력과 연계되었을 가능성이 있다.

58   임승기, 2020년 7월 3일 구술.

59   「전주여고사건 임부득공판」, 『동아일보』 1930년 2월 28일.

조사를 받다가 김철주와 함께 석방되기도 하였다. 일제 경찰이 다른 사건과의 연루 가능성을 두고 조사하다가 풀어준 것이다. 1933년에는 150여 일 동안 김제경찰서와 전북경찰부에 구금되기도 했다.

임부득은 1934년 1월 전북공산당재건운동사건으로 다시 체포되었다. 당시 체포된 이들 가운데 유일한 여성이었다. 임부득은 경찰에서 5개월, 예심에서 5개월, 전후 10개월간의 조사를 받았다. 그해 12월 전주지방법원 판결문에 따르면, 재판부는 "임부득, 유남기, 김여우, 김철주, 김춘배, 이우성, 오치술과 회합하여 김성남을 전라북도의 책임자로 하는 비밀결사 전북공산당재건 지도부를 조직하였다"고 하였다. 그리고 임부득은 전향을 했으나 전과가 있다면서 징역 1년에 집행유예 4년에 처하였다. 이후 임부득은 더 이상의 사회활동 전면에 나서지 못한다. 이러한 상황은 일제의 감시와 탄압 속에 모든 공개적인 사회운동이 사실상 사라지는 1930년대의 중반 이후의 분위기를 그대로 반영하는 것이다.

임부득의 혼인, 적광회 사건으로 인한 체포, 고문과 기소, 퇴학, 수형생활, 반복되는 체포와 재판 등 일련의 과정을 지켜본 부친 임기부로서는 임휘영의 동맹휴학과 퇴학을 이미 겪었던 처지라 그 당혹감은 이루 말로 표현할 수 없었을 것이다. 그러나 험난한 시대를 살아가던 당시의 뜻있는 청년들의 삶의 행로가 이들과 크게 다르지 않았을 것이고, 민족과 사회에 대한 고민과 자식과 가족에 대한 사랑 사이의 고뇌 또한 이들 가족이 피해갈 수 없는 숙명 같은 것이었다.

김철주(1908~1977)

김철주는 전주의 지주 집안 출신이었다. 임휘영과는 전주고보 동기동창으로, 동맹휴학 사건에 대한 학교 당국의 처사에 항의하여 자퇴하였다. 자신도 적극 참여하였는데, 몇몇 친구들만 퇴학당하는 상황에 대한 분노와 자괴감이 컸을 것이다.

김철주는 퇴학 후 주로 전주에서 청년운동 조직에 앞장섰다. 1928년 4월 전주청년동맹 조직부장으로 활동하였는데, 이 과정에서 전주여고보 학생들의 리더였던 임부득과 만났던 것으로 추정된다.

1928년부터 김철주는 사상단체 회원들에 대한 예비검속으로 인해 수시로 경찰서에 체포되었다가 석방되기를 반복했다. 1929년 3월 말에는 전북지역을 중심으로 조선공산당과 조선공산청년회의 세포를 조직한 혐의로 전북 지역에서 50여 명의 운동가들과 함께 체포되었다. 경성형무소 미결감에서 오랜 기간의 예심을 거쳐 1930년 12월에 면소(免訴)되어 풀려나왔다.

김철주는 1932년 3월에는 다시 전북적색동맹 사건으로 검거되었다. 그는 전주지역 책임자로 일반 노동자, 농민, 자동차 운전수, 전매국 직공과 제사공장 직공, 인쇄직공들을 망라하여 적색동맹을 조직하고, 3월 1일을 기회 삼아 반제·반전에 대한 격문과 청년에게 보내는 격문을 전주 주변의 상관(上關), 소양(所陽) 등지의 산골에서 등사하

그림 ㉖
김철주. 전북조선공산당 재건운동으로 체포되었을 당시 모습. 『동아일보』 1933년 12월 8일.

그림 ㉗
임부득. 전북조선공산당 재건운동으로 체포되었을 당시의 모습. 『동아일보』 1934년 12월 3일.

그림 ㉘
1970년대 김철주와 임부득. 유족 제공

여 전주시에 배포하는 폭동을 계획하다가 사전에 발각되었다.[60] 그런데 이 사건은 전북 조선공산당 재건운동사건(ML당 사건)으로 확대되어 김철주는 1934년 11월 대구복심법원에서 징역 3년 6월을 선고받기에 이르렀다. 이때 임부득도 함께 체포되어 징역 1년을 선고받았다.

임부득과 김철주는 1920년대 후반부터 1930년대 후반까지 10여 년간 사회주의 계열의 민족운동에 헌신하였다. 동맹휴학, 퇴학, 사회단체 활동, 수차례의 검거와 투옥을 반복하였다. 부부가 민족운동의 현장에서 그 누구보다 치열하게 싸웠으니 경이로울 뿐이다. 이들 부부의 여정에 임휘영을 비롯한 가족들은 걱정하고, 위로하고, 또 지원하였을 것이다. 식민지시대 독립운동가와 그 가족들의 삶이 얼마나 고통스러웠을지 이들의 삶을 통해 절절히 느낄 수 있다.

최근 임부득의 아들 김광배는 할머니, 즉 임부득의 시어머니가 전주지방법원 법정에서 일제의 잘못과 조선인으로서 자신의 정당함을 꼿꼿하게 주장하는 며느리를 자랑스러워했다고 증언했다. 이같은 가족들의 마음속 응원이 이들 부부를 버티게 했을 터이다. 한편으로 그

---

60) 『동아일보』 1932년 5월 7일.

들이 고통을 감내할 수 있었던 것은 역사가 기억해 줄 것이라 믿었기 때문일 것이다. 그런 바람을 증명이나 하듯 3·1운동 104주년을 기념해 동아일보는 임부득의 저항운동을 기리는 기사를 내보냈다(기사 전문은 부록 참조). 가족들의 구술에 따르면, 김철주는 해방후 서대문형무소에서 출옥하여 전주에서 생활하다가 전쟁 중 인민공화국 치하에서는 부부가 서울시인민위원회에서 활동했다. 이들 부부는 해방 후 이북에 갔다가 실망해서 돌아온 일도 있다고 한다. 다만, 소문에 의존하고 있고 그 진위를 확인할 길이 없어, 이들 부부가 갔다 온 곳이 38이북 지역인지 전쟁 기간 입산(入山, 산으로 들어가 빨치산 활동을 한 것)했다가 내려온 것을 뜻하는지도 불분명하다.[61]

9 후리, 전쟁동원의 위기

김제에서 친구들과의 교유

경성과 후리를 오가던 임휘영은 1934년 둘째 아들 임원기를 후리에서 낳았다. 그리고 1936년 경성에서 후리로 낙향했고, 경신양조의 지분을 이듬해에 완전히 정리했다.

30대에 접어들어선 그는 늘 김제 읍내로 나가, 상공업에 종사하는 친구들과 교류하였다. 평화상회라는 잡화점을 경영하던 후리의 선배

---

[61] 전쟁 후 부부는 두문불출했다. 임원기(2020.7.17.)와 임정기(2020.3.6.)의 증언.

박판철과 고무신 가게를 운영하며 동아일보 지국을 운영하고 있던 친구 박판동, 양조장과 정미소를 운영하던 김제의 유력 경제인 조재식, 정미소와 도정공장을 운영하고 있던 안길룡, 서광양조장(후일 조해주조)을 경영하고 있던 고종사촌의 남편 김광준 등이 바로 그들이었다. 박판철을 제외하면 이들은 모두 1939년 현재 김제상공회의소 평의원이었다.[62] 이외에 임휘영은 김제중앙국민학교 교사이던 처남 조한백과도 자주 어울렸다.

전시체제기에 접어들면서 박판철과 박판동 형제도 일제의 감시와 동원에 끌려 들어가지 않을 수 없었다. 박판철은 남원 산내보통학교 교사로 재직하던 1930년에 전북경찰서에 검거되어 교사를 그만둘 수밖에 없었다. 석방된 후인 1936년이 되면 총독부기관지 『매일신보』 전주지국의 총무 겸 기자로 활동하였으며, 사상보국연맹의 김제분회에서 김제경찰서장이 참석한 가운데 결의문을 낭독하기도 했다.

박판철은 1930년대 후반 김제읍 요촌리 시장에서 옷과 잡화를 파는 평화상회를 경영하였고, 박판동은 그 옆에서 고무신 가게를 운영하였다. 그렇다고 두 형제가 운동에서 완전히 멀어진 것은 아니었다. 1945년 3월 조선총독부 경무국이 작성한 김제군 거주 요시찰인 현황표를 보면, 박판동에 대해 "공산주의에 공명하여 지방 청년에 대해 선전선동하고 결사를 조직할 가능성이 농후"한 공산주의자로 분류하였다.[63] 이때 임휘영은 일제 당국의 감시 속에서도 늘 이곳을 드나들었다. 평화상회는 1944년까지 운영되었다. 임성기는 박판동이 후리의 집까지 말을 태워주었던 일을 기억하고 있다.

---

62 『동아일보』 1939년 6월 26일.
63 이윤정, 「한국전쟁기 지역사회와 경찰활동 – 전라북도 김제군을 사례로–」, 성신여대 사학과 박사학위논문, 2018.

후리 식산계

임휘영은 1941년 9월 성덕면 묘라리에 후리식산계를 조직하여 책임자격인 주사가 되었다. 부주사는 사촌동생 임휘정이었다.[64] 식산계는 일제 금융조합의 부락단위 하부 조직이다. 김제군에는 김제, 원평, 만경, 부용, 금구에 금융조합이 설립되어 있었는데, 후리식산계는 만경금융조합의 감독을 받았다.

식산계는 계원의 선거에 의하여 선출된 주사·부주사가 계의 업무를 관장하고, 금융조합의 이사가 감사가 되어 그 운영과정을 감독하였다. 1935년부터 등장하여 1944년에 4만 8천여 개, 조합원 수 281만에 달할 정도로 거의 전국적으로 분포하였다. 식산계는 농민들의 생산과 유통을 통제하는 농촌지역 전시경제 통제조직이라고 할 수 있다. 가장 중요한 업무 중 하나가 공출이었다. 식산계는 호별 생산고를 조사해 각 계원들에게 공출 책임 수량을 할당하기도 했고, 공동창고에 보관했다가 공출하는 경우도 있었다. 전라북도의 경우는 식산계를 식량배급기구로 활용하기도 했다. 태평양전쟁이 격화됨에 따라 식산계는 전쟁 자금의 조달을 위한 강제 저축운동의 수단으로도 이용되었다. 식산계는 해방 후 농업협동조합에서 인수하여 청산되었다.

후리 식산계는 일제의 강요에 의해 설립된 것으로, 마을의 젊은 지도자였던 임휘영과 임휘정으로서는 전시체제기의 동원과 통제정책에 끌려들어가지 않을 수 없었다. 이런 중에도 임휘영가는 마을 주민들을 위해 우두 예방접종을 하고, 기생충 퇴치를 위해 가마솥에 약을 끓여서 주민들을 먹이면서 그 비용을 부담하기도 했다.[65]

---

64   조선총독부 관보(제3841호, 1939년 11월 18일.
65   임원기, 2020년 7월 17일 구술.

임창의는 "임기부는 생산물을 무이자로 빌려주었다. 김제중학교와 벽골제에 많이 기부하였다. 1944~45년 임기부는 가난한 이들에게 이자를 안 받고 줬다"고 증언했다.[66]

남도의 근대한옥 신축

후리의 집은 1941년에 신축되었다. 부안 변산의 해풍을 맞은 소나무를 사용한 5간 겹집으로 묘라리 일대에서 규모가 가장 컸다. 임창의의 구술에 따르면, 현재는 본채만 남기고 모두 헐었으며 임창의 가족이 양도받아 거주하고 있다. 한옥 전문가의 말에 따르면, 후리의 집은 양반집을 기본틀로 지은 전형적인 근대 남도의 한옥이다. 김제 시내에도 5간 겹집 한옥이 자주 눈에 띤다. 대부분 같은 시기에 건축되었다고 이해할 수 있다. 전시체제기라 물자가 부족한 상황에서 집을 새로 지을 정도였으니, 경제 사정이 어렵지 않았던 것을 알 수 있다. 여러 정황상 후리 가옥의 건축은 30대 초반의 임휘영이 주도했을 것으로 보인다. 후리 집에 대해서는 다음의 구술이 있다.

"후리에 있던 우리 집의 구조는 남측으로 터진 디귿자형이었다. 남향의 기와집(정채)과 이의 우측으로는 별채, 좌측으로는 사랑채가 위치하였다. 정채의 앞에는 마당이 있고 우측의 별채에는 곡간(쌀이 300가마 정도는 들어갈 수 있는 공간)과 몇 개의 방이 있었고 곡간의 남측으로는 칙간(화장실)과 헛간, 그리고 대문(서아시 대문. 서쪽 대문이라는 방언)이 있었다. 앞마당의 남측에는 우물과 밭이 있었는데 밭에는 철에 따라 과일나무와 채소를 심어 무공해의 간식과 반찬이 되었다. 여기에 심었던 과실로는 토마토 딸기 참외 등이

---

66   조선총독부 관보(제3841호, 1939년 11월 18일.

없다. 정채의 좌측에 있는 사랑채에는 제당(할아버지의 영정이 있었던 듯하다), 머슴이 쓰는 방, 외양간 등이 있었고 이의 가운데로 대문으로 통하는 문이 있었다. 대문은 동쪽으로 나 있었는데 바깥문과 안문이 있고 이 사이에 쪽문이 있어 쪽문을 열면 정면으로는 포도넝쿨이 있는 옆마당, 좌측으로는 제당, 우측으로는 칙간과 대나무 밭으로 연결되었다. 이 대나무 밭은 정채의 좌측(동쪽)으로 약간 높게 위치하여 있었고 대나무 밭의 앞에는 배나무, 배나무 앞에는 실개천이 있었다."67)

그림 ㉙ 개조된 후리 옛집 (2020년 2월 7일 촬영)

그림 ㉚ 후리 뒷산에서의 가족사진 (『한울타리』 9호, 2003). 앞줄 좌로부터 임성기, 임융기, 조권일, 조상양, 임소자. 뒷줄 좌로부터 임승기, 김경석, 임정기를 안고 있는 조정희, 임형원, 김경자, 조해랑, 조진일.

---

67) 임정기, 「후리의 우리집」, 『한울타리』 2호, 2000.

10 | 해방과 전쟁의 소용돌이 속에 지켜낸 가족

좌우 갈등 사이에서

임휘영은 일본의 패전을 예감하고 있었다. 임승기의 회고에 따르면, 해방 전 어느 날 뒷산 언덕 너머 참외밭에 아버지 임휘영을 따라 갔을 때, 거센 바람이 불어 건너 마을 원두막이 넘어진 것을 본 아버지는 그 바람을 '해방바람'이라고 불렀는데, 며칠 후 해방이 되었다고 한다.[68]

그러나 해방의 기쁨도 잠시에 그치고, 김제에도 좌우익의 갈등이 휘몰아치기 시작했다. 임휘영과 같이 은인자중의 신중한 태도와 중도적인 입장을 견지하는 이들이 설 자리는 없었다. 임휘영은 이 격동의 시기를 어떤 입장을 가지고 버텨냈을까? 부부가 생사를 넘나들며 지켜낸 가치는 바로 가족이었다. 가족들의 경험은 평생의 자산이 되었고, 임휘영에게는 늘 서로 다른 처지의 가족을 돌보는 위치로 자신을 가져다 놓았다. 그것은 집안의 장자로서 자기의식이자 타고난 본성이었을 것이다.

해방 직후 친구 박판철은 건국준비위원회 김제지부에 관여했고, 김제읍장이 되었다. 그러나 1946년 5월 전라북도 도당국으로부터 파면되었다. 1947년 4월에는 김제의 우익청년단(건국청년단)이 김제읍에

---

68 임승기, 2020년 7월 3일 구술.

있던 박판동, 조재식 등의 가옥을 파괴하였다. 그리고 그들은 주변 동리에서도 가옥파괴와 폭력행위를 일삼았다. 조재식은 좌익이라고도 할 수 없음에도 집이 파괴되었는데,[69] 그 주도자는 김제청년단장을 했던 최주일이었다.[70] 이렇게 해방과 함께 좌우 이념 갈등이 김제에서도 폭발하고 있었다.

해방 이후 박판동 형제가 사회운동에 본격적으로 뛰어들었고 조한백도 정치에 뜻을 두고 활동했기 때문에 임휘영의 김제 출입에는 어려움이 있었다.

임휘영은 해방 전 가끔 소를 몰고 풀을 뜯어 먹게 하였는데 하얀 모시 한복 차림에 우산과 책을 들고 서서 책을 읽었다고 한다. 우산은 베 우산으로 양산을 겸하고, 해방 후에도 이런 모습이 동네 사람들에게 가끔 목격되었다. 또 해방이 되어 해산된 신파꾼들(소규모 연극단) 중에 소년 역할의 꼬동이를 상당 기간 집에서 거두어 주고 소를 따라다니게 했다. 또 한 여학생은 월남 시 가족과 흩어져 고아가 됐는데 역시 집에 있게 하는 등 선행으로 일관하는 어른으로 정평이 나 있었다.[71]

전쟁의 한복판으로 들어간 후리 본가

한국전쟁 중에 임휘영 개인에게도 적지 않은 변화가 있었다. 막내아들 정기가 태어난 한편, 아버지가 돌아가셨다. 그 와중에 그는 전쟁의 소용돌이 속으로 끌려 들어갔다. 인공 시절(인민군 치하) 후리의 임휘영 집은 인민군 중대본부로 사용되었다. 넓은 집이었던 만큼

---

69   『국제일보』1947년 7월 9일.
70   임승기, 2020년 7월 3일 구술.
71   1930년생 묘라리 최봉호의 증언.

소수의 지휘부가 주둔하기에는 적절하였다. 이 시기 일부 우익 인사들을 조사, 취조한 곳은 묘라리 요래의 최봉호의 집이었다고 한다.

단 두 달 만에 인민군과 국군의 번갈아 점령하고 권력이 교체되는 상황에서 임휘영은 양쪽 모두에게 협력하는 방식으로 살아남고자 했다. 인공에 토지헌납 의사를 피력하거나 국군이 들어왔을 때 잔치를 벌여주는 행위가 그러하였다. 이러한 태도와 함께 집안사람을 인민위원회에서 일하게 하는 등 다양한 혈연관계를 이용해 가족을 지켜냈다. 인민군들이 자신의 집을 사용하고 있는 상황에서도 국회의원이던 조한백의 부인이 두 아들 조승일과 조태일을 집 근처 대나무 밭 옆 헛간에다 땅굴을 파고 60일 간이나 숨겨 주었다.

막내 처제의 남편 이한구는 인부로 위장하여 피신하게 했다. 이들이 전쟁 통에 살아남은 것은 발각되면 생명을 부지하기 어려운 상황 속에서도 가족을 지키려는 임휘영과 조정희의 목숨을 건 가족애 덕분이었다. 임휘영 가족의 전쟁 경험은 후일 전주와 서울의 가족공동체를 만드는 밑거름이 되었다. 가족들은 당시를 다음과 같이 기억한다.

"6.25 시절 우리 집은 인민군 중대본부로 사용됐고, 도시에 사는 친척들이 피난 와 있었는데도 가족에 피해가 없었던 것은 아버지의 처신이 큰 요인이었다고 나는 생각한다. 인공 시절, 토지를 많이 가진 농민들에게 정부에 자진 기증하라는 지시가 내려왔는데 많은 농민들이 꺼렸다. 그런데 맨 먼저 아버지는 전 농토를 기증해서 그 뉴스가 기관지에 크게 실린 것을 봤다. 6.25가 나자 아버지는 가족들에게 우리는 탄광에 내몰릴 각오를 해야 한다고 말씀하셨다." [72]

---

[72] 임성기, 「아버지와의 작은 만남들」, 『한울타리』 5호, 2001.

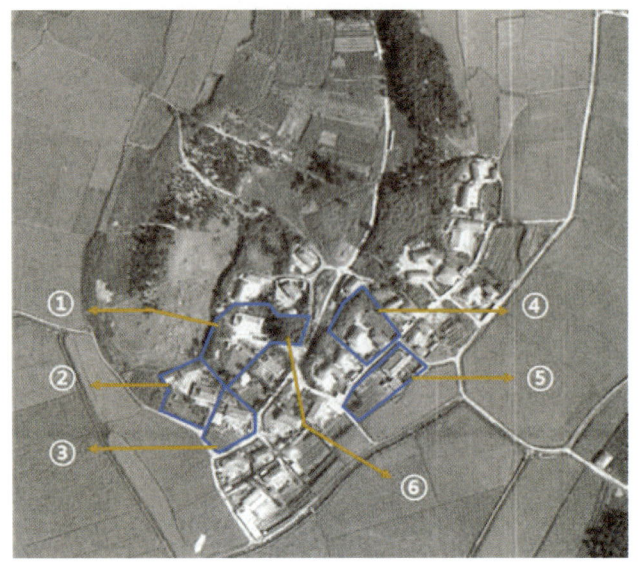

그림 ㉛
임휘영가의 집들과 땅굴
① 임휘영 ② 임휘태 ③ 임시혁 ④ 임휘상 ⑤ 임창진 ⑥ 땅굴(6·25전쟁 중 임휘영의 집에 들이닥쳐 상주한 인민군의 눈을 피해, 조정희가 조한백의 처와 아들 둘(조승일, 조태일)을 60일간 목숨을 걸고 숨겨 지켜냈던 굴). 출처 : 조승일, 「나의 큰 고모님」, 『한울타리』 4호, 2001) ; 후리 항공사진, 1973년(국토지리정보원).

"인공 시절에 토지헌납 기사가 있는데, 그 경과를 조금 설명하겠다. 인민군 중에는 상사로 40세의 나이 많은 황해도 사람이 있었는데, 해방 후 좌익운동을 한 자기 얘기를 했다. 경찰에게 맞고 인민군에 편입되어 여기에 왔다는 거다. 우리 식구를 좋아했다. 아버지에게 말하기를, '당신은 반동 지주인데 인공 치하에서 탄광에 갈 수밖에 없다. 토지를 헌납하라'고 충고했다. 이에 아버지는 토지를 헌납한다고 선언했고 그래서 화를 면했다.

국군이 수복한 이후 문제가 없었던 이유가 있다. 집안이 인심을 잃어버리지 않았던 것 같다. 또 인공치하에서 주위를 도와주려고 했으며, 농토를 빼앗으려 한 것이 없었다. 결정적으로는 집안 사람을 뽑아 인민위원회에 일하도록 했다. 집안에서 임창주(중학교 졸업한 교사)를 추천해서 성덕면 인민위원회에서 일을 하도록 해서 해를 덜 받았던 것이다. 국군이 돌아와서는 살아남기 위해서 했다고 증언한 것으로 알려졌다."[73]

---

73 임원기, 2020년 7월 17일 구술.

"전쟁 중에 살아남은 것은 아버지 때문으로 보인다. 인공 시절에는 면으로 다니면서 취조를 받았고, 국군이 와서도 면에 불리어 갔다. 양쪽에 모두 불려 다닌 것으로 보인다. 1950년에 인민군이 철수한 후 국군이 들어왔는데, 인민군의 임씨네 '처형 계획서'를 입수했다는 말을 들었다. 거기에는 가족 전체 명단이 올라가 있었다. 돌수 5촌(임시혁)은 늘 아버지에게 와서 당시 정황을 보고했다. 인민군 중대가 집과 마을에 주둔하고 안방을 중대장이 차지했다. 집은 일종의 군인들용 식당 역할이었다."[74]

"이모부님은 체포되어 만경의 치안대 감옥에 갇혔는데, 몇주 있다가 석방되었다. 이모부가 잡혀가자 큰 고모의 아들이 좌익인데(큰형이 남섭, 동생이 원섭) 원섭 형님이 인민군 들어올 때 만경의 치안대장으로 있었다. 원섭이 형에게 부탁해서 이모부가 석방되었다. 인공 치하에서 그래서 살아남았다. 큰고모에게는 딸도 하나 있었는데, 자식 셋이 모두 좌익이었다. 임부득의 영향인지 모르겠다."[75]

1·4 후퇴 시기 임휘영은 또 다른 선택을 하였다. 먼저 집안에서 10대였던 임성기, 임원기, 조한백의 두 아들, 만세주장의 아들 등 몇 명을 모아 제주도로 3개월간 피신시켰다. 인공 시절에 워낙 고생을 했기 때문이었고, 10대의 남자들은 전쟁 통에 서로 끌고가 병력으로 삼으려 하는 대상이기도 했기 때문이다. 그런데 정작 임휘영은 후리에 남았고, 다른 아이들은 조정희와 함께 고군산도로 피난시켰다. 온 가족이 제주도, 후리, 고군산도로 뿔뿔이 흩어졌다.[76]

---

74   임승기, 2020년 7월 3일 구술.
75   임원기, 2020년 7월 17일 구술.
76   임원기, 2020년 7월 17일 구술.

임휘영은 사상을 쉽게 드러내지 않았고, 위기에 처한 가족들을 암암리에 돌보아 주면서 결국 모두를 지켜냈다. 좌익 쪽이었던 여동생 집안, 우익 쪽인 처가 사이에서 어떤 갈등도 만들어내지 않았다는 것은 신기에 가까운 일이었다.

한편, 박판철은 한국전쟁 직전까지 군산에 살다가 인공시기 김제인민위원회 위원장을 맡았다. 또 전주에서는 전라북도 인민위원회 선거위원이 되었다.[77]

반면 남로당원이었던 박판동은 1946~1947년경에 지하로 잠적했고, 1950년 3월 남로당의 김삼룡, 이주하가 체포된 직후에 서울에서 체포되어 전주에 있는 전북경찰국으로 압송되었다. 결국 그는 '전북도경 프락치 사건'으로 조사를 받다가 부안 변산에서 총살되었다고 한다.[78]

---

77 『조선인민보』, 1950년 8월 23일.
78 장명수 편저, 『전주 근현대생활조명 100년』; 김용화(김철수의 딸, 1919년생) 구술 ; 최낙구 구술.

11 농지개혁의 여파, 김제 주장으로 넘어서다

농지개혁의 영향

해방 후 친일파 청산과 농지개혁은 국민적 여망이었다. 농지개혁은 귀속농지와 일반농지를 구별해 추진되었다. 일본인 소유였던 귀속농지는 미군정기에 2정보를 상한으로 하여 유상몰수 유상분배 원칙에 따라 이루어졌다.

일반농지에 대한 개혁은 정부수립 이후인 1950년 3월 입법이 되고, 한국전쟁 직전에 본격 시행을 앞두고 있었다. 이 법에 따라 정부는 3정보 이상의 농지를 대상으로 연간 생산물의 1.5배 가격으로 매수한 다음 소작인들에게 분배하였다. 농지개혁의 결과 분배된 농지는 귀속농지가 26만여 정보, 일반농지가 34만여 정보로, 전체 경지면적 219만여 정보의 27%, 1945년 말 소작지 면적의 42%에 해당하였다. 농지개혁 결과 광범위한 자작 농민들이 탄생하였고, 농촌사회에 큰 변화를 가져왔다. 다음은 농지개혁에 따라 지주경제의 붕괴과정을 보여주는 그래프이다.

그림 ㉜ 농지개혁에 따른 지주 경제 변화 양상

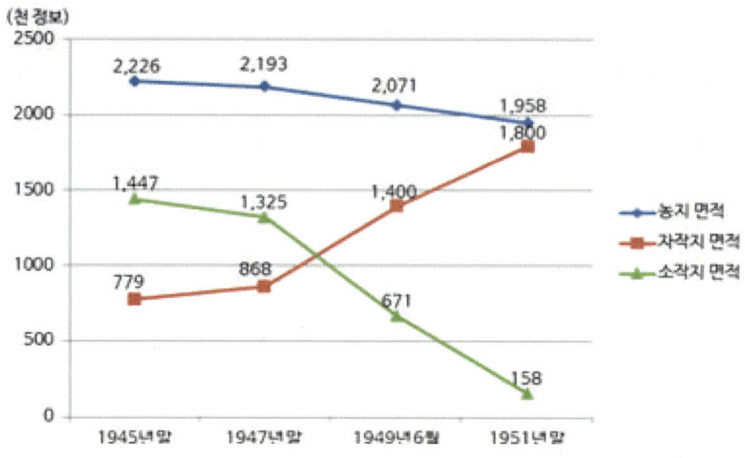

출처 ; 한국농촌 경제연구원, 『농지개혁사 연구』 1989.

　농지를 매수당한 지주들에 대한 보상은 해당 농지 생산량의 1.5배에 해당하는 수량을 정부에서 발행하는 채권인 '정부보증부 융통식 증권'으로 지급하고 5년 동안 균등하게 상환하도록 정해졌다. 그러나 극심한 인플레이션으로 지가증권 가치가 크게 하락함으로써 지주들 사이에서는 분배농지를 임의 처분하거나 은닉하기도 하였다.
　농지개혁은 소유권이전 등기와는 별도로 김제의 경우 1950년대 말까지 대체로 마무리되었다. 임휘영가에는 농지개혁을 둘러싸고 가족 간에 소소한 이견이 있었다. 물론 한국전쟁 전이긴 하지만 임기부와 임휘영 간에 농지개혁의 수용 여부를 두고 견해 차이가 있었다. 임원기는 당시 두 사람의 논쟁 장면을 또렷이 기억하고 있다.[79]
　임휘영이 농지개혁을 적극 수용해야 한다고 생각한 데에는 만경청

79　임원기, 2020년 7월 17일 구술. 51쪽의 구술 참조.

년회의 활동과 농민들의 삶을 개혁하려는 사회운동의 경험이 밑바탕에 있었다.

농지개혁 전까지 임휘영가는 자작 70여 마지기와 소작까지 합하여 1천 내지 1천 5백석의 소출을 내고 있었다. 이는 30정보 내외로 추정된다. 또 자작을 위해 두 명의 머슴과 2명의 집안 살림을 돕는 여자를 두고 있었다. 그러나 농지개혁 이후 임휘영이 가지고 있던 지가증권이 한 달 반 만에 휴지 조각이 되자 부부간에는 걱정이 몹시 많았다고 한다.[80] 이 여파로 중등학교에 다니던 아이들이 교육비를 내지 못할 정도로 어려운 처지에 내몰리기도 하였다. 임승기는 당시의 상황을 다음과 같이 기억하고 있다.

"농지개혁 당시 부모님들의 말이 기억난다. 어머니가 자식을 교육시켜야 된다며 걱정하자 아버지는 '그래도 농지개혁을 해야 한다'고 말했다. 할아버지가 지키고 일궈놓은 농지를 아버지 대에 대부분 잃게 되었지만, 장손이자 종손을 생각하여 할아버지는 큰 말씀을 하지 않으셨다. (중략) 농지개혁으로 가산이 기우는 상황에서 아버지는 '소작에게 다 내줘라' 하였고, 등록금을 낼 때 막막할 정도의 상황이었다."[81]

정미소 운영

농지개혁 방침을 수용하기로 결심한 임휘영은 대안으로 몇 가지 사업을 시도하였다. 먼저 후리에서 정미소를 경영했다. 다만 오랫동안

80　　임창의, 2020년 2월 7일 구술.
81　　임승기, 2020년 7월 3일 구술.

경영하지는 못했다.

"아버지가 정미소를 직접 운영한 것은 아니고 위탁 운영했다. 동네 아저씨로 그 아들이 영환이었다. 그 아저씨는 재치있는 분으로 정미소가 안 된다고 해서 그 아저씨에게 팔았다고 어머니가 저희들에게 얘기했다. 후리정미소는 해방 이후였고, 얼마 전 후리에 갔을 때 위치가 그대로였다."[82]

한편, 성덕면의 정미소는 동진농조 양수장의 변전소를 유치하고 이를 분할해서 부수적으로 전기를 공급받는 체계였다. 이 일대의 정미소는 후리, 만경, 진봉면 관기리 정도에 불과했다. 전기가 들어와 정미소가 설립되었고, 정미소의 남는 전기는 해방 후에야 가정용 전기로 사용할 수 있었다. 후리에서는 라디오를 들을 수 있었다.[83]

이와 관련해 임승기는 "초등 4학년 때 부친이 라디오를 갖고 있었다. 김제-만경으로 이어지는 전기가 처음 동네로 들어왔다. 부친이 이를 주동하셨다. 비용도 큰 부분을 부담하셨다. 부친은 라디오를 가지고 뉴스를 들으려고 했다. 학교 갔다 오니 큰형이 집에 누워서 라디오로 멘델스존 바이올린협주곡을 듣고 있었다"[84]고 기억했다.

이리와 부안으로

임휘영이 정미소를 그만둔 이유는 정확히 알 수 없다. 전쟁이 직접적으로 영향을 미쳤을 것으로 추정될 뿐이다. 임휘영은 또 다른 생활

---

82 임원기 2020년 7월 17일 구술.
83 서은석 구술.
84 임승기, 2020년 7월 3일 구술.

방편을 이리와 부안에서 찾았다.

이리에는 임휘영의 아랫동서 김윤창이 만세주장을 경영하고 있었다. 막내동서 이한구는 옥구에서 대야주장, 이리에서 주물을 하는 삼신철공소와 삼신양행이라는 백화점을 운영하고 있었다. 이한구는 당시 토건 사업을 따서 수문공사를 하고 있었는데, 일손이 부족해지자 임휘영이 현장감독으로 가 사무를 보았다. 또 조정희는 삼신양행의 일을 도와주었다. 이는 경제적으로 어려운 상황에 있던 큰 동서를 돕기도 하고, 후리의 가사 일로 건강이 극도로 나빠진 조정희의 건강회복을 위한 배려이기도 하였다.[85]

농지개혁이 본격화되던 1950년대 중반 임휘영은 부안사람 신경근(辛敬根)과 함께 목재소인 대성산업사(大星産業社)를 설립하였다. 본점은 전라북도 부안군 부안읍 서외리 24번지였고, 지점이 전북 김제군 김제읍 신풍리 37번지였다. 지점 자리는 대동양조장 터이기도 하다.[86] 대동양조장은 임휘영이 구입한 양조장이다. 이 구조는 서울에서 임휘영이 관여했던 경신양조의 본점과 지점을 연상시킨다.

후리 집에서는 부인 조정희가 뽕나무를 심어 누에를 길렀다. 또 모시 농사를 지어 베틀에 짜기도 했다.[87] 농지개혁으로 인한 경제적 곤경을 극복하기 위한 여러 가지 시도 가운데 하나였다.

임휘영 부부는 농지개혁을 수용하고 경제적 대안을 모색하는 과정에서 후리에서 정미소, 부안에서 목재소 등의 사업, 이리에서 건설현장 감독과 양장점의 일손 도움, 자택에서 양잠 등 다양한 노력을 기울였다. 그러나 사업적 성공과는 거리가 있어서 경제적 곤경이 해소

---

85   임원기, 임소자의 구술.
86   『광업 및 제조업 사업체 명부』, 1959.
87   임소자, 2020년 7월 3일 구술.

되지는 않았다. 급기야 아이들이 학교 등록금을 내지 못하는 일도 생겼다.[88]

김제 주장 경영

임휘영이 김제 주장 대동양조장을 매입한 시기는 김제 주장이 위치한 김제시 신풍동 13-9번지 토지대장의 소유주 변화 자료를 통해 추정해 볼 수 있다.

대동양조장 안채가 자리한 신풍동 37번지에 살고 있던 임휘영이 신풍동 13-9번지 소재의 대동양조장을 매입해 1959년 5월 2일 소유권을 이전받았다. 그런데 같은 날 이곳에서 오랫동안 양조장을 경영해 오던 조재식으로부터 그 아들 조훈종이 양조장을 상속받았다. 즉 조훈종은 대동양조장을 부친으로부터 상속받은 날 임휘영에게 매각했던 것이다.

김제 주장에서 오랫동안 지배인 생활을 했던 곽삼희의 증언에 따르면, 임휘영의 사회 친구인 조재식에게는 두 아들이 있었는데, 장자에게는 정미소를, 동생 조훈종에게는 대동양조장을 각각 상속하였는데, 조훈종이 임휘영에게 이를 매각하자 충격을 받은 조재식이 자살했다고 증언했다.[89]

김제 주장 매입은 농지개혁에 따라 여러 가지 모색을 하던 중 마지막 선택이었다. 후리의 토지를 매각한 돈과 이리에 살던 둘째 처제의 도움으로 매장 구입이 가능했다. 양조장 운영과 관련해서는 이미 김

---

88   52쪽의 임소자, 임승기의 구술 참조.
89   곽삼희, 2020년 2월 7일 김제 대성양조장(구 대동양조장) 안채에서 구술.

표 ❾ 김제 대동양조장 토지대장 소유권 변화 현황

사유	시기	소유주	주소
소유권이전	1927년 12월 1일	有川平三	
소유권이전	1928년 3월 14일	조재식(趙在軾)	신풍동 37
주소씨명변경	1941년 11월 11일	岐岡在軾	지산리 351
성명복구	1949년 8월 ?일	조재식	
주소씨명변경	1952년 6월 5일	조재식	지산리 351
소유권이전	959년 5월 2일	조훈종	신풍동 37
소유권이전	1959년 5월 2일	임휘영	신풍동 37
소유권이전	1979년 10월 2일	소임융기외 1	신풍동 37
소유권이전	1936년 9월 2일	박건영(朴健榮)	청진정 288-1

제 읍내에서 소주와 청주를 만들고 있던 김광준의 도움과 정부미 도정 공장을 운영하던 안길룡의 조언도 있었을 것으로 추정된다. 후일 이들은 김제 읍내에서 지역 유지로 다양한 관계망을 만들었다.

현재 김제 주장에는 대성주조공사라는 간판이 달려있다. 이는 1970

그림 ㉝
김제 주장 입구. '대성주조공사'라는 현판이 보인다. 2020년 2월 7일 촬영.

년대 정부의 양조장 통합지시에 따라 별도로 있던 대동(大東)주장과 삼성(三星)주장을 통합하고 한 글자씩 가져와 '대성(大星)양조장'을 만들었기 때문이다. 두 양조장은 합동 후 수익을 1/2로 나누었고, 지배인도 두 사람을 두었다.

대성양조장의 인력 구성은 사무서기 1명(합병 후 2명), 기술자 1명, 종업원 4~5명, 배달원 4명이었다. 조정희는 김제 주장 입구 사무실 겸 주거 공간에서 임휘영과 함께 기거하였다. 조정희는 사무서기는 물론 회계까지 담당했을 뿐 아니라, 술의 발효 정도를 판별하기도 하였다. 임휘영은 주로 주장의 세무 관계를 처리하는 등 대외 교섭을 담당했다. 임휘영이 이 방에서 뇌졸중으로 사망하자, 이후 조정희는 옆 창고에 작은 방을 마련하여 상경할 때까지 기거하였고, 두 사람이 기거하던 방은 비로소 사무 전용공간이 되었다. 주장의 한옥 안채는 낮이나 손님 맞을 때 주로 사용하였다.[90]

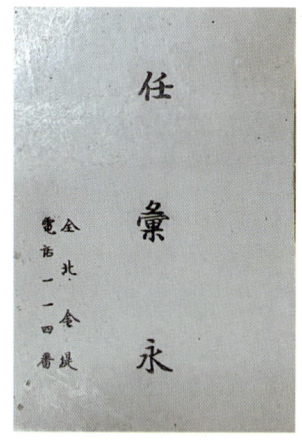
그림 ㉞ 임휘영의 명함. 김제 주장 소재.

그림 ㉟ 임휘영의 주민등록증. 김제 주장 소재.

---

90   임소자·임정기, 2020년 7월 3일 구술.

그림 ㊱
김제 주장 내부. 창고들과 안채(사진의 한옥)로 나뉘어 있다. 2021년 2월 7일 촬영.

    1972년 임휘영 사망 직후부터 임휘상의 장남 임석기가 사무장으로서 주장의 사무를 보았다. 그 후 차츰 임융기가 업무를 이어받아 실질적으로 주장을 운영하였다. 임융기는 서울에서 자신이 경영하고 있던 림스코와 김제의 주장을 같이 운영하면서, 김제 청년회의소(JC) 회장을 역임하는 등 지역 사회에서도 적극적으로 활동하였다. 김제에서는 임휘영의 사실상 '후계자' 역할을 했던 셈이다. 당시 임성기는 서울의 MBC 방송국 편성국장 업무로 눈코 뜰 새 없이 바쁜 실정이었던 터라 자신을 대신해 주장을 경영한 임융기에게 늘 감사한 마음을 가졌다고 한다. 1987년 임융기가 병으로 사망하고 임성기도 상경한 이후에는 서기가 실질적 운영을 하였고, 임성기는 보고만 받는 체제가 되었다. 조정희는 임융기 사망 전후로 임성기의 집으로 상경한 상태였다.[91]

    한편, 양조에서 가장 중요한 것이 수질인데 대동양조장은 김제 읍

---

91   임정기 구술.

내에서 최고라는 평가를 받았다. 양조장 내에 우물 3개가 있었는데 그중 양조에 사용한 우물은 턱이 낮아 지하수가 항상 넘쳐흘렀다. 주장에서는 막걸리, 약주, 소주 모두를 만들었고, 약주는 익산 동서의 만세주장과 합동으로 생산하기도 하였다. 김제 주장이 안정적으로 운영되면서 집안의 경제적 곤경은 사라졌다.

그렇지만, 양조장의 사업구역 범위 해제 조치라는 양조 정책 변화에 따라 경쟁이 치열해지고, 사회 전반적으로 막걸리에 대한 선호도가 감소하면서 영업에 큰 지장이 생겼다. 결국 대성양조장은 2007년 12월 31일자로 폐업했다.[92]

예술가들과의 교류

김제에서 임휘영은 친구들과 어울렸고, 문화 예술 방면에서 다양한 교류를 하였다. 거문고를 직접 타기도 했던 부친으로부터 예술적 감성을 물려받은 것이기도 했지만, 1930년대 경성에서의 새로운 근대문명 경험도 크게 영향을 미쳤다. 게다가 전북지역은 판소리와 서예문화를 향유하는 등 문화적 감성이 뛰어난 지역이었다. 예를 들면, 김제지방에서 조직된 '김옥진 협률사'와 같은 소규모 협률사가 종종 공연 활동을 전개하였으며, 1950년대 이후까지도 계속되었다.[93] 협률사는 1902년 고종 재위 40년 경축 예식을 위해 한성부 야주현, 지금의 광화문 새문안교회가 있는 자리에 있던 황실건물 일부를 터서 만든 한국 최초의 국립 실내 상설극장이었다. 이 곳에선 전국의 유명

---

92 곽삼희, 2020년 2월 7일과 2021년 5월 7일 구술.
93 황미연, 「전라북도 권번의 운영과 기생의 활동을 통한 식민지 근대성 연구」, 전북대 고고문화인류학과 박사논문, 2010.

한 판소리 명창과 가기·무동 등 170여 명을 모아 전속단체를 구성하고 이들에게 관급을 주면서 공연하게 했다. 서울 협률사의 단장이 홍두한이었고, 그 부인이 국악인 김옥진이었다.[94]

임휘영에게는 고모가 다섯인데 그중 한 분의 남편(고모부 최규창)이 만경 외곽 대판에 거주하였다. 그는 농악의 귀재로 꽹과리 명인이었다. 임휘태, 임휘영, 임휘상은 명절이 되면 고모부를 찾아뵙고 인사했고 가끔 고모부가 후리에 와서 국악을 즐기기도 했다고 한다. 국악에 대한 임휘영의 감성은 최규창에게서도 영향을 받았을 것으로 보인다.[95]

오랫동안 임휘영가에 걸려 있었던 〈세한삼우 歲寒三友〉라는 그림을 보면, 강암 송성용(剛菴 宋成鏞)이 '세한삼우'라는 글씨를 썼고, 남농 허건(南農 許楗), 벽천 나상목(碧川 羅相沐)과 심향 박승무(深香 朴勝武) 세 사람이 같이 한 폭의 그림을 그렸다. 이 그림이 그려진 정확

그림 ㊲

세한삼우(歲寒三友). 서은석 소장. 세한삼우는 '추운 겨울의 세 친구'라는 뜻으로 매화, 대나무, 소나무를 말한다. 추운 겨울에 오히려 푸른 소나무, 추위를 뚫고 꽃을 피우는 매화, 절개를 상징하는 대나무를 함께 그려 인내와 절개를 상징한다. 강암 송성용이 화제(畫題)를 붙이고, 남농 허건, 벽천 나상목, 심향 박승무가 함께 그림을 그렸다.

94　"한국보다 해외서 폭발적 관심, 그만큼 서글픈게 없습니다." – 종로의 기록, 우리동네 예술가 : 홍성덕 (사)한국국악협외 이사장 인터뷰①, 『오마이뉴스』 2019년 7월 7일. 참조.

95　서은석 구술.

한 시기는 알 수 없지만, 임정기는 1961년경으로 추정한다. 그는 김제중앙국민학교에 다니던 때에 안채 사랑방에 한복을 입은 손님들이 오셔서 서예를 하거나 그림을 그리고, 어머니는 극진한 손님 대접을 하였던 기억을 가지고 있다.[96] 임정기가 이즈음 이후로 사랑방에 〈세한삼우〉가 걸려 있었던 것으로 기억하는 것으로 보아 〈세한삼우〉는 아마도 이 즈음 그린 것으로 추정된다.

강암 송성용은 임휘영의 부모님을 모신 선산의 묘비 글씨를 쓰기도 했다. 또 심향 박승무의 풍경화들을 임승기와 임정기가 물려받기도 했다. 김제중앙보통학교와 이리농림학교를 다닌 김제 출신인 나상목과 임휘영의 교류는 몇몇 구술에서도 확인된다.

김제 주장 안채에는 '늙는 것도 미처 깨닫지 못한다(不知老之將至)'라는 글씨가 마루 위 처마 밑에 걸려 있다. 이는 논어에 나오는 자구로 공자가 자신을 평가하여 한 말로 앞에 놓인 일에 매진하여 나이가 드는 것도 모른다는 긍정적인 뜻이다. 낙관에는 "소주사백의 생일에 하석[97]이 재미삼아 올립니다. 금호"[98]라고 적혀 있다. 사백(詞伯)은 글과 문장을 잘하는 사람이라는 뜻의 존칭이다. 소주(小舟) 임휘영의 이름을 붙여 존경의 뜻을 표했다. 금호는 곽수형(郭繡炯)이다.

이 글을 쓴 날은 소주 임휘영의 환갑잔치 날이었고, 금호는 같은 날 '소주정사 小舟精舍'라는 글씨도 썼다. 낙관에는 "무신년(1968) 중양절(重陽節, 음력 9월 9일) 후 3일. 두릉산인(杜陵散人) 금호(錦湖)"라 쓰여있다. 임휘영의 생일은 음력 9월 12일이었다.

---

96 임정기, 2021년 8월 26일 구술.
97 김제 출신으로 하석(何石)을 호로 쓰는 이는 박원규(朴元圭, 1947~)가 있다. 다만 임휘영과는 연배 차이가 있어서 동일 인물인지 확실하지는 않다.
98 낙관의 원문은 爲小舟詞伯壽筵 何石頻玩 錦湖이다.

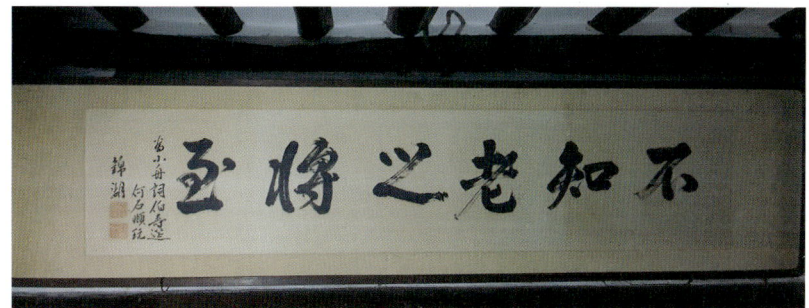

그림 ㊳
김제 주장 안채 처마 밑에 걸린 편액 不知老之將至. 2020년 2월 7일 촬영.

그림 ㊴
김제 주장 안채 처마 밑에 걸린 편액 小舟精舍. 2020년 2월 7일 촬영.

그림 ㊵
임휘영 환갑잔치 가족사진 1(1968) 왼쪽부터 임성기(임진아), 임정기, 임형원, 최려자(임성기 처), 김영석(김재규 1남), 조정희, 임휘영, 임영아(김재규 녀), 김재규, 임소자, 임용기.

그림 ㊶
임휘영 환갑잔치 가족사진 2(1968) 왼쪽부터 조한백, 임휘영, 조정희, 조한백 모 김씨, 조소영, 조영순, 조한백 처, 조화순

12 | 서울, 흩어진 가족들을 보듬다.

지역사회 유지

임휘영은 임용기가 김제고등학교에 재학 중일 때 후원회장을 맡았다. 자녀들이 성덕국민학교에 다닐 때도 후원회장을 맡은 바 있었다. 학교를 매개로 한 활동과 사업의 과정에서 임휘영은 김제에서 안길룡(도정공장 경영), 김석기(김창희의 부친, 역전 주유소 앞 거주)와 상당히 가까운 친교를 맺었다. 이들은 한국전쟁 뒤에 친교를 맺었고, 일본, 대만 여행을 함께 다녀오기도 했다. 임휘영의 마지막 해외여행은 1969년 혹은 1970년에 미국에서 의사로 있던 둘째 아들 임원기를 찾아간 여행이었다. 이 여행은 김제라이온스클럽 활동의 일환이기도 했다. 이때도 안길룡과 함께 하였다.

임휘영은 예술과 함께 여행을 즐겼다. 여러 구술에서 그는 집안 잡사에는 무관심하였고 늘 바깥으로 돌아다녔다는 증언이 등장한다. 그래서 '한량'이었다는 평을 듣기도 했다. 임창의는 그가 "동서양의 음악을 좋아했고 좋은 사람이었다. 남을 지원하고 나눠주는 삶을 살았고 돈의 출입에는 무관심했다. 주장 운영도 마찬가지였다. 집안 살림에 대해 거의 무신경했다"고 기억했다.[99]

---

[99] 임창의, 2020년 2월 7일 구술.

한편 임휘영은 지역 유지로서 김제 관련 일에도 적극 참여한 것이 확인된다. 김광준과 함께 했던 김제 시승격 운동에 앞장섰던 일이 대표적이다. 이일을 위해 그는 여러 차례 상경하였는데, 국회의원과 체신부장관을 역임한 조한백의 지원이 있었을 것으로 추정된다. 이들의 노력을 바탕으로 김제읍은 1989년 김제시로 승격하였다.

서울행의 또 다른 이유, 가족

임휘영은 가족들이 모이는 것을 무척이나 좋아했다. 두 달에 한 번씩은 상경해 가족을 모으고는 저녁을 사주는 일을 즐겼다. 시집간 딸의 가족뿐만 아니라 그의 여동생도 자식들을 데리고 참석할 정도로 넓은 품을 보였다. 그 덕분에 '임씨네계'라는 가족계가 1980년대까지 유지되었다. 2000년대에 『한울타리』라는 가족 잡지가 간행될 수 있었던 힘 또한 가족들에게 늘 관심을 기울이고 품에 안으려 한 임휘영의 노력 덕분이었다고 해도 과언이 아닐 것이다. 임성기는 아버지의 성품을 이어받아 조카들을 모두 모아놓고 글짓기를 시켰고, 매월 동생들과 조카들이 함께하는 저녁 식사 자리를 마련했다. 임휘영의 무형의 유산은 그렇게 이어지고 있었다.

임정기에 따르면, 자신이 중학교 1학년 때인 1963년 당시 아현동 인왕산 자락에 있던 임부득의 집을 임휘영과 함께 찾아갔는데, 화장실도 없고 물도 나오지 않았다고 한다.[100] 임휘영은 서울에 올 때마다 임부득 부부의 집을 찾아 술을 기울이며 암암리에 도와주었다.[101]

---

100 임정기 구술, 2020년 3월 6일 임성기님 자택.
101 임원기, 2020년 7월 17일 구술.

생사를 넘나든 경험이 만든 '명륜동 공동체'

앞에서 언급한 것처럼 임휘영은 조한백과 막내 처제 가족들을 인공시절에 후리에서 돌봐주었다. 1.4 후퇴 당시에는 집안의 청년들을 모두 모아 제주도로 피난 보내기도 했다. 반대로 1950년대에는 농지개혁으로 어려워진 살림살이를 처제들이 도와주었다. 전주사범을 졸업한 젊은 임성기의 취업에는 조한백의 후원이 컸다. 김제를 선거구로 한 조한백이 선거를 할 때면 김제 주장의 술이 동날 정도였다. 이 같은 처가와의 화합에는 부인 조정희가 연결고리 역할을 하였다. 그는 늘 친정의 대소사에 마음을 기울였다. 두 집안의 관계는 여느 사돈관계보다 특별했다.

이러한 관계 때문에 임휘영가의 자제들은 외지에 나가 수학하는 동

그림 ㊷
임승기의 독일 유학 환송을 위해 김포공항에 모인 가족. 앞줄 왼쪽부터 송부혜 모친, 송부혜, 최려자(임진아), 조정희, 임승기, OOO, OOO, 강현정, 임소자, 임휘영, 송부혜 부친. 아이들은 김영석, 김영아, 이승희. 뒷줄 왼쪽부터 임형원, 이혜경, 김경희, 강신돈(이혜경 남편), 조권일, 조소영, 조진일 처, 조진일. 명륜동 공동체의 모습을 잘 보여준다. 송부혜는 임휘영의 고모가 출가한 집안의 자손이었는데, 서울대 음대에서 피아노를 전공하였고, 음악을 좋아하는 오빠 임승기를 특히 좋아했다. 『한울타리』 11호, 2006.

그림 ④
명륜동 공동체의 아이들. 왼쪽부터 김경자(조화순의 딸), 임소자, 임형원, 조상양, 임승기, 김경철. 『한울타리』 11호, 2006.

안 외가 조한백 집안의 도움에 크게 의지했다. 해방 후에는 전주 고사동에서 집안 구분 없이 한솥밥을 먹었고, 조한백이 국회의원이 된 이후에는 서울 명륜동에서 함께 생활했다. 중학교 입학부터 대학교 졸업 때까지 십 수명의 외사촌과 고종사촌들이 어울려 '명륜동공동체'를 만들었다. 이들 사촌들은 서로가 서로를 성장시켰다.

임휘영의 자녀 세대는 이때를 '소위 명륜동 시절'이라고 불렀다. 그것은 그들이 "한참 자라나던, 이미 50년도 더 지난 시절, 외숙께서 장만하시고 외숙모님께서 돌보셨던 서울 명륜동 골목의 한옥 집. 한 때는 십 수명의 남녀 사촌 형제들이 중고등학교, 또는 대학 시절을, 때로는 수년간씩 함께 숙식하며 한 방에 서너 명 또는 대여섯 명이 함께 기거하며 오직 한 칸의 변소를 공용했던 시절"을 의미했다. 그 시절 그들은 "각자 처음으로 시골 집 부모님 곁을 떠나서 서울이란 낯 설은 세상에서 나름대로 학교생활, 사회생활을 모색하며 이루어야 했고, 해방감, 신바람, 호기심, 불안감들이 함께하는 상태"였다. 임원기의 기억은 다음과 같이 이어진다.

"그 시절, 명륜동엔 어른으로는 외숙모님 단 한 분이 계셨고, 시골에 계셨던 우리들의 부모님들은 온갖 정성을 다해서 어렵사리 우리의 학비, 생활비를 마련해 보내 주셨지만, 명륜동에 사시진 않았기 때문에 매일 매일 우리들의 삶을 감독, 지도하시진 않으셨고 또 외숙모님의 성격이 그러하신지라, 우리들은 어떤 규제, 감독이 비교적 없는 상황에서 우리 나름대로의 자율적 공동체 삶을 찾아 이루었던 것 같다. 우리들의 문화, 공동체 문화, 사촌들의 문화를 우리끼리 창조해 살았던 것이다. (중략) 우리들은 세월의 흐름과 더불어 명륜동을 떠나왔고 다른 사람들과의 인연을 맺으면서 새로운 삶을 이루고 살아왔다. 내 생각엔 명륜동은 이러한 우리 각자의 새로운 삶에도 스며들었을 것이며 앞으로도 그럴 것만 같다. 그 이유는 우리가 함께 이루었던, 그래서 아직도 잊지 못하는 명륜동은 나 자신과 내가 새로 만나는 사람들, 넓게는 공동체적 인간관계의 바람직한 원형(原型) 같은 것이었기 때문이다." [102]

마지막 길

김제 주장의 안채는 1959년 매입 당시 이미 건축되어 있는 건물이었다. 금호(錦湖)가 쓴 '소주정사(小舟精舍)'와 '부지노지장지不知老之將至'라는 글이 걸려 있는 곳이기도 하다. 1968년 임휘영의 환갑잔치에 온 친구와 예술인들이 이를 축하하면서, 임휘영이 말년에도 어떤 일에 몰두하는 모습을 보면서 쓴 글이다. 그리고 몇 해 후인 1972년 임휘영은 그곳에서 사망했다.

---

102   임원기, 「추석, 명륜동, 그리고 설거지」, 『한울타리』 15호, 2010.

김제 시장 상인들은 "그 좋은 분이 돌아가시다니!" 하며 슬퍼했고, 친구분들은 "내가 복이 없어 그 사람을 떠나보냈다"는 말을 남겼다. 임휘영에 대한 지역사회의 평가는 '마음이 넉넉한 어른'이었다. 성덕 면장 최니호는 "누구나 힘든 보릿고개 시절인 50~60년대에 굶주림에 떠돌던 사람들을 외면하지 않았던 모습, 김제역 부근에서 대동양조장을 운영하면서 기차 통학생들을 위한 자전거 보관 장소를 만들어 주던 일 등, 주변 사람들과 '더불어 사는 삶'을 사셨던 어르신이었기에 작고하셨을 당시 모든 마을 사람들이 슬픔을 나누며 상여를 메고 나가지 않았나 하는 생각이 든다."[103]

13 | 되돌아 보는 삶

임휘영의 삶의 중심에는 가족과 친구가 있었다. 하나하나 배려하고 아끼는 삶이었다. 10대 후반 20대에는 동맹휴학, 만경청년회 등 청년활동을 맹렬히 실행했다. 관철동 주장을 매입하고 사업에 뛰어들었을 때에도 친구들과 함께 민족운동에 헌신하려는 노력을 기울였다. 그 과정에서 평등주의적 세계관이 형성되었다. 경성에서 근대문화를 향유하는 젊은 실업가로서의 삶도 즐겼지만, 동시에 독립운동가들과 연

---

[103] 성덕면장 최니호, 「임휘영 어르신을 기리며…」, 『한울타리』 24호, 2015.

계된 삶도 이어갔다.

경성에서 큰 좌절을 겪고 고향으로 내려와서는 문화와 예술을 향유하면서 김제 읍내에서 새로운 친구들을 만들어 갔다. 해방 이후 농지개혁의 흐름을 민족적 염원으로 이해하고 수용하였지만, 가족들은 경제적 궁핍에 직면해야만 했다. 한국전쟁이 일어난 후 인공 시절에는 좌우익 모두와 일정한 관계를 맺으면서, 생사를 넘나드는 결단으로 가족 모두를 지켜냈다.

김제 주장의 매입과 경영에는 가족들의 도움이 컸다. 시부모의 봉양, 자식 교육은 물론이고, 주장의 운영에까지 부인 조정희의 침착하고 성실한 헌신이 절대적 역할을 했다. 부인의 도움으로 생긴 시간을 이웃에 할애하고 한편으로 다양한 사회활동을 전개했다. 그의 삶의 고비 고비마다 부인 조정희가 조용히 지켰다. 임기부가 말한 '은덕(隱德)'을 임휘영은 물론 며느리도 체현했다고 하겠다.

임휘영은 자녀들에게 울타리를 제공했지만, 그들이 그 울타리를 뛰어넘어 세상과 호흡하며 스스로 성장하기를 기대했다. 그는 자녀들과 늘 소통하면서 배려와 존중, 정직, 의리, 주체성을 몸소 실천으로 보여주었다.

임휘영은 사회활동을 하면서 대의를 향한 뜻을 가슴에 품고 있었지만, 가족을 붕괴시키는 요구에 응하지는 않았다. 민족운동과 사업 실패, 심지어 전쟁의 소용돌이 속에서도 집안의 장자로서 책임을 저버리지 않았다. 이 경험과 위치가 그를 더욱 신중하고 은둔하게 만들었다. 그렇지만 그는 늘 주변사람들에게 은덕을 베풀었다. 이념보다는 삶과 인간을 택했던 것이다. 임휘영의 삶은 식민과 분단, 전쟁과 개발이라는 위기와 혼돈의 시대를 살아온 우리들 아버지가 어떻게 가족공동체를 지켜왔는지를 웅변하고 있다.

참고문헌

- **문집류**
  『청죽집』,『간재선생문집 후편 속』,『한울타리』

- **신문자료**
  『동아일보』,『조선일보』,『매일신보』,『중외일보』,『시대일보』

- **국가기록원**
  민적부, 폐쇄토지대장, 전주고보학적부(임휘영), 1926년도 전주고보퇴학생명부, 귀속농지분배부, 재판기록(임휘영, 임부득), 제국흥신소보고서, 국유임야양여서류(김세동 관련)

- **국사편찬위원회**
  『직원록』,『조선은행회사조합요록』,『조선총독부 관보』, 동진수리조합 관련 자료

- **통계자료**
  『제학교일람 諸學校一覽』

- **사전류**
  『향토문화전자대전』,『민족문화대백과사전』

- **주요사이트**
  국가기록원, 국사편찬위원회, 공훈전자사료관, 규장각, 국립중앙도서관, 국회도서관, 김제문원

• 족보

풍천임씨대동보편집위원회, 『豊川任氏世譜 中篇 一』, 풍천임씨대동보편찬위원회, 1991.

• 논문 / 단행본

조찬성 편찬, 『김제군지』, 1917.
조선주조협회, 『조선주조사』, 1935.
조선총독부 경무국, 『전라북도 요시찰인 명부』, 1945.
정세현, 『항일학생민족운동사연구』, 일지사, 1975.
김제군사편찬위원회, 『김제군사』, 전라북도 김제군, 1978.
최근무, 「전북지방의 일제하 항일 학생 민족운동에 관한 연구」, 건국대 대학원 석사학위논문, 1978.
김방서, 『흑암의 세계』(인공 당시 만경국민학교 교사이자 만경교회 집사였던 필자가 남긴 일기. 그 중 블로그에 연재한 자료)
김윤균, 「우리나라 읍·면 행정에 관한 연구 : 김제군의 읍·면을 중심으로」, 경희대 행정대학원 석사학위논문, 1983.
주익종, 「일제하 한국인 주조업의 발전」, 『경제학연구』 40(1), 1992.
문영주, 「조선총독부의 농촌지배와 식산계의 역할(1935~1945)」, 『역사와 현실』 46, 2002.
전라북도청, 『전북도시계획 100년사-개항 이후 도시계획 연혁과 성과』, 2003.
이규수, 「후세 다츠지의 한국인식」, 『한국근현대사학회』 25, 2003.
장명수 편, 『전주 근대생활 조명 100년 전주의 8.15해방과 6.25전쟁 격동시대 구술실록(1945~1960) 개정판』, 전주문화재단, 2008.
최여미, 「일제강점기 체육인 서상천에 관한 심성사적 연구」, 한국체육대 대학원 석사학위논문, 2008.
오호성, 『일제시대 미곡시장과 유통구조』, 경인문화사, 2013.
하재영, 「해방 전후(1937-1948) 주류 통제정책과 양조업의 동향」, 한양대 대학원 석사학위논문, 2016.
이윤정, 「한국전쟁기 지역사회와 경찰활동 - 전라북도 김제군을 사례로-』, 성신여대 대학원 사학과 박사학위논문, 2018.

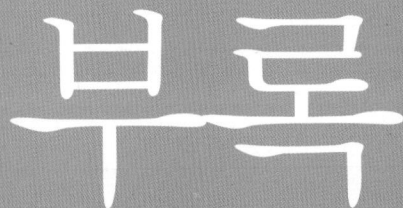

01 임휘영 재판 판결문(번역)

02 임휘영·임부득 관련 신문기사 모음

03 임휘영 관련 구술자료

부록 01

임휘영 재판 판결문 (번역)

전주고보 '교장폭행 사건'의 성격과 판결 형량에 대하여

① 전주지방법원 1심과 대구복심법원 판결에서 강조하고 있는 피고인들에 대한 실형 선고의 주요 범죄행위는 '교장'에 대한 물리적인 폭력행사였다. 당시 교사들에 대한 폭력은 드물지 않게 있었지만, 공립학교 교장에 대한 폭력은 실제로 '전무후무'한 일이었다. 이는 식민통치의 권위에 대한 직접적인 공격이라는 성격을 갖기 때문에 두 법원의 판결문은 이에 대한 엄격한 처벌을 일반사회에 주지시킬 필요가 있다는 점을 분명히 밝히고 있다.

② 두 법원의 판결은 엄형 처벌을 선고하면서도 피고인들이 나이가 어리다거나, 학업성적이 좋다거나, 50일간의 구금생활을 이미 했다거나, 의지와 주의가 있다기보다 상황에 쏠린 무분별한 행위였다거나 하는 정상참작 사항을 다소 장황히 쓰고 있다. 이에 따라 두 법원 모두 집행유예를 선고했다. 이는 엄형 뒤의 포용력 과시라는 식민 통치 당국의 상투적인 강온 양면 정책 구사인 것이라고 할 것이다. 그러나 1926년 중반 ~ 1927년 중반의 1년 남짓 기간은 식민 본국의 정치와 식민지 조선에 대한 통치 양쪽에서 모두 일종의 유화 국면과 같은 시기였다는 사실을 염두에 둘 필요가 있다. 1927년 하반기부터는 일본과 조선 모두 강경 통치 기조가 새롭게 전개되었다. 교장 폭행 사건이 1927년 이후에 발생하였다면 피고인들은 집행유예 선고를 상상할 수 없었을 것이다.

※ '전무후무한 교장폭행 사건'에 따른 중형 선고와 조선 식민 통치의 일시적 유화 국면에 따른 집행유예 선고가 이어졌는데, 이 두 가지 측면은 독립운동 유공자 공훈에 중요한 내용이라고 할 수 있다.

번역문 일러두기

◆ 번역문은 전주지방법원 1926년 8월 25일자 판결문과 1심 판결에 대한 검사의 항소에 따른 대구복심법원 1927년 3월 11일자 판결문이다.

◆ 번역문에 있는 〈숫자〉는 국가기록원에서 제공하는 원문 복사본에 적혀 있는 번호이다. 전주지방법원 판결문과 대구복심법원 판결문이 합철되어 있어 〈0168〉~〈0243〉까지 번호가 연속되어 있다.

◆ 번역은 다음과 같은 방침으로 하였다.
① 1920년대에 쓰인 판결문의 일본어 문장과 단어는 읽기와 이해하기에 상당히 난삽하다. 따라서 판결문상의 의미와 내용을 그대로 유지하면서 순우리말이나 쉬운 단어를 사용한 현대 한국어 문장으로 바꾸어 번역했다.
② 필요한 경우 대괄호([ ]) 속에 적절한 단어를 넣어둠으로써 문장을 쉽게 이해할 수 있도록 하였다.
③ 국가기록원 제공의 판결문 복사본에는 모든 피고인과 피해자, 변호인 등의 이름이 성만 빼고 가려져 있다. 당시 신문기사나 조선총독부 직원록과 관보 등을 통해 확실히 알 수 있는 이름들은 번역문에 성명을 모두 밝혀두었다.

◆ 각주는 다음과 같은 사항에 대한 것들이다.
① 판결문에 나오는 전주고보 교장과 교사, 판사와 검사, 학부형회 주요 인물의 간단한 약력
② 판결 원문의 날짜 등 설명에서 오류가 있는 경우 이를 바로잡는 내용
③ 판결 원문에 조항 숫자만 나와 있는 형법과 형사소송법 조항들의 적용 범죄 이름
④ 사건 관계 일자의 요일과 같은 사건의 정황 정보와 기타 설명이 필요한 부분

◆ 전주지방법원 1심 판결문과 대구복심법원 판결문은 전반적인 내용이 같다고 할 것이다. 그러나 사건 당시의 각 상황정보나 등장인물, 사건을 바라보는 재판관의 시각과 관점 등에서 미세하지만 결코 무시할 수 없는 다음과 같은 차이점들이 있다.

① 복심 판결문에는 전주지방법원의 1심 판결문에 나오지 않는 학교 사환 한ㅇㅇ에 대한 폭행이 추가되어 있다.

② 복심판결문에는 교장 축출을 저지했던 선생들의 이름이 나와 있다.

③ 전주 1심 판결문에는 학생들이 4학년생 하태우를 '학교 측 스파이'로 간주하게 된 행동이 기술되어 있으나 복심판결문에는 그 내용이 없다.

④ 복심판결문에는 비록 한 줄에 불과하지만 사건에 대한 교장의 책임부분을 언급하고 있다.

⑤ 복심판결문에는 학생들 뒤에 "배후 세력이 있는 것 같다"는 언급이 있다. 이는 배후 세력에 대한 일제 경찰의 수사가 있었음을 보여주는 것이다. 다만, 수사가 배후세력의 적발로까지는 이어지지는 못한 것으로 보인다. 그러나 이러한 혐의 사항의 적시는 사건 주동 인물들이 전주 또는 전북지역 사회운동단체·인물들과 주고받은 연락과 교류 관계를 시사하는 것이다. 이는 이후 주동 인물 장태성과 은낙빈의 지역운동단체 활동이나 임휘영, 변영진, 송병채, 신영상의 동시 상경(上京) 정황 등에 대한 이해에 도움을 주는 단서라고 할 수 있다.

⑥ 복심판결은 1심의 상해·협박에 '내란죄'를 추가하여 형량을 2개월씩 늘렸다. 그러나 '내란죄' 추가에 대한 이유설명은 전혀 없다.

⑦ 복심판결문에서는 피고인들이 모두 중상의 학업성적을 가지고 있다고 특별히 밝히고 있다.

◆ 임휘영 관련 내용은 굵은 글씨로 표시하였다.

⟨0168⟩

1926년 형공(刑公) 제1073호

본적 전라북도 옥구군 ○○면 ○○리
주거 전라북도 전주군 ○○면 ○○리 鄭○○ 집
무직 장태성군(張台成君)[104] 현재 ○○년

본적 전라북도 무주군 ○○면 ○○리
주거 전라북도 전주군 ○○면 ○○리 金○○ 집
무직 김상순(金相順) 현재 ○○년

본적 전라북도 김제군 ○○면 ○○리
주거 전라북도 전주군 ○○면 ○○리
무직 임휘영(林彙永) 현재 ○○년

⟨0169⟩

본적 전라북도 군산부 ○○면 ○○리
주거 전라북도 전주군 ○○면 ○○리
무직 변영진(邊永鎭) 현재 ○○년

---

103 장태성의 이름에 붙은 '군(君)'은 1심과 복심 판결문 전체에서 장태성에게만 이와같이 쓰고 있음. '누구누구군(君)'과 같이 남성인물에 대한 예칭으로 볼 수도 있으나 다른 학생들에게는 '군'을 쓴 경우가 없음. 최근무의 ⟨전북지방의 일제하 항일학생 민족운동에 관한 연구⟩(1978)에 나오는 전주고보 제적대장(除籍臺帳)에도 장태성만 '張台成君'으로 기록하고 있음. 장태성은 1927년 고향인 옥구군의 옥구소작조합 간부로 활동하다가 3년여 실형을 살고 출감하였는데 이때 신문기사에도 장태성군이라고 하고 있음.

본적 전라북도 김제군 ○○면 ○○리
주거 전라북도 전주군 ○○면 ○○리
무직 조찬경(迀讚慶) 현재 ○○년

본적 전라북도 익산군 ○○면 ○○리
주거 전라북도 전주군 ○○면 ○○리
무직 유갑현(柳甲鉉) 현재 ○○년

본적 전라북도 전주군 ○○면 ○○리
주거 위와 같음

〈0170〉

무직 송병채(宋炳采) 현재 ○○년

본적 전라북도 부안군 ○○면 ○○리
주거 전라북도 전주군 ○○면 ○○리
무직 신영상(辛泳岸) 현재 ○○년

본적 전라북도 정읍군 ○○면 ○○리
주거 전라북도 전주군 ○○면 ○○리 殷○○ 집 현재 ○○년
무직 은낙빈(殷洛彬) 현재 ○○년

위 사람들에 대한 상해 및 협박 피고 사건에 대해 조선총독부 검사 사카이 타케오(酒井赳夫)[105] 관여 아래 심리하고 다음과 같이 판결한다.

---

[105] 1919년 대구지방법원 검사국 사법관 시보(검사 대리)을 시작으로 1920~42년 조선총독부재판소 검사국 검사를 역임함. 1924~1927년 전주지방법원 검사국 검사로 근무함.

〈0171〉

주문(主文)

피고인 장태성군, 김상순을 각 징역 8월,
피고인 임휘영, 변영진, 조찬경을 각 징역 6월,
피고인 유갑현, 송병채, 신영상, 은낙빈을 각 징역 4월에 처한다.
단 각 피고인에 대하여 1년간 위 형의 집행을 유예한다.

압수 물건 가운데 증거 제2호 경고문(警告文)이라는 제목의 서면 2통은 이를 몰수한다.

이유(理由)

피고인 전부는 최근까지 전주공립고등보통학교 학생이었다. 1924년, 현재 5학년생인 당시 3학년 학생들이 학교설비의 〈0172〉 불완전과 교사 배척을 주장하며 동맹 휴교하는 소란이 있었다. 학부형들의 주선으로 차츰 [문제가] 해결되어 잠잠해졌다. 그 후 1925년 4월, 지금 교장인 오사다 도미사쿠(長田富作)[106]가 취임하여 여러 설비를 차례로 개선하고 아울러 여러모로 이완된 학생들의 풍기에 주의하여 이전에 비해 감독을 점차 엄중하게 했다. 이에 따라 교장의 이러한 교육방침의 진의를 알아보지 않고 단지 교장의 외형적 조치에 대하여 불만을 품은

---

106 1880년생, 이시카와(石川)현 출생. 1902년 히로시마(廣島) 고등사범학교 졸업 후 교사로 임용되어 여러 곳에서 근무하다가 1919년 7월부터 오사카(大阪)부립 유우히(夕陽)고등여학교 교장을 지낸 후, 1920년 6월 조선으로 건너와 경성(京城)여자고등보통학교 교장에 부임함. 1925년 4월부터 1928년 7월까지 전주고등보통학교 교장으로 재직하다가 의원퇴직함.

학생들이 자주 생겨났다.

1926년 3월, 학생 사이에 신망〈173〉이 있던 교사 코시마 시게타로(兒島重太郎)[107]와 손균옥(孫均玉)[108]이 그달에 시행된 입학시험 채점에서 부정한 혐의가 있어 오사다 교장은 이들을 퇴직시켰다. 다음 달인 4월, 당시 3학년 을조(乙組) 급장인 피고인 장태성군 등은 두 교사 퇴직의 진상을 알아보지 않고 막연히 이들의 유임 운동을 하고자 코시마 교사를 만나 퇴직 이유를 들었다. 이때 코시마 시게타로는 교장에 대하여 이해와 인정이 없다고 비방하였다. 당시 피고인 장태성군과 김상순은 전라남도 광주로 여행을 갔던 코시마로부터 교장을 매도하는 내용의 편지(증 6호)를〈0174〉받은 사실이 있다. 이들 피고인과 이들로부터 얘기를 들은 3학년 학생들은 일의 시비곡직을 분별하지 않고 더욱 교장에 대한 반감을 키워 갔고, 이에 자신들이 나서서 동맹휴교를 하려는 기미가 생겨났다.

또한 당시 학생들 사이에서는 교사 후지타니 마부치(藤谷眞淵), 카야마 키쿠타(香山喜久太), 히사나가 야마나오(久永山直), 이시자와 켄무네(石澤謙宗) 4명에 대하여 역시 정확한 진상을 살피지 않고 학생에 대해 불친절하므로 교사로서 [자질이] 부족하다는 비난이 일어났다.

5월 말쯤 피고인 장태성군의 주창으로 당시 3학년생인 피고인 김상순, 임휘영, 변영진, 송병채, 신영상, 유갑현〈0175〉, 기타 3학년 조선인 학생 약 40여 명은 앞의 교사 4명의 배척과 지난해[109] 동맹휴교 때 제창된 강당, 기숙사 시설

---

[107] 1924년 전주고보 교원촉탁, 1925~26년 전주고보 교유(교원), 1927년 동래고보 교유를 지냄.

[108] 충남 강경 출신. 1911년 관립사범학교를 졸업하고 1911~19년 강경공립보통학교에 훈도로 근무함. 1919년 대전공립보통학교, 1920년 예산공립보통학교를 거쳐 1921년부터 전주고등보통학교 교유로 근무하여 1926년에 퇴직함. 이후 1937년 전후 김제에 7개의 우수한 광구를 소유한 전북 굴지의 유명한 광업가로 성장함.

[109] '지지난해(1924년)'의 착오로 보임.

[110] 원문의 표현 단어는 '요망'이나 이하 '요구'로 번역함.

및 평소 학생들이 희망하던 유도 수업 신설을 교장에게 요구[110]하고 만약 교장이 요구사항을 받아들이지 않을 때에는 동맹휴교에 들어간다는 내용의 협의를 하였다.

6월 2일 앞의 3학년생 일동은 무단으로 결석한 후 위의 요구사항을 적은 진정서를 만들어 교장에게 우편으로 보냈다. 학생들의 불온한 태도를 충분히 알고 있던 교장은 봉투를 뜯지도 않은 채 그대로 피고인 장태성군에게 반송하였다. 교장으로부터 요구사항에 대한 답변을 듣지 못한 학생들은 다음날인 〈0176〉 6월 3일, 수업을 받지 않고 휴교하였다.

이런 사태를 알게 된 전주 거주 학부형들은 학생들에게 요구사항에 대해서는 학부형회가 맡아 해결할 것이니 등교하라고 권고하였다. 위 학생들은 요구사항의 해결은 학부형에게 일임하기로 하고 6월 5일 대부분은 각자 부형 및 부형의 대리인과 함께 등교하였다. 학생들은 교사 2인의 입회 아래 부형과 함께 교장에게 동맹휴교의 잘못을 사과하고 앞으로는 결코 그러한 불온한 행동을 하지 않을 것이며 만일 다시 그러한 행동을 할 때에는 어떠한 처분도 감수하겠다는 서약서(증 제10호)를 제출하였다.

학생들은 6월 6일[111]부터 〈0177〉 표면적으로 공손한 태도를 보이며 수업을 받았으나 비밀리에 학부형회 및 기타[112]의 태도를 주시하고 있었다. 6월 27일 학부형 약 80명이 전주군 전주면 완산정(完山町) 청학루(靑鶴樓)에 집합하여 학생들의 운동에 관한 선후책을 협의하였다. 3학년생 일동은 그곳 회의장으로 갔다. 학부형회가 [들어오라고] 부른 피고인 장태성군과 김상순 2명은 학생을 대표하여 학부형들에게 학교설비가 불완전한 사실과 후지타니, 카야마, 히사나가 세 교사의 결점, 교장의 인격과 태도 등을 비난하면서 배척할만하다고 말하였다.

---

111   1926년 6월 6일은 일요일이었음.

112   구체적인 인물이나 단체를 특정하지 않고 단지 '기타'라고만 되어 있음. 1927년 대구복심법원 항고심 판결문에는 "배후세력이 있는 것 같다"는 정도의 언급이 한번 나옴.

이를 들은 학부형회는 두 학생을 내보낸 후 교장을 만나서 교섭할 위원으로 이강원(李康元)[113] 외 6명[114]을 선출하였다.

이들 위원은 6월 29일, 교장 면담을 위해 학교로 갔지만 교장은 학생들의 요구에 대해 협의하는 것은 사태를 분규화할 우려가 있으므로 부형대표자[자격]으로서 교섭은 회피하고 다만 동맹휴교 이후 학생 등교 상황 등에 대해서 의견을 교환하는 정도의 좌담으로 그치고자 하였다. 위원들은 더 이상 요구사항에 대한 대화를 진전시키는 것이 불가능하다고 보고 자리에서 일어났다.

이날 위원들의 교장 면담 사실을 알고 있던 3학년생 일동은 3학년생 김○○(金○○)의 전주군 ○○면 ○○리(정) 집에 모여 위원 중의 한 사람인 이○○(李○○)를 초치하고, 교장과의 〈0179〉 면담 전말을 말해달라고 요구했다. 위원들은 면담 전말을 학생들에게 알리지 않는다고 결정했음에도 불구하고 이 위원은 학생들의 강요를 받자, 학부형회의 우려를 떠나, 교장과의 만남에서 학생들의 요구사항 해결은 불가능한 것으로 끝났다는 사실을 알려주고, 아울러 교장의 태도가 성의가 없었다고 전했다.

이를 들은 학생들은 교장의 태도에 성의가 없었다는 것에 크게 분개했고 이미 학부형회를 믿을 수 없다고 본 학생들은 예기치 않게, 교장을 비롯한 후지타니, 카야마, 히사나가 세 교사에 대한 배척을 결의했다. 피고인 장태성군은 배척 방법으로 교장을 교장실에서 교문 밖으로 내쫓아버리고, 세 교사는 〈0180〉 구두로 퇴직을 강박하거나 또는 퇴직하라는 취지의 경고문을 보내자고 주창하였다. 이에 대해 피고인 김상순, 임휘영, 변영진, 유갑현, 송병채, 신영상을 비롯한 나머지 학생 일동이 모두 찬성하였다. 구체적 방법은 다음날인 30일 밤 전주군 ○○면 ○○리(정) 피고인 송병채 집에서 결정하자고 하고 산회하였다.

---

113   1926년 6월 6일은 일요일이었음.
114   이때 뽑힌 위원은 이강원(李康元), 이용기(李龍基), 최승렬(崔承烈), 최경렬(崔景烈), 정석(鄭碩), 마츠모토 헤이죠(松本平三), 모미야 히데(茂宮秀) 등 7명임. 1926년 6월 29일 『동아일보』 기사 참조.

이에 앞서 2학년 조선인 학생 일동은 앞의 3학년생 맹휴 때에도 3학년과 같은 이유로 맹휴에 참가하려고 하였다. 그러나 앞에서와 같이 학부형회가 개입하고 3학년생들도 등교하기로 했으므로 맹휴의 실행에는 참가하지 않았다. 하지만 계속해서 3학년생들의 행동을 주시하고는 〈0181〉 있었다. 6월 30일 당시 갑조(甲組) 급장인 피고인 조찬경, 갑조 부급장 피고인 은낙빈 두 명은 피고인 김상순으로부터 3학년생들의 계획을 전해 듣고 그에 공감하였다. 3학년생들과 행동을 같이 하기 위하여 그날 밤 전주군 ○○면 ○○리(정) 2학년생 김○○(金○○) 집에 동지(同志) 2학년 조선인 학생 약 80명이 집합하여 3학년 학생들의 실행 결의 결과를 기다리기로 하였다.

29일 밤까지 지휘자의 지위에 있던 피고인 장태성군은 다음날 30일, 학교에서 학부형회에 가서 요구사항을 말한 것이 학생의 본분에 어긋난다는 이유로 퇴학 처분을 받았다. 이에 따라 장태성군은 스스로 지휘자의 〈0182〉 지위를 피고인 김상순에게 넘겼다. 하지만 교장 추방의 구체적 방법으로 오사다 교장을 교장실에서 쫓아내는 반, 이때 외부와 연락이 안 되도록 자전거와 전화를 감시하는 반 그리고 행동을 주저하거나 숨는 자들을 격려하는 반으로 나누어 결행한다는 계획을 고안하여 이를 피고인 김상순에게 전달했다. 그리고 그날 밤 피고인 김상순, 임휘영, 변영진, 송병채, 유갑현, 신영상 외 동지 3학년생 약 40명은 전날 밤 약속에 따라 피고인 송병채 집에서 모여 협의에 들어갔다.

이때 피고인 장태성군은 일이 성공할지 걱정도 되고 또한 자기가 제안한 방책을 실현시키고자 그 집 별실에 있으면서 몰래 동료들의 〈0183〉 결의를 감시했다. 따라서 이날 밤 [학생들의] 협의에서는 피고인 김상순이 장태성군의 생각을 그대로 [옮겨서] 주장하여 역할 분담을 ①조는 전화와 자전거를 감시하고 ②조는 교장을 교장실에서 끌어내며 ③조는 학생들을 독려하는 세 조로 나누었다. 즉 ①조는 약 10명이 교내의 전화실과 자전거 유치장에 가서 학교 직원이 사용하지 못하게 하여 외부와의 연락을 끊고 ③조는 2명 가량이 야구방망이를 가지고 가서 ②조의 학생들을 독려하고 ②조는 ①, ③조 이외의 학생 약 40명이 맡는다. 다음날 7월 1일 등교하여 수업시작 종소리에 맞추어 각 분담조마다 [임무를] 결행한다. 만일 이때 〈0184〉 행동을 방해하는 자가 있을 때 이를 배제하기 위해 피고인 김상순, 변영진, 임휘영은 ②조에, 피고인 유갑현, 신영상은 ①조에, 피고인 송병채는 ③조에 들어간다. 아울러 4학년 학생 하태우(河泰雨)는 3학년생들의 행동을 교사에게 밀고한 간첩이므로 제재해야 한다고 협의하였다.

협의 후 피고인 김상순, 유갑현은 앞의 [2학년생] 김ㅇㅇ(金ㅇㅇ)의 집으로 가서 거기에 모여있는 피고인 조찬경, 은낙빈 외 약 80명의 2학년생에게 위의 협의 내용을 알렸다. 2학년생 전부 이에 찬성, 공모하여 3학년생들과 똑같이 부서를 정하고 피고인 조찬경은 ②조에, 피고인 은낙빈은 ①조에 속하기로 〈0184〉 결정했다.

피고인 장태성군을 제외한 각 피고인과 2, 3학년생 약 120명은 다음날 7월 1일 오전 8시 30분경까지 개별로 등교하였고, 8시 35분 수업 종소리와 동시에 모두 위에서 말한 담당 조에서 정해진 대로 행동에 나섰다.

피고인 변영진, 임휘영, 조찬경 등이 앞장서서 약 100여 명의 학생들과 함께 교장실 및 교장실 앞 복도에 쇄도하여 집무중인 교장을 둘러싸고 뒤에서 밀어 복도로 끌어내었다. 교장은 일단 학생들의 포위를 빠져나와 교장실에서 동쪽 약 10간(間) 떨어진 교무실로 갔지만 이때 다시 자전거 유치장에서 응원 온 피고인 신영상 등에게 손과 발을 잡혀 〈0186〉 교무실에서 현관 입구까지 끌려 나왔다. [계속해서 학생들은 교장을] 약 150간의 운동장을 손과 발을 잡고 들거나 밀어서 정문까지 끌고 간 다음 정문 밖으로 던져버리고 함성을 [크게] 질렀다.

학생들은 우천(雨天)체조장으로 가서 그동안 피고인들의 폭력 상황을 제지하려고 했던 소사 한ㅇㅇ(韓ㅇㅇ)을 구타했다. 그 다음에 체조장에서 피고인 변영진 등은 4학년 학생 하태우를 구타하는 데 앞장섰다.

이들은 교장의 등부분과 왼팔 팔꿈치, [소사] 한ㅇㅇ의 가슴과 허리, 하태우의 왼쪽 등 가슴 부분에 모두 4~5일 또는 1주일간의 치료를 필요로 하는 상해를 가하였다.

몇 시간에 걸쳐 피고인 장태성군 이외의 각 피고인들과 기타 2, 3학년 학생 일동은 흩어져서 〈0187〉 오후 5시쯤 전주군 ○○면 칠성암(七星庵)에 집합했다. 이날 출근하지 않은 카야마, 히사나가 두 교사에 대하여 미리 세운 계획대로 경고문을 발송할 것을 공모하고, 피고인 김상순, 변영진, 임휘영, 유갑현, 조찬경, 은낙빈 등을 실행위원으로 뽑았다. [실행위원으로 뽑힌] 피고인들은 이날 밤 피고인 유갑현의 집에 모여 위의 두 교사에게 "모두 자격이 없으므로 빨리 퇴직하고, 그렇지 않으면 각오해야 할 것"이라는 내용으로 제목을 경고문이라고 붙인 서면(증 제2호)을 작성하여 우편으로 보내서 이틀 뒤인 3일 카야마 교사에게 수신되도록 함으로써 카야마 교사를 협박하였다.

〈0188〉 사안을 살펴보면, 피고인 조찬경, 은낙빈을 제외한 다른 피고인들과 기타 조선인 3학년 학생 일동은 판시(判示)한 [3학년생] 김○○(金○○) 집에서 피고인 장태성군의 주장에 찬동하여 판시와 같은 방법으로 교장을 교문 밖으로 내쫓아 배척할 것 및 판시 교사들을 배척할 것을 공모했다. 이후 판시 연월일의 밤 피고인 송병채 집에서 판시와 같이 교장 방축의 구체적 방법을 피고인 장태성군을 빼고 나머지 자들이 결정한 사실은
본 공판정에서 피고인 김상순, 임휘영, 변영진, 유갑현, 송병채, 신영상 및 장태성군이 각각 공술한 것,
검사의 이○○(李○○)[115]에 대한 피의자 신문조서(213쪽 이하)에서 〈0189〉 전날 밤 교장 방축을 협의할 때, 어떤 청년이 [전주] 남문(南門)에서 하태우가 츠카와키 킨이치로(塚脇憲一郎)[116] 선생을 안내하면서 3학년생들의 회합 장소를 찾

---

115 6월 29일 3학년생들이 불러서 교장 면담 전말을 말해준 학부형회의 교섭 위원 이○○인지, 이름이 가려져 복사되어 자세히 알 수 없음.
116 당시 전주고등보통학교 교사.

고 있다고 말해주어서, [하태우에 대해서] 알게 되었는데 그렇다면 교장을 내쫓은 후 하태우를 구타하자는 말이 나왔다고 공술한 것,

사법경찰관 사무취급의 임휘영에 대한 피의자 신문조서(204쪽 이하)에서 30일 밤 3학년생 오○○(吳○○)가 4학년생 하태우, 김○상(金○相) 2명은 우리들의 협의사항을 선생에게 밀고하였으므로 반드시 교장을 쫓아낸 후 〈0190〉 이들 두 명도 혼내줘야 한다고 말하여 그날 교장을 교문 밖으로 쫓아낸 후 이들 [4학년생] 두 명을 구타했다는 내용으로 공술하여 기재한 것을 종합하여 이를 인정할 수 있다.

피고인 조찬경, 은낙빈을 비롯하여 약 80명의 2학년 학생 일동이 판시 연월일의 밤, 판시 김○○(金○○) 집에 집합하여 3학년생 일동과 같은 방법으로 교장을 배척한다고 결의하여 3학년생 일동과 공모한 것은
본 공판정의 피고인 조찬경, 은낙빈 및 김상순의 각 공술을 종합하면 이를 인정할 수 있다.

피고인 장태성군을 제외한 각 피고인 및 기타 2, 3학년생 일동이 판시 연월일 판시와 같이 각기 부서에 들어가 교장을 내쫓고 하태우, 한○○를 구타하여 판시와 같이 상해를 〈0191〉 입힌 것 및 판시 장소에 집합하여 카야마 선생에 대한 경고문 발송을 공모하고 판시와 같이 경고문을 발송한 것은
본 공판정에서 위 각 피고인들이 공술한 것,
검사의 오사다 도미사쿠에 대한 증인신문조서(730쪽 이하)에서 "그날은 수요일이었고[117] 나는 오전 8시 20분에 출근하여 8시 35분에 수업종을 울리고 40분에 수업을 시작하려고 했습니다. 나는 3학년생의 수신(修身)을 맡고 있어서 1교시

117　사건발생일인 1926년 7월 1일은 목요일임.

수업을 하고자 보통 때와 같이 교장실 내 자리에서 8시 30분경 준비를 하고 있었습니다. 그런데 8시 35분 수업종소리와 〈0912〉 동시에 교장실 출입문을 열고 3학년생 변영진과 임휘영을 선두로 2, 3학년 약 수십 명이 아무 말도 않고 침입해서는 의자에 걸터앉아 테이블을 향해 앉아있는 나를 둘러쌌고 뒤에서 변영진이 말도 없이 내 의자를 이동시켰습니다. 나는 아무렇지도 않은 듯 일어나서 학생들에게 용무가 있으면 앞에서 비키라고 했지만 이에 대해 아무 대답도 없이 전면 선두에 선 3학년생 최삼동(崔三同)[118]이 나의 양복 소매를 잡고 다른 학생들이 좌우 내 손을 잡고서는 앞에서 끌고 뒤에서 밀어서 복도까지 끌고 나갔지요. 이때 누군지는 모르나 발을 잡으라는 소리가 〈0193〉 떨어지자 나의 발을 잡은 자가 있었고 뿌리치면 다시 잡고 해서 마침내 내 몸이 공중에 들려서는 현관에 걸려 있는 큰 시계 밑에까지 갔는데 이때, 츠카와키 켄이치로, 시노하라 유운(篠原惟運)[119] 두 선생을 비롯해 기타 4, 5명의 교직원이 학생들을 밀어서 막았습니다. 그렇게 해서 나를 붙들고 있던 학생 몇몇이 떨어져 나갔는데 그 틈을 타서 교원실로 몸을 피했습니다. 그러나 또다시 동편 입구에서 최○○(崔○○)를 비롯 다수의 학생들이 들어와서 앞서와 똑같이 내 손발을 잡고 운동장 자동차 돌리는 곳까지 밀고 갔습니다. 기운을 차려 운동장 바닥에 주저 앉았지만 다시금 손과 발이 잡혀서 운동장 가운데까지 끌려 〈0194〉 갔습니다. 용을 써서 다시 주저앉아 움직이는 데 불편한 구두를 벗어 휘둘렀음에도 손발이 잡혀 들어올려져서는 약 30간(間)을 끌려갔습니다. 거기서부터 생각을 완전히 고쳐먹고 학생들이 하는 대로 놔두었는데, 손발을 잡고서 나를 정문에서 바깥으로 밀어낸 다음 가버리라고 소리치고는 안에서 교문을 잠그고 함성을 질렀습니다. 그러고는 학교 건물 쪽으로 돌아갔습니다. [이 사건으로] 나는 왼쪽 팔꿈치에 집게손가락 크기의 찰과상과 등에 무수한 찰과상을 입었습니다"라고 공술하여 기재한

---

118   이 사람의 이름만 원본에서 가려지지 않고 복사되었음.
119   당시 전주고등보통학교 교사.

것,

그리고 위 신문 당시 검사가 동 증인의 신체를 검증하여 왼팔 팔꿈치에 대략 집게손가락 크기의 찰과상과 등 중앙부 〈0195〉 조금 밑부분 양측에 1분(分) 내지 5분의 간격을 두고 5분에서 3촌(寸) 크기의 찰과상이 종횡으로 하나 가득했다고 기재한 것,

검사의 하태우에 대한 증인신문조서(893쪽 이하)에서 "2, 3학년 학생들이 교장을 정문 밖으로 내쫓은 다음 체조장 쪽으로 돌아오려고 하므로 나는 공소(拱所)에 숨었는데 5, 6명의 학생들이 와서는 '당신은 스파이다'라고 하면서 손과 발로 때리고 찼습니다. 주로 등을 맞았는데 일시 움직일 수 없을 정도로 아팠습니다"라고 공술하여 기재한 것,

사법경찰관사무취급이 [소사] 한○○에 대한 증인 〈0196〉 신문조서(328쪽 이하)에서 "7월 1일 아침 나는 소사실에 있었는데 교장실 쪽이 소란스러워 현관으로 달려가 보니 교장이 2, 3학년생들에게 현관 앞까지 끌려가고 있어서 이를 제지하려고 했습니다만 학생들이 나를 때렸습니다. 교장과 함께 학생들에 둘러싸여 교정 한가운데를 지나는 중에 내 앞에서 [날아온] 야구방망이로 가슴 아래를 맞아 그 자리에서 기절했습니다. 그 후로는 누가 무엇을 했는지 알지 못합니다"라고 공술하여 기재한 것,

의관(醫官) 시오자키 타케루(鹽崎喬)[120]의 하태우에 대한 진단서(577쪽)에 〈0197〉 오른쪽[121] 등가슴부분 중앙에 손바닥 크기의 피하 울혈반(鬱血斑)과 여러 줄의 찰과상이 있고 약 1주일간의 치료가 필요하다고 기재한 것,

의관(醫官) 시오자키의 [소사] 한○○에 대한 진단서(578쪽)에 오른쪽 계○(季○) 및 흉골 하단에 통증이 느껴지고 온몸이 무기력하다고 호소하지만 열이 없고 타각적(他覺的) 흉복부 모두 이상 없으나 외견상 심한 과로증상을 인정할 수

120　1926년도 당시 도립 전주의원 醫官. 원장사무취급.
121　〈0186〉쪽에서는 왼쪽이라고 되어 있음.

있으므로 진통제 4일분을 주고 흉부에 습포(濕布)를 실시했다고 기재한 것,
검사의 카야마 키쿠타에 대한 증인신문조서(997쪽 이하)에서 "1926년 7월 3일 나에게 경고문 〈0198〉이 우편으로 왔다"라고 공술하여 기재한 것,
경고문이라고 쓰여진 서면(증 제5호)의 현존 및 그 내용을 종합하여 이를 인정할 수 있다.

판시 상해·협박이 일어난 직접 원인인 동맹휴교 이래 상해·협박을 하게 된 경위가 판시와 같은 것은
본 공판정에서 각 피고인이 그 내용을 공술한 것,
검사의 오사다 도미사쿠에 대한 증인신문조서(730쪽 이하)에서 "6월 2일 오후 결석 학생 각각의 학부형 또는 보증인에 대하여 학생이 무단결석하는 것은 불가하다고 통지하였습니다. 3일 오후 1시경 [학생들이 학교에] 나와서 우천(雨天) 〈0199〉 체조장에 집합하고는 교사들의 명령에 따르지 않았습니다. 4일도 결석했습니다. 다음날 5일 [학생들이] 등교하도록 [그들의] 무분별함을 간곡히 타이르고 [학생들] 각각으로부터 이제부터는 나쁜 행동을 안 하고 등교한다는 서약서를 받았고 6일부터 학생들은 종전과 같이 등교했습니다. 그 후 6월 27일 청학루에서 학부형회가 열렸고 이때 뽑힌 위원 7명이 29일 오후 4시쯤 학교로 와서 나에게 찾아온 이유를 말했는데, 나는 학생의 대표[자격으로서의 위원들]와는 회담하지 않고 [위원들을] 개인[자격]으로 [간주하여 그들에게] 동맹휴교 이후의 사정을 말해주었습니다. 이런 상황을 알지 못했던 학생들은 모처럼 기대했던 〈0200〉 학부형회가 아무런 효과를 얻지 못했고 또한 교장도 성의를 가지고 면담하지 않았다고 오해한 것이 [이번 사건의] 주요 원인으로 생각합니다"고 공술하고 기재한 것,
검사의 이○○(李○○)에 대한 증인신문조서(1449쪽)에서 "나는 판시와 같은 사정으로 개최된 학부형회에서 뽑힌 위원들과 함께 교장을 방문하였습니다. 교장

은 학부형 대표로서의 응대는 가능하지만, 학생 전반에 걸친 문제에 대해서는 들을 필요도 없고, 대화할 재료도 없으며, 자제들의 문제에 대해서만 응대하겠다고 인사말을 했기 〈0201〉 때문에 학부형회 대표위원으로는 간담회가 가능하지 않았습니다. 진짜로 교장이 불친절했고 성의가 없었다고 생각하여 그만 돌아왔습니다. 그날 밤 학생들의 간청을 받고 교장과의 회견 내용을 말해주었습니다"라고 공술하고 기재한 것,

검사의 임창섭(林昌燮)[122] 에 대한 증인신문조서(1611쪽 이하)에서 판시와 같은 사정 아래 학부형회를 개최하게 되었다고 공술하여 기재한 것,

증거 제2호의 서약서의 현존을 종합하여 이를 인정한다.

동맹휴교의 원인이 판시와 같은 〈0202〉 것은 피고인들이 본 공판정에서 공술한 것,

검사의 오사다 도미사쿠에 대한 증인신문조서(1521쪽 이하)에서 공술하여 기재한 것,

검사의 츠카와키 켄이치로에 대한 증인신문조서(1471쪽 이하)에서 공술하여 기재한 것,

검사의 코시마 시게타로우에 대한 증인신문조서(1669쪽 이하)에서 공술하여 기재한 것,

증거 제6호 서면의 현존을 종합하여 이를 인정한다. 이로써 판시 사실을 인정한다.

그러나 하시모토 지로(橋本二朗)[123] 변호인을 제외한 다른 변호인은 피고인들이

122　전주의 공공사안에 관여했던 유지 중이 한 명으로 보임.

123　1868년생. 후쿠오카(福岡)현 출신. 1890년 동경 명치법률학교 졸업 후 고시에 합격해서 사법관으로 한국 정부의 초빙을 받아 통감부 검사 등을 역임하고 퇴관함. 이후 전주에서 변호사를 개업함.

카야마 교사에게 판시와 〈0203〉 같은 서면을 보냈다고 하더라도 카야마 선생에게 조금도 공포심이 들게 한 것이 아니므로 이 정도로는 협박죄를 구성하지 못한다고 주장한다. 무릇 협박죄라는 것은 범인이 타인에 대하여 공포심이 생길 수 있다는 것을 인식하고 협박행위를 실행하는 것이므로 현실에서 공포심을 느끼지 않았다고 해도 조금도 이 죄의 성립여부에 영향을 줄 수 없다. 그러므로 본 사건의 경우는 피고인들이 교장에게 판시와 같은 폭행·상해를 한 당일 판시와 같은 서면을 우송함으로써 이 서면 자체 및 모든 정황에 비추어 판시 〈0204〉 행위는 협박죄를 구성할 수 있으므로 앞의 주장은 이를 받아들일 만한 여지가 없다.

오오토모(大友),[124] 이(李)[125] 두 변호인은 피고인 장태성군은 판시 범행에 대하여 다른 피고인들과 조금도 공모한 사실이 없으므로 정범(正犯)이 아닌 것은 물론 교사죄도 구성되지 않는다고 주장한다. 판시 김○○의 집에서 판시와 같은 교장 방축, 경고문의 발송에 대한 결의는 동 피고인의 제안에서 나왔고, 판시와 같이 이것이 30일에 구체적 계획으로 세워졌다. 동 피고인이 자신의 계획을 피고인 김상순에게 전달하였고 김상순이 3학년생 전부와 모의함으로써 이 계획은 실현되었다. 게다가 그날 밤 이 계획 모의 〈0205〉 당시 별실에 있으면서 직접 감시함으로써 동 피고인의 판시 행위는 교사죄가 된다고 인정됨이 타당하다. 그러므로 그러한 [변호사들의] 주장도 역시 받아들일 수 없다.

124	오오토모 우타츠쿠(大友歌次). 1932년까지 전주지방법원 소속 변호사로 활동함.	
125	李圭南. 충남 당진군 면천 출신. 1909년 진주지방재판소 서기로 임용된 후 1910~1913년 광주지방재판소 古阜區 재판소 판사로 재직한 것이 확인됨.	
126	시가 히토시(志賀日俊). 1875년생. 1905년 조선에 들어와 군산에서 변호사 개업. 1910년 전주로 옮겨 변호사를 개업함. 이후 전주의 학교조합 관리자, 면협의원, 도회의원, 변영회 회장 등을 역임함. 1936년 모든 공직에서 은퇴함.	

시가(志賀)[126] 변호인은 피고인 유갑현이 판시 상해 당일 단지 전화를 지키고 있었던 것에 불과하고, 또한 판시 연월일 밤 판시 장소에서는 다만 교장을 교문 밖으로 방축할 것을 공모한 것에 지나지 않으며, 교장도 고소하지 않았으므로 상해의 책임을 질 만한 것이 없다고 주장한다. 이 사건의 범행은 각 피고인의 공모에서 나온 것이고, 비록 실행 행위에 가담하지 않았더라도 의사의 연락이 있는 이상 똑같이 공동정범(共同正犯)이라고 할 수 있다. 또한 상해죄는 〈0206〉 범의를 필요로 하지 않는 결과범죄인 이상 처음부터 상해를 가할 의사가 없었다고 해도 그것이 [상해죄] 성립에 영향을 주지 않는다. 더욱이 피해자의 고소와 같은 것은 본 죄 성립 요건에 들지 않으므로 [거론할] 필요가 없는 것이다. 따라서 그러한 주장은 받아들일 수 없다.

피고인 김상순, 임휘영, 변영진, 조찬경, 유갑현, 송병채, 신영상, 은낙빈은 판시 소행 가운데 상해 부분은 형법 제204조,[127] 제55조[128]에, 협박 부분은 형법 제222조 제1항[129]에 해당하므로 범행 의사에 비추어 모두 정해진 형 중에 징역형을 선택하고, 상해·협박은 병합죄이므로 형법 제45조,[130] 〈0207〉제47조[131]에 따라 [병합죄 중에서] 더 무거운 죄인 상해죄(重傷害罪)에서 규정한 형을 법에 따라 가중(加重)하여 형기 범위 안에서

피고인 김상순을 징역 8월, 피고인 임휘영, 변영진, 조찬경을 징역 6월, 피고인 유갑현, 송병채, 신영상, 은낙빈을 각 징역 4월에 처하다.

피고인 장태성군의 판시 행위는 전기 각 피고인 등의 상기 범행을 교사한 것이므로 형법 제61조 제1항[132] 및 상기 각 법조를 적용하고, 앞에서와 같이 정범(正

---

127   상해죄에 대한 조문임.
128   연속범에 대한 조문임.
129   협박죄에 대한 조문임.
130   병합죄에 대한 조문임.
131   '유기(有期)의 징역 및 금고(禁錮)의 가중(加重)'에 대한 조문임.
132   교사죄에 대한 조문임.

犯)으로서 징역 8월에 처한다.

종래 보통의 학교 소동에 있어서는 일본인과 조선인을 가리지 않고 학생에 대해서는 교육행정의 범위 안에서 〈0208〉 정학 또는 퇴학 처분으로 그쳤다. 본건 범행은 종래의 학교 소동과 달리 교장에 대하여 직접행동에 나선 비인도적 행위로써 이에 대하여 단호히 사법권이 발동되어 본건 기소에 이르게 되었고, 이번에 이에 대하여 이미 상당한 형량이 내려졌다.

판시와 같은 범행에 대해서는 직접 사법권을 발동하여 상당한 엄형으로 처단할 것임을 보여준 지금, 법의 위력은 충분히 제시되어 경계의 목적을 달성했다고 할만하다.

한편 피고인들은 모두 [학생에게는] 사형선고라고도 할 수 있는 퇴학 처분을 받아 그들 앞길이 암담할 뿐 아니라 〈0209〉 사법권의 발동에 의하여 약 20일간의 구류를 받고 그중 대부분을 독방에 유치됨으로써 각 피고인에 대한 징계의 목적은 충분히 이루어졌다고 할 수 있다. 또한 각 피고인 모두 잘못을 뉘우치고 이후에는 이러한 폭거를 하지 않겠다고 서약하여 재범의 우려가 없으므로 범죄에 대한 일반 및 특별 예방은 이 정도에서 그 목적을 달성했다고 인정할 수 있다.

따라서 이번에 나이 어린 피고인들에 대해 강력한 실형을 부과하여 그 앞길을 어둡게 하기보다는 오히려 상당 기간 형의 집행을 유예하여 그들의 앞날에 한줄기 광명이 있도록 하는 것이 법을 잘 쓰는 〈0210〉 이유가 될 것이다. 이에 형법 제25조,[133] 형사소송법 제358조[134] 제2항에 의하여 각 피고인에 대하여 1년간 전기 형의 집행을 유예한다.

증거 제2호의 서면은 앞서 말한 협박의 용도로 쓰인 물건이므로 범인 이외의 자에게 속하지 않으므로 형법 제19조[135] 제1항 제2호 제2항에 의해 이를 몰수한다.

---

133   '형(刑)의 전부에 대한 집행유예'에 관한 조문임.
134   상소권 기각 등에 관한 조문임.
135   몰수에 관한 조문임.

이에 주문과 같이 판결한다.

1926년 8월 25일

전주지방법원

조선총독부 판사 야마시타 히데키(山下秀樹)[136]

---

[136] 1923년 부산지방법원 판사를 시작으로 일제 패망까지 조선총독부 판사로 근무함. 1925~1928년 기간에 전주지방법원 판사로 근무함.

⟨0211⟩

1927년 형공공(刑控公) 제461호

전라북도 옥구군 ○○면 ○○리
무직 장태성군(張台成君) 현재 ○○년

전라북도 무주군 ○○면 ○○리
무직 김상순(金相順) 현재 ○○년

경성부(京城府)
무직 임휘영(林彙永) 현재 ○○년

경성부(京城府)
무직 변영진(邊永鎭) 현재 ○○년

전라북도 부안군 ○○면 ○○리
무직 조찬경(述讚慶) 현재 ○○년

경성부(京城府)
무직 유갑현(柳甲鉉) ⟨0212⟩ 현재 ○○년

경성부(京城府)
무직 송병채(宋炳采) 현재 ○○년

무직 신영상(辛泳庠) 현재 ○○년

전라북도 정읍군 ○○면 ○○리
무직 은낙빈(殷洛彬) 현재 ○○년

위 상해 및 협박 피고 사건에 있어서 광주지방법원이 언도한 판결에 대하여 검사가 공소를 제기하여 본 법원은 조선총독부 검사 타마나 도모히코(玉名友彦) 관여 아래 심리 판결하였다. 다음과 같다.

주문(主文)

피고 장태성군, 김상순을 〈0213〉 각 징역 10월
임휘영, 변영진, 조찬경을 각 징역 8월
유갑현, 송병채, 신영상, 은낙빈을 각 징역 6월에 처한다.
단 각 피고에 대하여 모두 2년간 형의 집행을 유예한다.

압수 물건 가운데 증거 제2호(카야마 키쿠타〈香山喜久太〉에게 경고문이라는 제목으로 보낸 편지) 2통은 이를 몰수한다.
소송비용은 피고들이 연대하여 부담한다.
공사사실 중 피고 장태성군이 카야마 키쿠타를 협박한 점은 무죄

이유(理由)

전라북도 전주군 ○○면 ○○리 전주고등보통학교에서는 1924년에 당시 3학년

생들이 학교설비의 불완전, 2~3인의 교사 배척을 표방하고 〈0214〉 동맹 휴교하는 소란이 있었지만 학부형 등의 주선으로 금방 사태가 해결된 다음 잠잠한 상태가 유지되었다. 1925년 4월, 지금 교장인 오사다 도미사쿠(長田富作)가 취임하여 여러모로 이완된 학생들 사이의 풍기 교정에 전심하여 감독을 이전에 비해 점차 엄중하게 했다. 이에 따라 교장의 방침에 대하여 불만을 품고 그 조치들을 비난하는 학생들이 생겨났다. 마침 1926년 3월 말, 학생들이 크게 신망하던 코시마 시게타로(兒島重太郎), 손균옥(孫均玉) 두 명의 교사가 그달에 시행된 입학시험 채점에서 부정한 혐의가 있어 오사다 교장이 곧바로 퇴직시킨 일이 있었다. 이에 대해 두 교사는 오히려 교장의 부하에 대한 태도가 냉혹하다고 했고, 학생 중 2, 3명은 퇴직 이유를 따지면서 교장이 이해가 없고 인정이 없다고 함부로 헐뜯는 말을 하기도 하였다. 이뿐만 아니라 코시마 시케타로는 당시 그가 여행 갔던 전라남도 광주에서 교장을 매도하는 편지를 보낸 일도 있었다. 3학년생 일동은 피고 장태성군 등으로부터 이를 전해 듣고 진상을 정확히 알아보지 않은 채, 코시마 교사를 동정하면서 더욱 교장에 대한 반감의 태도를 높혀갔다. 동맹 휴교를 하자는 반항적 분위기가 가득해졌다. 한편으로 당시 학생 사이에서는 교사 후지타니 마부치(藤谷眞淵), 카야마 키쿠타(香山喜久太), 히사나가 야마나오(久永山直), 이시자와 켄무네(石澤謙宗)가 가르치는 태도나 그들의 사적 행동들에 대한 비난이 일어났다.

이러한 일과 앞에서 말한 교장에 대한 반감이 결합하여 결국 3학년생(내지인은 제외. 이하 같음) 전부가 무단결석을 감행했다. 동시에 교장과 이들 4명 교사 배척 및 〈0216〉 전년도[137] 맹휴 때 제창된 강당, 기숙사 건설, 유도와 검도 수업 신설 등의 요구사항을 기재한 진정서를 제출하였다. 그러나 교장은 이를 보고는 학생이 스승에게 취할 태도가 아니라고 하여 봉투를 뜯지도 않고 그대로 편지를 보낸 3학년 급장 피고 장성태군에게 반송했다. 학생들은 교장의 태도가 성의가

---

[137] '전전년도(1924년)'의 착오로 보임.

없다고 생각하고 요구사항을 열어 보지 않은 것을 이유로 마침내 다음날 [6월] 3일부터 동맹휴교에 들어갔다.

이 소식을 들은 전주 거주 학부형들은 학생들에게 요구사항은 학부형회가 해결할 터이니 우선 등교하라고 권고했다. 학생들도 일단 이에 따라 그 해결은 학부형회에 일임하기로 하고 6월 5일, 각자 부형 또는 대리인과 함께 등교했다. 교장에 대해서 맹휴를 한 잘못을 사과하고 앞으로는 결코 그와 같은 행동을 하지 않겠다고 〈0217〉 하는 서약서를 [학교 측에] 보내고 표면적으로는 공손한 태도를 보이면서 6월 6일[138]부터 수업을 받았다. 그러나 [학생들은] 비밀리 학부형들의 그 후 행동을 주시하였다.

마침내 6월 27일 전주면 완산정(完山町) 청학루(靑鶴樓)에서 일반 학생의 학부형회가 개최되어 학부형 약 200여 명이 모여서 3학년생 대표 피고 장태성군과 김상순 두 명을 다시금 그 자리에 불러 학생들의 요구사항을 들었다. [학부형회는] 협의 결과, 위원 7명을 뽑아서 교장을 면담하고 위 요구사항 가운데 학교설비 충실에 관해서는 학교 측과 협력하여 속히 실현되도록 하고 동시에 맹휴 등 악풍을 없애겠다는 것에 대해 의논하기로 하고 산회했다.

위원 7명은 6월 29일 학교로 가서 교장을 면회했다. 교장은 6월 2일의 3학년생 휴교는 서약서를 각 학생에게서 보증인이나 부보증인 연서로 받았으므로 맹휴에 대한 사안은 이미 해결된 것이고, 따라서 학생들의 요구사항으로 다시 학부형 대표자인 위원들을 면담할 필요는 없다고 하면서 이들 사항에 관한 면담을 피하고 오로지 맹휴 후의 학생 등교 상황 등에 대해서 좌담 상의 의견만 교환했다. 위원들도 더 이상 요구사항에 대해 교섭하지 못하고 결국 아무것도 해결된 것이 없는 상태가 되었다.

학부형회 위원들이 교장을 만나서 학생들을 대신하여 요구사항 전부를 교장과 절충할 것이라고 보았던 3학년생 일동은 그날 위원들과 교장 면담 결과를 기다

---

138   참고로 1926년 6월 6일은 일요일임.

리며 전주군 ○○면 ○○리 3학년 학생 김○○ 집 〈219〉에 집합해 있었다. 장태성군 외 1명이 위원 중의 한 사람인 이○○(李○○)를 불러왔다. 그로부터 교섭 전말을 듣고 교장의 태도가 지극히 냉담했다는 사실을 알게 된 일동은 크게 분개하였다. [학생들은] 일이 이렇게 되었다면 의논할 때가 아니고 반드시 폭력을 사용하여 교장을 쫓아내고 바라는 목적 관철에 끝까지 직접행동으로 나아가기로 하였다.

다음날 30일 ○○면 ○○리 피고 송병채 집에 모여 협의한 결과 실행방법은 학생 전체를 세 개 조로 나누어 ①조는 약 40명으로 교장을 학교 밖으로 쫓아내고, ②조는 2명 가량으로 야구방망이를 가지고 ①조의 행동을 방해하거나 중도에 배신하는 자들을 방지하며, ③조는 약 10명으로 교내의 전화실과 자전거 유치장으로 〈0220〉 가서 직원들이 이를 사용하지 못하게 하여 외부에 알리는 것을 막기로 하였다. 다음날 7월 1일 등교하여 오전 8시 30분 수업 종소리에 맞춰 우선 교장 방축을 결행한다는 구체적 방법을 결의한 다음 산회하였다.

이에 앞서 2학년생 일동은(내지인은 제외. 이하 같음) 앞의 3학년생 맹휴 당시에도 같은 이유로 그들과 동일 보조를 취하려고 하였지만 앞서 말한 대로 학부형의 개입으로 어느 정도 상황이 끝나 실행에 참가하지 못했다. 그러나 계속해서 3학년생들의 행동을 주시하고 있다가 6월 30일 3학년생 송중○(宋中○)과 김○○(金○○)로부터 앞의 결의를 듣고 이에 공명하여 행동을 함께 하기로 했다. 그날 밤, 전주군 ○○면 ○○리 2학년생 김○○(金○○) 집에서 2학년생 약 〈0221〉 80명이 집합하여 3학년생들이 정한 방법대로 각기 부서를 정하여 실행하기로 했다.

【제1】
이상과 같은 이유로 다음 날 7월 1일 2, 3학년생 약 120명은 오전 8시 30분경까지 각자 등교하여 8시 35분 수업종소리에 맞춰 모두 할당 조에서 약속한대로 행동에 나섰다. 그중 100여 명은 곧바로 교장실로 몰려가서 집무중인 교장을 둘러싸고 양복 소매를 잡거나 두 손을 잡아 앞에서 끌고 뒤에서 밀어 복도로 끌어냈고, "발을 잡아라"는 소리와 함께 우루루 공중 위로 떠메고서 교장을 교사 현관 입구까지 끌고 갔다. 다른 교사들이 극력 이를 막아서자 잠시 학생들의 기세가 떨어진 틈을 타서 교장은 간신히 교무실로 도망했다. 이때 ③조의 학생들이 가세하여 교무실로 함께 돌입하여 다시 교장을 포위하고 강제로 손발을 잡아 밀치고 질질 끄는 등 폭행을 가하면서 현관에서 약 150간(間) 떨어진 정문까지 데려갔다. 그리고는 모두 "나가라"고 소리지르며 교문 밖으로 교장을 내쫓아버린 다음 안에서 교문을 잠그고 함성을 지르며 우천(雨天)체조장으로 돌아갔다. 기세가 오른 학생들은 거기에서 다시 예정한 대로 교사들의 스파이라고 지목된 4학년생 하태우를 잡아 때리고 발로 차는 등 폭행을 했다.

오전 9시 30분경 전주경찰서에서 경관이 와서 진정에 노력한 결과 학생들은 소요를 멈추고 해산하였다.

〈0223〉 오사다 교장은 등부분과 왼쪽 팔꿈치에 무수한 찰과상을 입었고, 하태우는 등과 가슴부분에 전치 약 1주일의 타박상을 입었다.

피고 장태성군, 김상순, 임휘영, 변영진, 유갑현, 송병채, 신영상은 당시 3학년, 피고 조찬경, 은낙빈은 당시 2학년으로 모두 재학하고 있던 자들로서 본건 소요에 관하여 아래와 같은 범행을 하였다.

(1) 피고 장태성군은 오사다 교장 방축 실행방법을 계획했다. 6월 30일 교장으로부터 여러 가지 불온행동을 한 것으로 퇴교처분을 받자 피고 김상순 집에 가서 이 사실을 알리고, 이미 학생이 아니므로 [3학년생] 일동과 함께 행동할 수 없게 되었다고 하면서 [자기가] 계획한 실행방법을 말해주어 그로 하여금 그날

밤 〈0224〉 송병채 집에 모인 3학년생 일동에게 이를 전달하게 함으로써 [사태의] 지휘를 도왔다.

(2) 피고 변영진, 임휘영, 조찬경은 다수 학생들의 선두에 서서 교장실에 돌입하여 교장의 손발을 잡았다.
피고 신영상은 교무실로 도망친 교장을 잡아끌고 나왔다.
피고 김상순은 운동장에서 등 뒤에서 교장을 밀어내어 누구보다도 앞장서서 교장을 학교 밖으로 방축했다.
피고 임휘영, 변영진은 하태우를 구타했다.
피고 김상순, 신영상은 하태우를 발로 찼다.
[피고들 각각이 이렇게 하여] 하태우 및 교장에 대해 앞에서와 같은 상해를 입혔다.

(3) 피고 송병채는 야구방망이를 가지고 동지의 배신 또는 실행 방해를 막았다. 하태우를 구타하여 그에게 앞에서와 같은 상해를 입혔다.

(4) 피고 유갑현, 은낙빈은 소요 시작과 함께 외부 연락을 막기 〈0225〉 위하여 직접 교내 전화실로 가서 이를 사용하지 못하게 하여 누구보다 앞장서서 협력했다.

그러나 피고 김상순, 변영진, 임휘영, 신영상, 송병채는 하태우에 대한 상해에서 그 [가담 정도의] 경중을 알 수 없다.
피고 김상순, 변영진, 임상순, 신영상의 상해의 각 행위는 모두 범의(犯意)가 계속 이어진 것으로 본다.

【제2】

피고 장태성군을 제외하고 다른 피고인 및 그 외 2, 3학년생 일동은 7월 1일 오후 5시쯤 다시 카야마, 히사나가 두 교사에 대해 채택할 방법을 논의하기 위해 전주군 ○○○ 칠성암(七星庵)에서 모였다. 피고 김상순의 제안에 기초하여 이들 학생 일동 명의의 사직권고장을 두 교사에게 발송함으로써 그들을 협박하여 사직하게 하는 것을 〈0226〉 공모하였다. 피고 김상순, 변영진, 임휘영, 유갑현, 조찬경, 송병채, 은낙빈이 이 계획의 실행위원으로 뽑혔다. 이에 피고들은 그날 밤, 피고 유갑현의 상기 주소에서 위 두 교사에게 "교사로서의 자격이 없으므로 속히 퇴직하라. 그렇지 않다면 각오하라"라고 쓰고 학생일동 명의의 경고문이라고 제목을 단 서면 2통(증 제3호)를 작성하여 다음 날 2일 김상순, 유갑현이 우편으로 보냈다. 그중 히사나가 교사에게 보낸 한 통은 도착하지 않아 끝내 협박의 목적을 이루지 못했지만, 카야마 교사에게 보낸 것(증 제2호)은 다음날 3일 동 교사가 받아보아 이로써 협박이 이루어졌다.

증거를 살펴보니, 판시【제1】피고 장태성군을 제외한 피고인 8명 및 2, 3학년생 약 120명이 판시 일시에 판시 장소에서 모여 판시와 같이 행동한 사실은
피고 김상순, 임휘영, 〈0227〉 변영진, 송병채, 신영상이 본 법정에서 오사다, 하태우의 상해 부위와 정도를 제외하고 판시와 같은 내용의 공술이 있고,
피고 유갑현, 조찬경, 은낙빈이 본 법정에서 오사다의 상해 부위와 정도, 하태우에 대한 다중의 폭행상해의 점을 제외하고 판시와 같은 내용의 공술이 있고,
증인 오사다에 대한 검사 신문조서(730쪽)에서 본인은 판시 7월 1일 오전 8시 30분경 교장실에서 교수과목 준비를 하고 있었는데 8시 35분 수업종소리와 함께 2, 3학년생 수십 명이 교장실로 들어와 자신을 잡아 판시와 같이 폭행을 가하면서 운동장을 가로질러 교문까지 이동한 다음, "나가라"라고 모두 소리지르

며 자기를 교문 밖으로 쫓아내고 안에서 교문을 잠그고 일동 함성을 올리며 교사 쪽으로 돌아갔다고 〈0228〉 하는 공술 기재가 있고,

증인 사이츠 소오이치(才津惣一)[139]에 대한 검사 신문조서(761쪽)에 본인은 7월 1일 수업종이 울리자마자 복도에서 여러 명이 떠들고 있는 모양이어서 나가 보니 2, 3학년생 다수가 교장실 앞에서 교장을 잡아끌고 가는 등 폭행을 가하면서 어디로 납치해가는 듯해서 자신은 다른 직원과 함께 극력 이를 제지했는데 교장이 이때를 이용해 교무실로 피해 들어갔고 자기들은 그 입구 문을 닫아 학생들이 들어오지 못하게 했지만 결국 힘이 빠져서 학생들이 침입, 교장을 다시 손발을 잡아 운동장을 일직선으로 [가로질러] 정문 밖으로 방축한 후 교문을 닫고 함성을 지르며 우천체조장으로 갔고 거기서 다시 4학년생 하태우를 구타했으며, 경찰관이 온 다음 진정이 〈0229〉 되었다는 공술 기재가 있고,

증인 토다 미로(戶田三郎)[140]에 대한 검사 신문조서(933쪽)에서 본인은 앞에서와 같은 다수 학생들이 교장에게 폭행을 하는데, 도저히 제지할 수 없어서 자신은 ○○을 도당ㅇ(道當ㅇ)에 보고하려고 전화하려고 했지만 전화실이 학생들로 점령당해 사용할 수 없어서 소사에게 자전거로 이를 알리라고 하였지만 이 역시 학생들이 방해했기 때문에 성공하지 못하였다고 하는 공술 기재가 있고,

증인 하태우에 대한 검사 신문조서(893쪽)에 앞에서와 같이 교장을 교문 밖으로 방축한 후 2, 3학년생 다수가 우천체조장으로 돌아와서 그곳에 있었던 자신을 붙잡고 교사의 스파이라고 때리고 차는 등 폭행했는데, 가해자가 다수라서 누가 폭행했는지 알지 못한다는 공술 기재가 있으므로,

이를 〈0230〉 인정할 수 있고,

3학년생 일동(내지인 제외)이 앞에서와 같이 행동하게 된 원인과 경과가 판시와

---

139 당시 전주고등보통학교 교사.
140 당시 전주고등보통학교 교사.

같은 것은 피고 장태성군, 김상순, 임휘영, 변영진 유갑현, 송병채가 본 법정에서 그런 내용으로 공술한 것에서, 그리고 2학년생 일동(내지인 제외)이 이들 3학년생의 행위에 가담하게 된 사정이 판시와 같은 것은 피고 조찬경이 본 법정에서 그런 내용으로 공술한 것과 피고 은낙빈에 대한 원심 공판조서에 그 취지의 공술 기재가 있는 것에서 모두 이를 인정할 수 있다.

판시【제1】의 (1) 피고 장태성군의 범죄사실은
동 피고가 본 법정에서 판시와 같은 내용으로 공술한 것과
피고 김상순이 본 법정에서 판시 6월 30일 장태성군이 퇴교처분을 받고서 자신의 집으로 와서 퇴교 처분된 이상 이미 학생으로서 [자격이 없어져서] 일동과 함께 행동할 수 없으므로 피고 김상순이 일동에게 자기가 〈0231〉 계획한 교장 방축 방법을 가지고 판시와 같이 실행방법을 만들도록 하라고 하여, 자신이 그날 밤 판시 송병칠(宋炳七)[141] 집에 모여 있는 3학년생 일동에게 이를 제시하고 그들의 찬동을 얻어 7월 1일 그 계획에 따라 행동을 했다고 공술한 것에 의하여,

판시【제1】의 (2) 피고 변영진, 임휘영, 신영상, 조찬경, 김상순의 각 범죄사실은
피고 조찬경이 본 법정에서 오사다 도미사쿠의 상해 부위와 정도를 제외하고 같은 취지로 공술하였고,
피고 변영진, 신영상, 임휘영, 김상순이 본 법정에서 오사다, 하태우의 상해 부위와 정도를 제외하고 판시와 같은 취지로 공술하였고,
증인 츠카와키 켄이치로에 대한 검사 신문조서(767쪽)에 변영진, 조찬경, 신영상 등이 앞장서서 교장의 손발을 잡고 폭행하였다는 공술 기재가 있고
증인 오사다 도미사쿠에 대한 〈0232〉 검사 신문조서(730쪽)에 자기는 본건 학

---

141 宋炳釆의 원문 오류임.

생 폭행으로 다소의 찰과상을 입었다는 공술 기재가 있고
동 조서에서 검사가 오사다의 신체를 검사하고 왼팔 팔꿈치에 대략 손가락 크기의 찰과상 3개와 등 중앙부에서 조금 밑까지 양측에 1분(分) 또는 5분 간격으로 약 5분 내지 3촌(寸)의 찰과상이 가득했다고 인정한 기재가 있고
의관(醫官) 시오자키 타케루가 작성한 1926년 7월 1일자 진단서에 하태우의 상처 부위와 정도에 대해 판시와 같은 내용이 있을 뿐만 아니라,
판시 【제1】에서 제시된 증인 오사다 도미사쿠와 하태우의 증언이 있으므로,

판시 【제1】의 (3) 피고 송병채의 범죄사실은
동인이 본 법정에서 하태우의 상해 부위, 정도를 제외하고 판시와 같은 내용으로 공술한 것과 아울러
판시 【제1】에서 제시된 증인 하태우의 〈0233〉 증언,
판시 【제1】의 (2)에서 제시된 진단서가 있으므로

판시 【제1】의 (4) 피고 유갑현, 은낙빈의 각 범죄사실은
동 피고들의 본 법정에서 판시와 같은 내용으로 공술한 것과 아울러
판시 【제1】에서 제시된 증인 토다 미로의 증언이 있으므로

모두 그것을 인정할 수 있다.

피고 변영진, 임휘영, 신영상, 김상순의 판시 상해의 각 행동이 [범죄를 행하려는] 의사(意思)가 지속된 속에서 견고하게 행해졌다는 점은 단기간에 죄를 동일하게 계속했다는 사실에서 그것을 인정하기 충분하다.

판시 【제2】의 범죄사실은

피고 김상순, 변영진, 임휘영, 유갑현, 송병채가 본 법정에서 협박의 범의를 제외하고 각각 판시와 같은 내용을 공술하였고,

피고 조찬경이 본 법정에서 위와 동일하게 공술하였고, 자기는 판시 경고문을 카야마 교사 등이 받아보면 사직할 〈0234〉 것으로 생각했다고 공술하였고,

피고 신영상이 본 법정에서 판시 일시에 2, 3학년생 일동이 협의하여 카야마 키쿠타 등에게 경고문을 발송한 것은 키아마 등을 위협하여 사직시키려는 목적으로 한 것이라고 공술하였고,

피의자 임휘영에 대한 사법경찰관 신문조서(353쪽)에서 판시 경고문 말미에 기재한 "그렇지 않으면 각오하라"의 의미는 만일 카야마 교사 등이 이 경고문을 받아 스스로 결정하지 않으면 교장과 같이 방축할 것이라는 의미로 쓴 것이라고 동 피고가 공술 기재하였고,

피의자 은낙빈에 대한 검사 신문조서(1568쪽)에서 판시 7월 1일 2, 3학년생 일동은 판시 칠성암에 모여 카야마, 히사나가 두 교사에게 사직을 권고하는 경고문을 발송하기로 의견이 일치하여, 이 경고문을 2, 3학년 정부(正副) 조장(組長)들이 〈0235〉 조찬경 집에서 그날 밤 다시 모여서 만들기로 하였지만, 조찬경의 집은 경관의 감시가 우려되어 자기들이 복사지에 경고문 등을 썼고 그 발송을 유갑현에게 맡겼다고 공술 기재하였고,

증인 카야마 키쿠타에 대한 사법경찰과 신문조서(997쪽)에서 자기는 판시 7월 3일 판시와 같은 경고문을 받았다고 공술 기재한 것과 아울러

증 제2호 경고문이라는 제목의 서면이 현존하고, 거기에 판시와 같은 내용의 문장이 기재되어 있으므로

이를 인정할 수 있다.

법에 비추어 피고 장태성군의 판시 소요 행위는 형법 제106조 제2호 전단(前段)에,

동 피고를 제외한 다른 피고 8명의 판시 소요 행위는 형법 제106조 제2호 후단(後段)[142]에,

피고 김상순, 임휘영, 변영진, 신영상, 조찬경의 판시 〈0236〉 나카타 토미사쿠에 대한 상해 행위는 형법 제204조[143]에,

피고 깅영상, 임휘영, 변영진, 신영상, 송병채의 판시 하태우에 대한 상해 행위는 형법 제204조, 제207조[144]에

해당한다.

피고 김영상, 임휘영, 변영진, 신영상의 위 상해 행위에 있어서는 형법 제55조[145]를 적용할 수 있고,

그중 피고 김영상, 임휘영, 변영진, 신영상, 조찬경, 송병채의 소요 및 상해의 행위는 수 개의 죄명에 저촉되는 경우이므로 형법 제54조 제1항 전단,[146] 제10조[147]에 따라

각각 [병합죄 중에서 더] 무거운 죄인 상해죄의 형에 따르며 그중 징역형을 선택한다.

피고 장태성군을 제외한 다른 피고 8명은 판시 협박 행위는 형법 제222조[148] 제1항에 해당하므로 그 징역형을 선택한다.

---

142   106조는 내란에 관한 조문임. 106조 제2호는 "타인을 지휘하고, 또는 타인에 솔선하여 내란 세력을 도운 자 ……"으로 구성되어 있음. 그러므로 제2호 전단은 '타인을 지휘한 자', 후단은 '앞장서서 도운 자'에 대한 것임.
143   상해죄에 대한 조문임.
144   '동시 상해의 특례'에 대한 조문임.
145   연속범에 대한 조문임.
146   '한 개의 행위가 두 개 이상의 죄명에 저촉하는 경우 등의 처리'에 관한 조문임.
147   형의 경중에 관한 조문임.
148   협박죄에 관한 조문임.

피고 김성순, 임휘영, 변영진, 신영상, 조찬경, 송병채의 상해죄와 피고 〈0237〉 유갑현, 은낙빈의 소요죄 각각은 형법 45조의 병합죄이므로 형법 제47조와 제10조에 준한다.

피고 김영상, 임휘영, 변영진, 신영상, 조찬경, 송병채는 모두 상해죄를 중요한 형으로 하고,
피고 유갑현, 은낙빈은 소요죄를 중요한 형으로 하여,
각 법에 정한 대로 가중한다.

이상 각 피고 각각에게 정해진 형기 범위 안에서 주문의 형을 정한다.

최근 소위 학교 소요는 조선에서도 빈번히 일어나서 한심한 생각을 누를 수가 없다. 전주고등보통학교에서는 본건까지 이미 세 번이나 일어났고 특히 이번에는 종래와 다르게 스승에 대해서 직접 폭행하는 사태까지 벌어졌다. 이는 일반 경계(警戒)[치안] 상에서 볼 때도 본건 피고들을 엄중하게 처벌하는 것이 당연히 〈0238〉 필요하다. 그러나 한편으로는 어린 나이로서 사상이 단순한 중등학교 정도의 학생인 이들이 이와 같이 행동한 것에 대해 그들을 지도할 책임이 있는 교원 측에 아무런 결함이 없다고 말할 수 없다.
본 사건을 살펴보면, 교장이 학생들에게 조금만 더 정성이 있는 태도를 보여서, 학부형회가 택한 방법을 다시금 적절하게 취했더라면, 본건과 같은 불상사는 미연에 방지할 수 있었을 것이다. 동시에 학생들의 배후에서 암암리에 선동한 자들이 있지 않았는가 하는 의심의 여지가 충분할 뿐만 아니라, 피고들이 아직 형을 받아본 적이 없는 것은 물론 학생으로서의 성적 또한 중간 이상으로서 특히 은낙빈, 조찬경은 2학년생 중 최상위의 학생들이다.
본건과 같은 이유에서 비롯한 [사건의] 경우에는 불량한 사람이 아니더라도 때

때로 정상적인 정신 〈0239〉 상태를 벗어나 과격, 포악한 행위를 안 하기가 어렵고, 나중에 상황이 가라앉으면 행위자는 그 잘못을 후회하게 된다. 사회에서도 역시 학생인 경우 죄를 관용하여 굳이 깊게 그 책임을 묻지 않는 것이 일반적이다. 피고들 또한 한때의 객기를 부린 것이고, 주변 사정 때문에 일어난 것이라고 인정하고 있다.

본건 범행은 위에 서술한 바와 같이 여러 가지 원인에서 일어난 악결과라고 할 수 있다. 분요(紛擾) 종료 후 평정 상태가 돌아온 후 피고들은 자기 본연의 성정으로 돌아와서 한 번의 잘못을 후회하는 마음을 누르지 못하고 있다. 이에 더하여 피고들은 본건 때문에 학교에서 퇴교처분을 받아 취학의 앞길에 큰 장애가 생겼을 뿐 아니라 약 50일간 사법의 손에 유치됨으로써 그 징계의 목적도 충분히 달성되었다고 할 수 있다. 그렇다면 본건 범행에 대해서 피고들을 〈0240〉 실형을 살게 하는 것은 앞길이 창창한 피고들을 위해 할 일이 아니다. 따라서 본건 범행이 일반 사회에 끼친 중대한 영향을 생각하여 가차 없이 처벌함과 동시에 피고들의 연령 기타 여러 사정을 참작하여 형의 집행을 유예하는 것이 마땅한 조치라고 본다.

따라서 형법 제25조[149]를 적용하여 2년간 그 형의 집행을 유예한다.
압수물건 중 주문에서 특기한 물건은 형법 제19조에 따라 이를 몰수한다.
소송비용에 대해서는 형사소송법(刑事訴訟法) 제237조 제1항, 제238조에 의해 이를 피고들이 연대하여 부담하도록 한다.

피고 장태성군, 유갑현, 은낙빈이 오사다 도미사쿠 및 하태우에 대하여,
피고 송병채가 오사다 도미사쿠와 하태우에 대하여,
피고 조찬경이 하태우에 대하여 상해를 〈0241〉 가한 공소사실 모두는
이를 인정할 만큼 증명이 충분하지 못하다.

---

149 '형(刑)의 전부에 대한 집행유예'에 관한 조문임.

그러나 피고 장태성군, 유갑현, 은낙빈은 앞에서 유죄로 인정한 소요죄와 형법 제54조 제1항 전단과 [합하여] 하나의 죄를 범한 관계에 있고,
피고 조찬경, 송병채는 함께 유죄로 인정한 소요죄와 위와 같은 관계가 있고, 동시에 앞에서 유죄로 인정한 상해죄와 형법 제55조를 함께 한 하나의 죄를 범하였으므로 특별히 주문에서 무죄의 언도를 하지 않는다.

피고 장태성군이 다른 피고들과 공모하여 카야마 키쿠타에 대해 1926년 7월 2일 경고장이라는 제목의 협박장을 우송하고 다음 날 3일, 동인이 이를 받도록 함으로써 그를 협박했다는 공소사실은 이를 인정할만한 증명이 충분하지 않으므로 형사소송법 제362조에 따라 무죄를 언도한다.

〈0242〉 이에 주문과 같이 판결한다.
위와 다른 원심 판결에 대한 본건 공소는 이유 있다.

     대구복심법원 형사부
     재판장　조선총독부판사 타카기 야스타로(高木安太郎)[150]
        조선총독부판사 이우익(李愚益)[151]
        조선총독부판사 무라타 사분(村田左文)[152]

〈0243〉 이상은 등본(謄本)임
1927년 3월 11일
     대구복심법원 형사부
     조선총독부재판소 서기 쿠마자키 우타헤이(熊崎歌平)

---

[150] 1910~1929년 조선총독부판사로 근무함.
[151] 1912~1914년 대구지방법원 서기, 통역생으로 시작하여 1914~1927년 조선총독부판사를 역임함.
[152] 1923년 검사대리로 시작하여 1924~1930년 조선총독부판사, 1931~1943년 조선총독부검사를 역임함.

부록 02

임휘영·임부득 관련 신문 기사 모음

※ 기사 내용은 가급적 원문 그대로 두었다. 다만, 표기가 안되는 'ᄭ'은 'ㄲ'으로 바꾸었고, 일부 띄어쓰기도 바꾸었다.

※ 임부득에 관한 기사는 더 많지만, 여기서는 대표적인 몇 건만 소개하고 임휘영 관련 기사를 중심으로 싣는다.

校長의 態度에 學父兄도 憤慨

조선일보 1926년 7월 4일 조간 2면

생도들이 교장을 떠메여

교문밧게 버린전후 경로

全州高普不祥事續報

전주고등보통학교이삼년생(全州高等普通學校 二三年生)일백오십여명이 지난 일일오전팔시반경에 동교교장장면부작(校長長田富作)씨를 교장실에서메여다가 교문(校門)밧게내여쪼친후문을 다더버렷다함은 이미 보도한바와갓거니와 금번 이와가튼사실은 실로일즉이 듯지못하던 교육계의 일대불상사인바 이에그경위 (經緯)를 상세히 보도하간대 과반삼년생 륙십여명은 지난륙월초삼일에 교당국 에 네가지조건을 들어진명하는동시에 동맹휴학을단행하엿든바 요구조건이 유 독 삼년생에서만한것이아니라 실로전교생의중대 문뎨로 뎜뎜확대 하야장차타 학급(他學級)에까지 비화될념려가잇서서교당국(校當局)의 당패는 물론이려니와 일반학부형들도 이것을 크게우려하야 조뎡에노력한결과 필경 학무형회에서 학 생을 가름하야 교당국에 교섭한다는 조건하에서 동오일부터 등교(登校)하엿던 바 전긔장면교장은 일반학생에게 금후로는 동맹휴학을 결행또는참가치안켓다 는 미리준비하얏든 서약서(誓約書)에 서명(署名)을하라고요구함으로 학생들은 모__든 것을 학부형에게 일임하엿슴으로 조금도 주저치안코일제히 서명하여 주 고 전과가티통학하면서 오지학부형과 교당국사이의 교섭이 원만히해결되기만 기다리고 섯던바 학부형일동은 지난륙월 이십륙일에 회의를열고 이문뎨에대하 야 협의한결과 위원(委員)구인을 선명하야 교당국에 교섭키로 결명한후 그이튿 날오후에 전긔 위원구인이 장면교장을 방문하고 쌍방의 원만한해결을 구코저하엿던바 의외에 장뎐교장은 전일에바더두웟던 서약서를 내여보이며 동맹휴교는 긔위 해결이된것임으로 이제 새삼스럽게 학부형의 교섭에 응할필요가업다하면서 만일당신들이 개인으로서 각기자긔자녀를 위하야 의론한다면 그는 대답하겟다함으로 위원일동은그의학부형회를 부인하는 모욕뎍언사에 크게 분개를 늣겻스나 위선문뎨의해결이 급무임을 생각하고 일반학생들의 정형을 상세히들어 루루히 말한후 쌍방이 협력하야 최선의 방법을 강구키를 구하얏스나 완명한 장뎐교장은 조금도 자긔의 주장을 굽히지안코 필경은 자긔가 모든 것을 마튼이상 전책임을지고 무사히하얏스니 념려말라는 즉아모리 자긔지식이라도 선생이 한번마터가르치는 이상에 학부형이 간섭할필요가업다는뜻을 말함으로 위원들은 그의 행동에 크게분개하고 즉시그자리를 떠나버렷는대 이소식을 들은 일반의비난은 물론이요 최후의 촉망을가지고 잇든학생일동은 동요되기 시작하는중 교당국에서는 륙월 삼십일에 돌연히미리 수신시간에 동맹휴교에대하야 시비(是非)를 물엇슬때 맹휴의 뎡당한리유를 긔록한 백모(白某)와 부형의 요구에응하야 학부형회에서 동맹휴교의 사정을 말한삼학년을조급장장모(乙組級長張某)두사람을퇴학(退學)식임으로 자긔들도장치엇더케될줄 몰라 그날밤에어느곳에서모히어 심경까지 협의한결과모든 것은 절망에 도라갓슴으로 최후의 태도를결덩케되엿는대 필경문뎨의 중심은교장에게전책임이잇슴으로 학교의 장래를위하야 교장을배척키로 결뎡한후 그이튼날 그와가티 교장을내쪼차버린후 다시전부터 학교의밀뎡(密偵)혐의가잇던하모(河某)를 에워싸고 란타한후 다시전과가티 수업(授業)을 요구하얏스나 학교당국에서도 사태가 원악커서가르치지못하고 전교는 드듸여휴교하얏다더라

盟休首謀者로

三十餘學生檢擧

학생들이의론하고오는길에 전주경찰서경관이출장하야

전긔와가티 학생일동은 다각기 집으로 도라가고 마럿는대 동일하오세시경에 이

삼학년생 일동은 다시전주완산(完山)우에 모히어 금후의태도를 협의한결과 一, 學務當局에 陳情書提出 二, 學校로부터 處罰이잇는時는 連枝退學을할것 三, 明日부터 一齊登校할것 등 세가지를 결의하고 무사히 흐터저오는도중에 돌연히 소관전주경찰서에서는 경관수십명을 각처로파송하야 수모자(首謀者)로 지목되는 정모(鄭某)외삼십여명을 검거하야 철소취됴를 행한후 그중에서 십여명만은 새벽한시경에석방식혓다더라 (전주)

> 조선일보 1926년 7월 6일 조간 2면

全州高普紛糾詳報　盟休生一同　全州署에 殺到

『함께가두던지그러찬으면 검속한동지를내여노아라』

學父兄의 鎭撫로 散歸

학교당국으로부터 무긔명학 처분의 광고게시를보고 도라간이삼년생근백명은 경찰당국에서 일점집회를 금지함으로 부득이 시외건지산(乾止山)에서 비밀히 회의를 열고 검거된 동지문뎨에 대하야 금번사건은 여러 가지로 협의한 결과 검거된 사람들에게만 책임이 잇는것이아니오 다 가티계획실생한것임으로 만일 희생이 된다하면 맛당히 전부가 희생되여야할것이니 경찰당국에 즉접 담판을 하자하고 즉시 전주서로 쇄도하야 「우리를 전부가두던지 그러치안흐면 검거한 학생을 내여노라고」 부르지지며 형세가 매우 험악하얏던바 소택서장은 무사히 도라가기를 극력설유하얏스나 끗까지 듯지아니하다가 마츰당참하얏던 학부형의 위무로써 무사히 도라가고 마랏다더라

學校現狀은 方今休學狀態

경찰감시더욱엄중

별항보도와가티 대불상사가 이러난 그이튼날 아침에 전교생도들은 전혀책보를 싸들고 등교하얏는데 장면교장도 일직이 출근하얏는바 이삼년생일동은 무긔명학의 광고를보고 전부도라가고저할지음 림장하얏든 경관들은 미리준비하얏던 명부를 내여노코 일일이 성명을 됴사하야 십삼명을 검거하얏는바 일년생을 위시하야 사오학년들도 공부는 못하고 몃시간 두류하다가 필경모다그대로 도라가고 말엇다더라

雪上加霜의 處分

五十四名에게 退學命令

이학년과 삼학년생중에서

처음부터 단호한 태도를 취하여오던 학교당국에서는 삼일아침에 긔위명학처분을 행한 이삼년생 일백삼십여명중에서 가장 금번사건의 주동자로 지목되는 자로 이년생 십칠명과 삼년생 삼십칠명 도합 오십사명에게 퇴학처분을 하엿다더라

解決이 잇기까지

一年生도 休學

교장에게 통지후

금번사건에 대한 도당국의 태도는 극히강경하야 단호한 처치를 하고저함은 별항보도의 사실을 미루워가히추칙할수잇스려니와 교당국에서는 일년생일동도 맹휴로 간주하고 이일석양에 각학부형에게 우편으로써 무긔명학처분의 통지를 발송하엿다는데 일년생일동은 그날 오후한시경에 시외건지산에 모히여 금후의 취할 태도에대하야 협의한결과 상급생의 요구조건이 당연한것임에 불구하고 원만한 해결을 보지못하고 무긔명학의 처분을 당하엿슬뿐아니라 이것을 경찰의 손에 넘기엿슴은 온당한 처치가 안임으로 원만한해결이 잇기까지 휴학하기로 결정한후 즉시 우편으로써 교당국에 발송하얏다는데 문뎨는 덤덤커서 전교에 비화되는형세이더라

四學年生도

無期停學

지난사일부터

긔보‖ 전주고등보통학교 사학년생(全州高普四學年生)일동이 진정서(陳情書)를 뎨출하는 동시에 동맹휴학(同盟休學)하얏다는 것은 이미보도하얏거니와 학교당국에서는 지난 사일에 사학년전부에 대하야 무긔명학을 명하엿다더라

學務當局에 陳情書提出

전북학무당국에데출

紛糾終熄은 尙今杳然

전주고등보통학교(全州高等普通學校) 이삼학년생일동은 지난 일일아츰에 다시 모히여 학무당국에 진정서(陳情書)를 데출할것외에 두가지를 질의하얏다함은 이미 보도하얏거니와 그이튿날 오전에 전북학무당국에 좌긔의 조건을 들어 진정하얏다더라(전주)

◇陳情書

一, 寄宿舍

(가)寄宿舍가 업기 때문에 自由로 外出하야 校風이 紊亂되는 事實이 잇슴 더욱히 夜間에 劇場料理屋等의 出入이잇서서 校風을 損傷케하고 處分까지 當한일이잇슴(外二項略)

一, 講堂

(가)講堂이 업기 때문에 智識交換할 機會가 업슴(外一項)

一, 長田校長

(가)人格卑劣

(ㄱ)先日同盟休學後保證人과 誓約하얏슴에 不拘코 修身時間에 『過日不祥事件(同盟休學)에 對한 各自의 反省을 記하라』는 問題를 내어서 答案을 求하되 此를 反對 또는 同盟休學이 正當하다고 論한 者를 退校식힌일 (ㄴ)授業時間에 授業料未納者를 呼出督促함은 本人은 勿論이요 他生徒까지도 授業妨害가 된일이 常事임(外一項)

(나)專制

ㄱ, 學父兄會에서 어느 生徒가 招致되여 同盟休校의 顚末을 陳述한데 對하야 學校의 許可가 업섯다고 退學을 식힌일

ㄴ, 生徒의 意見을 參酌지아니하고 個人經營의 校內賣店設置에 學校材料인 踏板을 多數提供한일

(다)형식

ㄱ,『師弟間은 父子와갓다』라고 聲明하면서 表裡가 殊異함』何故오하면 過日盟休事件에 對하야 父兄代表의 面會를 謝絶하면서『他人의 事에 自己일이 何關인가』하고 代表의 協議에 不應한일

(라)무책임

ㄱ,四月以來缺員을 補充치아니하고 學科를 兼任식힌일

ㄴ,學校當局에서 處理할 事件을 警察에 依賴한事

一,敎員排斥

香山先生

(가)不親切

ㄱ,平素부터 好面으로 生徒에게 對한일이업슬뿐아니라 敎授時間에 不可解의 點에 質問을한즉 直時怒氣를 따고 辭書에잇스니보라고하며 生徒의 些少한 過失을 諒解치못하고 退學하라는 事가 常事임

(나)無資格

ㄱ,生徒의 質問에 對하야 條理잇는 說明을 못함으로 生徒는 常詩學科의 要領을 不得함

久永先生

가 行爲卑劣

ㄱ,所謂敎育者로써 酒店에 常時出入하며 就中엇던때에는 朝鮮靑年을 보고『歷史도 업는者들이 遊興이 무엇이냐』고 諠히 恥辱的 言辭를 弄하야 一般의 惡感을 산일

ㄴ,神聖한 敎務室內에서 生徒를 改□식힌다는 美名下에서 柔道式의 制裁를 加한일

ㄷ,人馬繁華한 街道上에서 些少한 過失로 生徒의 善惡을 論評함은 너무나 生徒의 人格을 損傷하는일

藤谷先生

(가)無資格

ㄱ,學科敎授에 對하야 充分히 說明을 못하야 要領을 不得함

二,三學年生‖ 全部에게 停學命令

도학무과에 호소귀교하야 전부무긔뎡학에처하얏다

작지보도와가티 자긔가친히 최고의 인격을 함양하던 뎨자에게 공전절후의 모욕덕행위를 당함과동시에 교육계에 일대오뎜(一大汚點)을 끼친장뎐교장(長田校長)은 교문밧그로 쫏겨난후 전신에 흙투성이가된채로 전북도학무과를 방문하고 전후 사실을 호소한후에 다시 학교로 도라와서 이삼학년생 일백삼십여명을 무긔뎡학처분을 하기로하고 즉시 학부형에게 이를 우편으로 통지하얏다더라

『敎育者로서 不當한 態度』

그리고 생도도 과해

某學父兄 談

금번에 이러난 학생의 태도에대하야는 다소 과분한행동이라고 생각합니다 그리고 교장에게대한바는 우리학부형으로서 무엇이라 말하기어렵습니다 그러나 교장이 학교에대하야 넘우나 성의가 업지아니한가합니다 교육이란 것은 학교와 가뎡 즉선생과 부형의 공동협력에의하야 완성되는것이외다 그런데 이번에 열린 학부형회의 존재를 부인한다던가 또는 그모임에 가는 학생은 단연코 처분하겠다는등 가장 모욕뎍 또는 위협뎍 언사를 쓴 것은 아모리 호의로 생각하여도 교육자의 신분에 적당치못한 태도로볼수밧게업습니다

學校態度에 憤慨休學

사학년일동이

문뎨는 드듸여 전교에 파급하야 사년생일동도 삼일아츰에 학교당국의 금번사건은 의외에 형사문뎨가되여 이삼학년생의 대부분이 방금경찰의 손에 인치되엿슬

뿐아니라 그들은 혹독히구타까지 당하엿슴에 불구하고 학교당국의 무관심덕태도는 부당한처치인즉 금후사건이 원만히해결되기까지 단연이 등교치안할 것을 작정하고 일제히 휴학하얏다더라(전주)

檢擧生拷問으로 社會與論漸沸騰
그리고 학교의 사위에는 경찰서원이 엄중경계중
전긔불상사건에 대하야 전주경찰서(警察署)에서는 일일오후부터 주모자를 다수 검거취됴중이라함도 긔보한바와 갓거니와 그이튼날아침부터 소택서장(小澤署長)이하 각계주임급명사복경관수십명이 고보교(高普校)를 경계하는동시에 이삼년생도 십삼명을 다시검거하얏다는바 동서계원들은 검거한 학생들을 격검대(劍竹)로 따리고 혹독한고문(拷問)을 하얏다는데 학교내부에서 능히 처리할문뎨를 경찰의손에까지 넘기게된 학교의 처치에대하야 처음부터 불만을가젓든 학부형외 일반인사들은 고문한 사실에대하야 크게 분개하고 선후책을 강구중이며 문뎨는 뎜차확대되여 일반사회문뎨로 화하여가는중이라더라

記者團奮起
그러나 경찰은 고문사실을 부인
전긔고문한 사실에대하야 전주긔자단에서는 동이일하오네시경에 경찰당국을 방문하고 사실을 질문코저하얏던바 마침 서장(署長)이 업슴으로 서미사법주임(西尾司法主任)을 면회하고 사실을 질문하얏더니 서미사법주임은 사실을 전부 부인함으로 금후 그와가튼 사실이 업기를 주의하고 도라왓다더라

辭職警告文
구영향산량씨에게
이삼학년생이
긔보∥전주보고 이삼학년생(全州高普二三學年生)은 향산(香山)구영(久永) 두선생에게 사직경고문을 발송하얏다더라(전주)

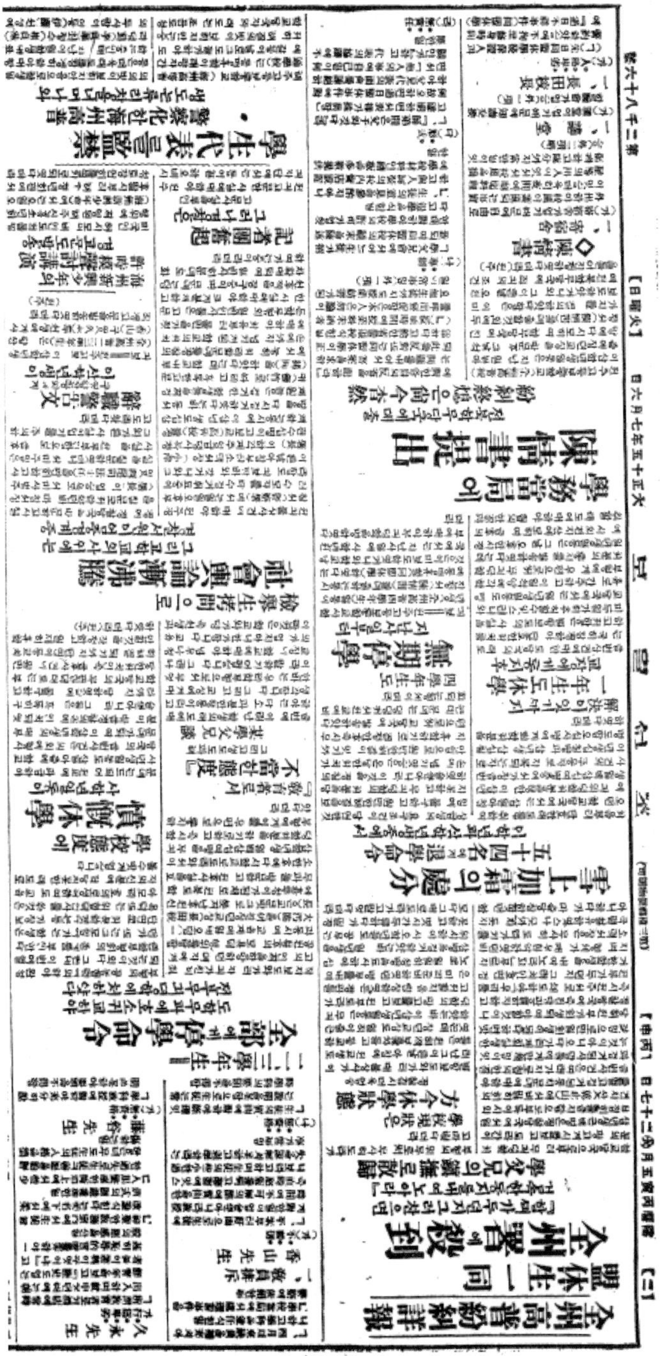

全州高普事件에 警察去益干涉

조선일보 1926년 7월 15일 조간 2면

장뎐교장에대한것이면 무엇이든지금지한다고

루보∥전주고등보통학교불상사건(全州高普校不祥事件)이 돌발한이후 일학년을 위시하야 이삼사학년생 삼백여명은 혹은 퇴학(退學) 또는 무긔명학(無期停學)등 가혹한 처분을 바든외에 경찰당국에서는 전후사십여명을 검거취됴하다가 필경 주모자를 검사국에까지 넘기게되여 문뎨는 점점분규에 분규를 더할뿐이요 해결의 서광이 보이지아니함으로 시민유지제씨의 발긔로 시민대회를 개최하고 선후책을 강구코저하엿스나 의외에 경찰당국의 간섭으로 부득이 중지한후 일반시민의 요망에 의하야 전주청년회(全州靑年會)의 알선으로 지난십이일하오다섯시경부터 동회관내에서 시민유지회(市民有志會)를 개최하고 먼저 전주청년회대표 리룡긔(李龍基)씨의 개회사가 잇슨후 학부형대표 최경렬(崔景烈)씨의 경과보고와 리경원(李京元)림택룡(林澤龍) 량씨의 상황보고가 잇슨후 림시의장에 김종근(金鍾根)씨를 선거하고 대책에 대하야 장시간 토의한결과 一,학생의 근신을 충고할일 二,책임자인 장뎐교장의 성명을 요구의일 三,당국에 최소한도의 희생자를 내도록 교섭할일 등 세가지를 결의코저할지음에 돌연히 림장하엿던 소택서장(小澤署長)으로부터 장뎐교장에대한 것은 인신공격(人身攻擊)이 됨으로 만일 그와가튼결의를 하면 단연히 회의를 금지하겟다는 무리한 간섭을하므로 쌍방에 잠간 서로 힐난이 잇다가 금번사건은 원인(遠因)으로부터 폭발될때까지의 모든 것을 살펴보면 그책임이 누구에게 잇는지 스스로 명백히 나타날것임으로 구태여 그와가티 명문으로써 발표할것업시 해결이잇도록 하기로 의견이 일치되여 직석에서 교섭위원 김준희(金駿熙)씨외오인을 선명하고 동팔시반경에 산회하얏다더라(전주)

조선일보 1926년 8월 14일 석간 2면

法廷에까지 공개된 敎育界의 不祥事

‖ 학생맹휴로 공판까지 열리게 된 것은 조선은 물론 세계에도 그례가 업는일 ‖
學生盟休론 空前絶後

전주고등보통학교(全州高普)생도의 분규사건은 이래 수개월동안 전주디방법원 검사국(全州地方法院檢事局)에서 취됴중이든바 드듸여 상해, 협박(傷害, 脅迫)죄로 주모자 아홉명을 긔소하야 십이일 오전 열시부터 동법원 데일호 법뎡에서 산하(山下) 재판장의 심리와 주정(酒井) 검사의 립회하에 개뎡되엇다 변호사로는 구영(久永) 리규남(李圭南) 김종근(金鍾根) 대우(大友) 교본(敎本) 지하(志賀) 등

륙씨이며 법뎡 안에는 고등보통학교 유생도 기타 관계부형등으로 립추의 여디가 업시 대만원을 이루엇섯다 그런데 학생의 동맹 휴학사건으로 공판까지 열리기는 이번이 처음이라하야 일반의 주목을 더욱 끌게 되는 것이다

設備는 不完全

敎授는 不充分

피고들은 거침업시 답변

對學校反感의 原因

뎡각이 되매피고

▲장태성(長泰成) ▲임휘영(任彙永) ▲신급상(辛及庠) ▲조찬경(趙讚慶) ▲변영진(邊永鎭) ▲유갑현(柳甲鉉) ▲김상순(金相順) ▲송병채(宋炳采) ▲은낙빈(殷洛彬)

동구명은 간수에게 호위되어 법뎡에 드러왓다 산하 재판장으로부터 주모자인 송병채(宋炳采)를 비롯하야 심리는 개시되엇다 재판장은 이번 협박 상해 사건의 원인, 즉 학교의 개선과 교장 배척의 리유를 □무르매 피고들은 『학교 개선은 긔숙사의 설비, 유검도과(柔劒道科) 설치, 교장에게 불만 등으로 우리들 □반감을 갓게된 것이오 그 외에 교유의 배척에 대하야는 등곡(藤谷) 선생은 강의가 불친절, 향산(香山) 선생은 생도의 질문에 불친절, 구영(久永) 선생은 교육자로서 인격이 부족, 석택(石澤) 선생은 교육상 차별대우를 한다』고 자세한 공술을 하야 동긔와 원인에 대한 심리와 공술이 대개 끗나매 사건의 심리는 다시 동맹 휴학 문뎨로 옴기게 되엿다

部署를 整頓

事務를 分掌

뎐화계, 자뎐거계, 아구계, 빼트계

교장납치계 등을 난우어두고 활동

組織的行動

피고는 계속하야『륙월일일에 학교에 대한 요망서를 뎨출하엿스나 그 요망서를 보지도안코 반각하는고로 삼일부터 동맹휴학을 한 것이나 칠월에 이르러서 부형의 서약으로 복교를 한 후 다시 이전의 요구를 관텰하고자 의론하야 오다가 삼십일 밤에는 송병채의 집에서 폭행의 수단을 취하지 아니하면 안되겟다고 협의한 후 이에 실행하게 된 것이라고』일일이 공술하매 재판장은 다시 폭행 당시에 뎐화계(電話係) 자뎐거계(自轉車係) 야구계(野球係) 빼트계 교장납치계(校長拉致係) 등 각부를 뎡하고 폭행한 사실에 대한 심문을 한 후 검사의 구형과 변호사의 변론은 오는 십팔일 오후 한 시부터 하기로 하고 폐뎡하엿다더라(전주)

被告保釋手續

전주고보분규사건의 뎨일회 공판에 대하야 별항보도와 갓거니와 피고 아홉명은 변호사의 신청에 의지하야 수일래 보석될 듯 하다더라

조선일보 1926년 8월 20일 석간 2면

『今回不祥事는 學校의 産物』

전주고보사건 구형과 변론

最高十個月體刑求刑

긔보=전주고보사건(全州高普事件)의 수모학생(首謨學生) 구명에 대한 폭행상해협박(暴行傷害脅迫) 사건의 공판(公判)은 지난 십팔일 오후 한 시부터 전주디방법원 데일호 법뎡에서 산하(山下) 재판장과 주뎡(酒井) 검사가 렬석한 후 피고(被告) 구명과 변호사(辯護士) 김종근(金鍾根) 씨외 오인의 출석으로 개뎡 속행되엿는데 방텽석에는 피고의 친척과 동지 학생 및 고보교 교유 등으로써 뎡각 전부터 만원이 되어 법뎡문을 굿게 다더 문밧게는 일반 방텽인으로 삼겹사겹 에 워싸엿스며 개뎡되자 즉시 론고에 들어가 주뎡 검사로부터 장시간의 유죄 론고를 마치자

▲長泰成 金相順 各懲役十個月 ▲任彙永 邊永鎭 趙讚慶 各懲役八個月 ▲柳甲鉉 宋物宋 奇泳庠 殷洛彬 各懲役六個月

의 구형(求刑)이 잇슨 후 변호인(辯護人)의 변론에 드러가 먼저 대우(大友)씨는 금번 사건은 현하 조선 교육 뎨도에 대한 반항이라고 론하고 리규남(李圭南)씨는 전혀 장뎐교장(長田校長)의 실책에 인한 것이 뎡요하며 따라서 금번 사건의 주범은 장뎐씨이라고 갈파하고 김종근(金鐘根) 교본(橋本) 지하(志賀)제씨의 조리잇고 찌르는듯한 변론이 잇슨 후 금번 사건은 결과만 보는 것보담 원인을 살필 것이며 피고들은 전도 양양한 청년 학생으로 만일 실형(實刑)을 가하야 텰장에서 신음케 되면 유위한 그들은 아주 사회로부터 매장이 될 것이니 무죄 처분이 맛당하다고 각각 주장하고 최후로 구영(求永)씨로부터 범죄가 사회뎍산물(産

物)이라 하면 본 건은 전주고보교의 산물이라고 렬화와 가튼 변론을 시작하야 론법을 一,학교 대 학생의 관계 二,부형 대 학교의 관계 三,학생 대 부형의 관계의 삼단으로 나누어 먼저 교장의 평소의 너무도 위력이 업고 볼털녀할 뿐 아니라 형식에만 구애되야 매양 일을 그르치는것과 서생이 뎨자를 대할 때에 권력자(權力者)가 의무자(義務者)를 대하는 듯한 태도로 생도를 대하는 관료교육(官僚敎育)의 폐해를 □□하고 장면씨 이하 제직원의 반성력(反省力)의 결함과 무책임을 론한 후 현재 직원은 아무리 호의로 보와도 교육자로써의 최적한 인격자라고 불 수는 업다고 론파한 후 이어서 장면씨의 상사(上司)에 대한 유령 시종하는 태도를 논란한후학부형회의 명당한 태도를 론하고 최후로 소위 폭행상해협박에 대하야 일일이 조문을 드러 형의 경감을 주장하고 끗을 막은 후 동오륙시경에 폐명되엇는대 언도는 래이십오일 하오 한 시에 하리다더라(전주)

> 동아일보 1926년 8월 27일 5면

被告學生全部에게 執行猶豫를 言渡

평균일개년내외의 집행유예

◆ 全州高普生判決

루보=전주고보맹휴생(全州高普盟休生)언도는 재작이십오일 오후 한시에 개뎡되엿는데 재판장인 산하판사(山下判事)로부터 말하기를 피고의 범죄사건(犯罪事件)은 형사범에 틀님업슴으로 절대용서할수업스나 변호인(辯護人)측으로부터 변론도 잇섯고 전도가 유망한 미성년(未成年)임으로 다소 고려하엿다는 의미로 말한후 피고 장태성(張台成) 김상순(金相順)은 징역 팔개월로 임휘영(任彙永) 됴찬경(趙讚京) 변영진(邊永鎭) 삼인은 륙개월로 긔타 네사람은 징역 사개월로 언도(言渡)할 것을 평균 일개년 집행유예(執行猶豫)로 판결하고 한시삼십분에 폐뎡하엿는대 피고들은 별로 불복할 의향이 업는 듯 하다더라(전주)

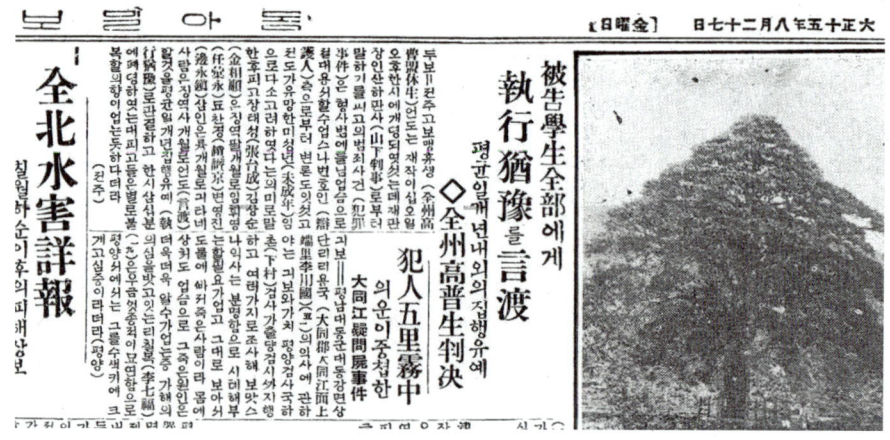

全州高普生 事件判決言渡

매일신보 1926년 8월 28일 2면

各一年間執行猶豫

【全州】全州高等普通學校生徒九名에 對한 暴行及傷害脅迫事件은 旣報와如히 二十五日左와如히 二十五日午後一時山下判事로부터 左와如히 檢事의 求刑에 對하야 各二個月式減하고 各々一個年執行猶豫의 言渡가 有하얏다

張台成 金相順 各八個月 任彙永 邊泳鎭 趙讚慶 各六個月 柳甲玄 宋炳采 辛泳庠, 銀洛彬 各4個月 以上과 如한바 控訴의 與否는 尙未定이라더라

萬頃女性 親睦會發起

중외일보 1927년 8월 28일 4면

全北金堤郡萬頃에서는 于今껏女性團體가 하나도업슴을 크게遺憾으로 녀기어오든바 今般各地에 留學하는 新女性들이 泛然히 默過할수업다는 것을 늣기고 發起人몃사람이 去十八日에 萬頃公普에 모히어 相議한 結果 오날二十五日에 萬頃公普校에서 萬頃女性親睦會發起會를 開催할터이라는대 發起人氏名은 如左하다더라
【金堤】
鄭瓊河孃 郭永玉 金瑞雲 任富德

중외일보 1928년 8월 8일 3면

萬頃地方에 讀書俱樂部 創立

旣報한바와가티 全北金堤郡萬頃地方에서는 지난 六月二十八日午前十時에는 萬頃地方人事들의 歡迎會가 잇섯고 同午後二時부터 다시 會集하야 郭俊熙君의 開會宣言과 開會辭가 잇슨後 卽時 臨時執行部를 選擧하얏는데 議長 鄭和濬 書記 朴判同 鄭植民諸氏가 被選되엇고 朴判同君의 經過報告가 끗난後 討議案에 들어가 討議한바 議案과 任員氏名은 如左하다더라【金堤】

學友間의 和睦圖謀의 件

讀書俱樂部의 件

委員長∥郭戴炯 庶務財務部∥朴斗彦 朴判同 運動部∥鄭會根 郭炳鎭 圖書部∥郭鎭烈 郭俊熙 留學生部∥任彙永 鄭和濬

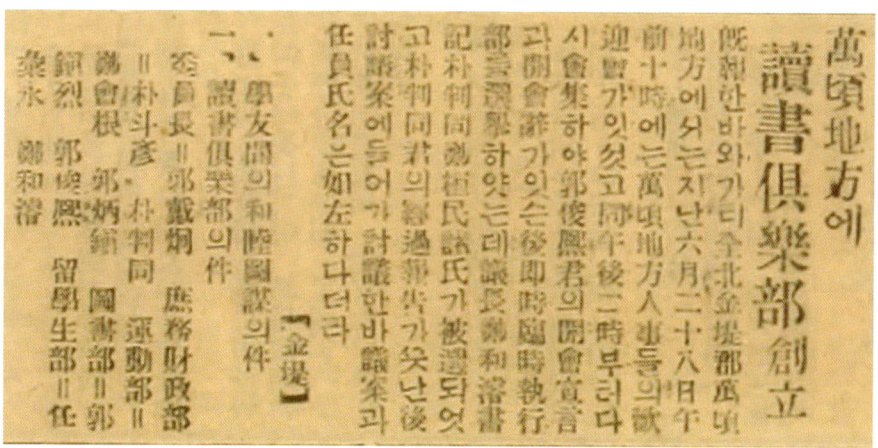

중외일보 1928년 8월 28일 4면

學術講演禁止 萬頃公普同窓會主催

全北金堤郡萬頃公立普通學校同窓會에서는 去十五日에 第十七回 定期大會에서 學術講演을 本月二十五日에 開催하기로 決議한後 諸般準備에 奔忙하든中 突然駐在所에서 禁止命令을내림으로 그理由를 물은즉 部長寬求氏는 말하되
署長의 命令이니까할수업소 그러나 母校校長先生님이 오서서말슴하시면 默認하겟소함으로 母校校長의게 이 事由를 말한즉 그는 말하되
觀客이 만히모인다하니 靑年會에서 開催하는 講演인지 同窓會에서 하는 講演인지모르겟소 그리고 나를 委員長으로 選擧하얏다지만 그것도 許諾치못하겟소하며 交涉하기를 拒絶함으로 地方人士들은 校長의 無智한 言語와 頑固한 行動을 憤慨한다하며 當日 出演할 演士와 演題는 如左하다더라
現代女性의 地位 任富得孃
會에 잘단이는 사람이되자 郭鎭烈君
우리는 朝鮮의 女性임을 알자 郭永玉孃
生物의 進化 郭載炯君
觀念 朴斗彦君
未定 鄭相瀶君
未定 郭良勳君
未定 柳漢朝君【金堤】

> 동아일보 1929년 8월 3일 5면

學術講演禁止 萬頃公普同窓會主催

女學生中心의 祕社
檄文宣布中 發覺
|뉴쓰라는격문오륙천매를등사해|
|전조선녀자중등학교에 발송계획|
全州女子高普事件眞相

[전주] 긔보 = 전북전주녀자고등보통학교 사학년생(全北全州女子高普) 임부득(任富得)녀사는 조선○○당(朝鮮○○당)사건의 관계로 방금 예심에 회부되어 경성서대문(京城西大門)밧 형무소(刑務所)에 재감 중인 김철주(金鐵柱)와 금년 봄에 결혼한 후 그 남편의 권유로 경성 모녀성단톄(京城某女性團體)의 중요한 간부 모씨와 련락을 취함과 동시에 불온한 문서를 인수한 후 동교 삼, 사학년생을 중심으로 삼아 사상(思想)선전을 하는 동시에 모종의 비밀결사를 조직하고 금번 하긔휴가를 리용하야 뎨일착으로 『뉴쓰』라는 선전문을 지난 달 이십일에 전주 청수뎡(淸水町) 임부득녀사의 집에서 창간호(創刊號)를 등사하야 전조선녀자중학교생도에게 발송코저 오륙천매를 준비하엿다가 지난 이십삼일에 전주교육회(全州敎育會) 주최로 전주극장의 음악대회(音樂大會)장에서 선전하다가 발각되어 그것이 단서(端緖)로 전북경찰부(全北警察部)에서는 전주경찰서의 후원으로 대활동을 보게 된 것이라더라

동아일보 1934년 3월 18일 석간 2면

紅白力技에 紅軍遂히 優勝

市內 中央體育研究所內 特別班의 力技戰은 十六日 午後四時半同所講堂에서 盛大히 開催하엿는 바 그 結果는 다음과 같다.

團體成績 紅軍總點 四五〇一(勝) 白軍總點 四四八六(負) 個人成績 ▲一等 尹甲重 601 ▲二等 李如星592, 任彙永592 ▲三等 玉瑢珍479 ▲四等 權寧459, 李晶來 459 ▲五等 李康成449, 洪昶裕449, 文一賢449

동아일보 1934년 9월 1일 석간 2면

中央體育硏究所 力技審査發表

中央體育硏究所)에서는 二十八日에 行한 力技審成績을 三十日에 發表하엿는데 그 經過는 다음과 같다한다. 그리고 九月一日부터 秋期新入會員을 多數募集한다고 한다.

▲特輕體級部一等 洪昶裕(505), 崔翼生(505) ▲二等 兪載鳳(495) ▲三等 柳一龍(470)

▲輕輕體級部一等 李容彬(825) ▲二等 嚴世興(769) ▲三等 白龍基(689)

▲輕體級部一等 金容星(1015) ▲二等 金星集(615) ▲三等 任彙永(759)

▲中體級部一等 元喜得(993) ▲二等 任祥鎬(985) ▲三等 高昌龍(805)

> 동아일보 1934년 11월 18일 석간 2면

世界的水準에로! 中體와 全徽文의 鍊磨

十八, 九兩日力藝力技大會에 兩軍對抗戰을 決行

조선에 숨은 히세의 대괴력가 김낙순(金洛淳)군의 등장을 기회하야 본사안에 잇는 동우회(東友會) 주최로 명십팔, 십구 양일간 매일 오후 칠(七)시부터 장곡천정 공회당에서 역예역기대회(力藝力技大會)를 열터인데 이 모임에 동양적으로 유일한 역기체육단체인 중앙체육연구소(中央體育硏究所)에서는 후원을 하는 동시에 일반의 보건 운동을 보급시키기 위하야 이날 밤 보건 체조의 모범을 보이는 한편에 또 몇가지 기계체조의 전형적 『포스』도 보일 것이며 역기게에 웅좌인 전휘문(全徽文)과 중앙체연(中央體硏)에서 각각 역사를 선발하야 대항역기전을 거행하기로 되엿다 년년이 늘어가는 조선역기의 기록은 미구에 세계적 수준까지도 접근될 형세에 잇거니와 이 대회를 두고 방금 맹연습 중에 잇는 이 두 단체 선수들은 반드시 전기록을 돌파하리라는 의기에 차잇다.

특히 행할 중앙체연과 전휘문군의 양대진용은 다음과 같다.

◇中央體硏 任祥鎬, 李容彬, 李仁相, 崔禎淵, 任彙永
◇全徽文 張在洛, 兪元根, 金星集, 金舜模, 金禹錫
(사진은중앙체연소원)

世界的 水準에로!
中體와 全徽文의 鍊磨
十八、九 兩日 力藝力技大會에
兩軍 對抗戰을 決行

오후 七時부터 장충동 공회당에서 열예력기대회(力藝力技大會)를 공동주최하는 이모임에 동원되는 중앙체육연구소(中央體育硏究所)에서와 체육연구소(中央體育硏究所)의 기록은 미국의 기록을 미루어 세계적수준까지 접근되었다는것이며 이회를 열고 평양을성에 회동하여 이무단체선수들을 보냈다는 아주다방한 일반에게 보여 후한한 힘동산을 일반에게 보여 체력체조의 필요성을 알리 보기위한 기계체조의 전원이 이날 보여줄것이며 역기에 우스모 보여줄것이며 역기에 웃이 전원은(全徽文)과 (中央體硏)의 각각역사를 보내 하여 대항전기정을 기정하기로 하였다 조선역기

특히 중앙체연과 전원은 "좋의 약대진은 다음과같다.

◇ 中央體硏 任轉鎬, 李容根, 李一鎬, 崔順瓚, 任章永
◇ 全徽文 張在鎬, 兪元根, 金晨集, 金熙碩, 金禹永

(사진은 중앙체연소)

前後 七回에 繼續公判
被告 廿六名으로 結
辯論과 求刑은 오는
全南勞農協

【光州】 전남경찰에 의하면 지난 十月三十日부터 광주지방법원 제一호법정에서 공개리에 전남노농협의회(全南勞農協議會) 사건피고 二十六명에 대한 공판이 개정되었다 한다. 第一회공판은 인정신문으로부터 시작하여 사실심문에까지 들어갔는데 그동안 七회에 걸쳐 계속공판을 진행한결과 오는 十六일에는 박기엽(朴基燁) 김기수(金基洙) 정동호(鄭東浩)외 二十六명에 대한 공판이 개정되리라한다.

조선에 숨은 히세의 대표격인 김낙순(金落淳)씨 등이 기회하여 본사 후원하에 동우회(東友會) 주최로 명十八, 十九 兩日에

齊齊한 群雄中에 選拔된 十六力士

錦上添론 中國武術과 懸賞力技

力技大會明夜로 切迫

저무러가는 일천구백 삼십사년은 우리 운동게의 최종막을 찬연히 빗내이려하는 제오회 전조선력기선수권대회(全朝鮮力技選手權大會)는 조선체육회와 본사 공동주최, 중앙체육연구소 후원 아래 이윽고 명일일 오후 일곱시부터 시내 경운동 천도교 긔념관에서 열리게 되엿다 이 대망의 무대우헤 등단하야 동양적 패권을 결할 력사(力士)들은 신청긔한인작이십구일까지에 참가한 선수중에서 십륙명의 준예(俊銳)만을 동심판부에서 추려 뽑기로 되여 작야에 행한 체중게량(體重計量)과 동시에 심판부에서는 다음의 십륙명을 심사 결정하엿다 이는 력기(力技)에 잇서서는 시간상 관계로 참가선수를 전부 출장식히기는 곤난한 까닭이다 이리하야 선발된 십륙명은 각기 체중에 따라 경경체급(輕輕體級), 경체급(輕體級), 중체급(中體級)등에 나노아 패권을 다투기로 되엿는데 이들이 종례의 조선긔록을 과연 몟종목이나 돌파할 것인가에 흥미는 집중되고 잇다 또한 당야에는 사게의대가제씨의 연구깁흔 보건운동법(保健運動法)의 가지가지와 특히 중국무술(中國武術)등의 실연이 잇슬터이며 후원측인 중앙체육연구소원일동은 류량한 음악소레에 마추어 체육무도(體育舞蹈)등으로 금상첨화캐되엿다 그리고 이날밤 인기를 이끌게할 것은 참석한 관중가운데서 누구나 출전할 수 잇는 십륙관구한(十六貫□□)들기 현상력기(懸賞力技)등이 잇서 이에 하로밤을 압두고 만도력기 팬의 흥미와 기대는 자못 놉하저 잇다

(사진은 당야등단할 력사들)

◆登場할 力士

【輕輕體級】金今童(勇體) 李容修(體硏) 金鐘淳(金泉) 南壽逸(無屬)

【輕體級】金容星(體硏) 韓丙錫(金泉) 金星集(徽文) 朴得山(勇體) 金泰植(無屬) 李世泳(極東) 槃雨龍(勇體) 石壽口(極東) 崔奉煥(極東)

【中體級】朴孝益(體硏) 李根植(勇體) 任祥鎬(體硏)

力技大會任員(無順)

▲會長 尹致昊 ▲副會長 金口秉 ▲本部委員 金炯元 宋秉輝 朴宇秉 金圭晃 金永逑 金龍九 朴鍾悳 朴鐘榮 李如星 李丙三 玉璿珍 高鳳梧

▲審判 李圭鉉 李丙學 元喜得 徐相天

▲記錄係 張三鉉 元口植 辛晧集 任彙永

▲通告係 洪昶裕 權寧迹

▲進行係 張在洛 彭始鴻 李元圭 李仁相

運動競技
來月五日에 開催될 商工聯合運動會

매일신보 1935년 4월 18일 5면

『프로』와 役員決定

년중행사로 례년거행되는 경성상공협회주최제九회 전경성상공련합대운동회는 긔보한바와가치 신록이무르녹는 五月五日 제一일요에 장충단공원(獎忠壇公園)에서 성대히거행되엿는바 당일의「프로그람」과 대회역원은 다음과갓다

◇運動競技種目

―男子部―

二百米突競走 四百米突競走 計算競走 珠算競走 八百米突競走 自轉車(三週)競走 同六週, 同十週競走, 賣物競走, 障碍物競走, 製箱競走, 小包々裝競走, 釣鰍競走, 呼出競技, 運搬競走, 提燈競走, 盲啞競走, 라마손競走, 優勝競技, (四百米突競走, 計算競技, 小包々裝競技), 引繩競走, 來賓競走

―女子部―

五十米突競走, 百米突競走, 二百米突競走, 着衣競走, 戴囊競走, 賣物競走, 提燈競走, 스푼競走, 計算競走, 針囊競走, 來賓競走

◇大會役員◇

▲會長 朴承稷 ▲副會長 李東善 ▲總務部 梁在昶 金圭冕 尹宇植 洪必求 ▲施賞部 洪淳泌 盧益亨 張友植 崔在煥 張熙元 趙寅燮 崔相仁 金成集 ▲廣告意匠行列審查部 呂運亨 宋鎭禹 方應模 李商協 崔善益 薛義植 金炯元 李益相

【競技部】委員長 金圭冕 ▲總指揮 姜樂遠 ▲審判長 徐相天 ▲審判員 金東轍 金保榮 金永述 金文煥 許萬鏞 郭奭根 李鍾琬 李正相 崔仁浩 劉滷基 李丙三 崔仁浩 全有亮 玄正柱 李丙學 李圭鉉 李惠澤 趙瑛河 ▲出發 金龍九 ▲進行係 李樆宰 ▲

召集係 朴鍾悳 徐銅奉 金東軾 ▲整理係 崔在煥 金振秀 李相儀 崔學基 金容星 ▲通告係 朴忠根 南廷駿 ▲設備係 吳德淵 元謹植 尹甲重 張三鉉 李容彬 任彙泳 崔禎淵 ▲記錄係 朴榮鎭 李吉用 高鳳梧 嚴鍾燮 ▲警護部各少年軍 ▲接待部 李圭顯 金潤秀 李賢在 李基衍 白泓均 洪昶裕 金鎔觀 金春基 許澤 趙善用 金德昌 宋祥九 安永煥 李澤周 金照俊 梁世鎭 孫台煥 ▲饗應部 太應善 朴疇明 孫鍾洙 玄錫柱 朴寬鎭 李鎭元

조선중앙일보 1935년 5월 1일 2면

參加申請陸續遝至 參加延人八百

『優勝競技』와 마라손 大人氣

경성상공협회(京城商工協會)주최 제구회전경성상공련합대운동회(全京城商工聯合大運動會)는 오는 五月五日에 장충단(獎忠壇)공원에서 거행할터인바 그 신청긔한인 지난 二十八日까지 참가한선수의 연인수가실로 근八백이명에달하야 당일의 성황을 예긔하고잇스며 또한부활된우승경긔와『마라손』에잇서 인긔가 비등하는가운데잇다 그리고 동대회의임원은 다음과갓다

大會任員

【會長】朴承稷

【副會長】李東善

【總務部】梁在昶 金圭冕 尹宇植 洪必求 崔楠【施賞部】洪淳泌 盧益亨 張友植 崔在煥 張熙元 趙寅燮 崔相仁 金成集【廣告意匠行列審査部】呂運亨 崔善益 宋鎭禹 薛義植 方應模 金炯元 李相協

【競技部委員長】金圭冕【總指揮】朴宇秉【審判長】徐相天【審判員】金東轍 金保榮 金永述 金文煥 許萬鏞 郭贒根 李鍾琬 李正相 崔仁浩 劉澔基 李丙三 朴昌夏 全有亮 玄正柱 李丙學 李圭鉉 李惠澤 趙瑛河 朱興根【出發】金龍九【進行】李橳宰【召集】朴鍾悳 徐銅奉 金東軾【整理】崔在煥 金振秀 李相儀 崔學基 金容星【通告】朴忠根 南廷駿【設備】吳德淵 元謹植 尹甲重 張三鉉 李容彬 任彙泳 崔禎淵【記錄】朴榮鎭 李吉用 高鳳梧 嚴鍾燮【警護部】各少年軍【救護班】尹喜植 李鎣浩 趙漢盛 鄭求忠 朴昌薰 高永洵 日本赤十字社看護部隊【接待部】李圭顯 金潤秀 李賢在 李基衍 白泓均 洪昌裕 金鎔觀 金春基 許澤 趙善用 金德昌 宋祥九 安永煥 李澤周

金熙俊 梁世鎭 孫台煥【饗應部】太應善 朴疇明 孫鍾洙 玄錫柱 朴寬鎭 李鎭元【寫眞班】硏友寫眞館

조선중앙일보 1935년 12월 2일 3면

中央體育硏究所『力技』昇段昇級

中央體育硏究所에서는 지난 二十二日(金) 同會館에서 師範 徐相天, 李奎炫 兩氏 審判下에 段級審查會를 開催한바 昇段昇級者는 다음과갓다

◇昇級昇段者氏名

▲三段補 金容星 ▲二段 權重烈 ▲二段補 李如星 尹甲重 朴炳天 李宗浩 金達璜 ▲初級 李容彬 任祥鎬 元謹禎 權寧述 任彙永 金最集 崔禎淵 李德興 ▲一級 林正棒 高昌龍 李丙曔 李昌銳 李圭運 嚴翼璋 洪○亭 金斗鳳 ▲二級 李鍾甲 朱贊會 李甲秀 金杞洙 任相權 高鍾甲 林鍾信 金慶植 崔敬達 朴在龍 ▲三級 鄭得燮 朴公喆 李興鍾 崔翼生 金東憲 李廷○ 黃潤模 兪載鳳 金祥浩 李康成 洪承業 柳春聲 金鍾弼 權寧廸 朴容虎 任文彬 安浩相 金○星 金晶圭 尹相稷 柳基彦 李東俊 李儀永 ▲四級 金昌洙 趙成德 柳宣相 金成翼 朱文鏞 金濟榮 李棟成 金聖敏 崔吉龍 邊宇景 金允喆 ▲五級 宋瑛儀 李勝雨 吳台煥 韓忠錫 鞠淳龜 崔載喆 金粟鎬 ▲六級 崔應三 梁興錫 趙鏞廈 黃德星 金大彙 兪彩龍 李春寧 崔宗奎 申正五 趙泰熙 柳泰衡 具任會 右九十一名 以上

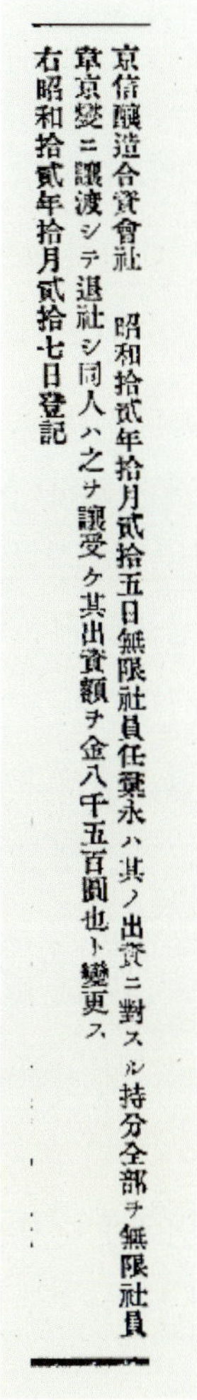

조선총독부관보 1935년 11월 24일 10면

京信釀造合資會社 昭和拾貳年拾月貳拾五日 無限社員任彙永ハ

基ノ出資ニ對スル持分全部ヲ無限社員章京變ニ讓渡シテ退社シ

同人ハ之サ讓受ケ基出資額ヲ金八千五百圓也ト變更ス

右昭和拾貳年拾月貳拾七日登記

京信釀造合資會社　昭和拾貳年拾月貳拾五日無限社員任彙永ハ其ノ出資ニ對スル持分全部ヲ無限社員章京變ニ讓渡シテ退社シ同人ハ之ヲ讓受ケ其出資額ヲ金八千五百圓也ト變更ス

右昭和拾貳年拾月貳拾七日登記

전북일보(인터넷신문) 2015년 9월 1일

'일제식민지 교육반대' 故임휘영 씨, 전주고 명예졸업장 받아

지난 1926년 6월 한일학생 차별대우 철폐 및 일인교사 배척 등 식민지 교육을 반대하며 동맹휴학에 돌입한 후 요구조건이 관철되지 않자 같은해 7월 일인 교장을 교문 밖으로 추방한 혐의로 이듬해 퇴학처분 및 1년 집행유예를 받았던 故임휘영(1908년생, 김제시 성덕면 묘라리 후리마을 출신)씨가 전주고등학교 명예졸업장을 받았다.

지난달 29일 전주고등학교에서 열린 명예졸업식에는 고인의 3남인 임승기(전 성균관대학교 교수)·5남 임정기(전 서울대학교 부총장)씨를 비롯 가족들이 참석했으며, 5남인 임정기(전 서울대 부총장)씨가 고인의 명예졸업장을 받고 숙연한 모습으로 고인을 기렸다. 고인은 5남2녀를 두고 있다.

고인은 생전 가난한 사람들에게 선행을 베풀고 독립운동을 열심히 했던 훌륭한 인물로, 일제강점기 현 전주고등학교 전신인 전주보통학교를 다니다 퇴학처분을 받았다.

최니호 성덕면장은 "우리나라에 잘 알려지지 않은 독립운동가들을 발굴하는 것이 우리 후손들의 역할이며 진정한 애국으로, 우리나라 독립을 위해 노력한 고인에게 다시한번 감사드린다"고 말했다.

새만금일보(인터넷신문) 2015년 11월 17일

순국선열의 날, 故임휘영님의 애국정신을 기리며

11월 17일은 일제의 국권침탈에 맞서서 국권회복을 위해 헌신·희생하신 순국선열의 독립정신과 희생정신을 기리는 '순국선열의 날'이다.

이날은 1939년 대한민국 임시정부에서 일제에 나라를 빼앗긴 을사늑약(1905.11.17.)를 잊지 않기 위해 순국선열공동기념일로 정하고 추모행사를 거행하면서부터 시작됐다.

역사를 잊은 민족에게는 미래가 없다고 했다.

일제 강점기 온 몸으로 국가와 민족을 위해 헌신하신 분들이 있었기에 현재의 우리는 풍요의 시대를 살아가는 것이다.

우리의 정신과 국토가 일제에 의해 유린됐을 시기에 백성의 한 사람으로서 당연히 해야 할 일이었다며 살아생전에 내놓기를 꺼려했던 김제 성덕출신의 故임휘영 어르신에 대한 이야기를 '순국선열의 날'을 맞아 재조명하고자 한다.

식민지교육 반대, 90년 만에 받은 감격의 명예졸업장

전고·북중 동문회는 지난 8월 29일 개교 제96주년 총동창회 정기총회 및 모교 방문의 날 행사를 갖고 이 자리에서 일제강점기인 1926년 일본인 교장 추방 사건 주도자로 제적된 김제시 성덕면 출신, 故임휘영 동문(북중 5회) 가족에게 입학 90여년만에 감격의 명예 졸업장을 수여했다.

이날 고인의 3남인 임승기(전 성균관대학교 교수)씨를 비롯한 가족들이 참석한 가운데 고인의 5남인 임정기(전 서울대 부총장)씨가 명예졸업장을 받았다.

명예졸업장 추증은 1남인 임성기(전 방송문화진흥회 이사)씨의 친구들이 알고 있는 사실들을 밝혀내면서 신청하게 됐으며 동창회사무처에서는 '전고·북중 80년사'에 수록된 내용과 국가기록원에 보관된 학적부를 통해 사실을 확인하고 명예졸업식을 마련하게 됐다.

일본인 교장 배척운동, 퇴학처분 6개월의 징역에 집행유예 1년 선고

故임휘영(1908~1972)은 김제시 성덕면 묘라리 641번지(후리마을)에서 출생해 만경보통학교를 졸업하고 1923년 전주고등보통학교에 입학했다.
1926년 6월 3학년 재학 중 한일학생 차별대우 철폐 및 일본인교사 배척 등 식민지 교육을 반대하며 동맹휴학에 돌입한 후 요구조건이 관철되지 않자 같은 해 7월 일본인 교장을 교문 밖으로 추방한 혐의로 퇴학 처분을 받고 전주지방법원에서 6개월 징역에 집행유예 1년을 선고받았다.

경신양조장 경영으로 독립운동 계속

이후 서울로 올라가 활동하다가 1928년에는 1만2,000원 자본으로 서울 관철동에서 경신양조장을 경영하며 독립운동기금 마련에 착수했고 이듬해에는 독립운동조직 김세동(1870~1942, 1993년 건국훈장애국장 추서)과 접속, 수차례의 현금을 전달했다.
그 중에서 8,000원을(당시 논10필지 값, 현 7억원 정도) 전달한 정황이 조사과정에서 노출됐으나 개인적인 부채라고 속여 활동을 계속 이어나갈 수 있었다.
1929년에는 독립운동 비밀조직인 만경청년회 집행위원으로 활동하다 종로경찰서에 구속되기도 했다.

후리 식산계 설립, 항일운동가 지속 지원

1934년 임휘영은 고향인 김제 성덕면 후리마을로 내려와 지내면서 1941년에 '후리 식산계'를 설립해 묘라리 일원을 구역으로 공동시설, 생산지도, 판매 및 구입 등을 표면에 내걸고 활동했으나 이는 위장에 불과했고 내면에서는 독립운동가들과 긴밀한 접촉을 통해 항일운동을 지속적으로 지원했다.

그 시절 접속인사들은 후리마을 박판철, 박판동, 임부득과 나시마을 최봉호, 만경읍 곽대형(항일비밀조직만경청년회 집행위원 승계자) 등 이외에도 5명 정도가 더 있었다.

숨겨진 독립운동가를 찾아 발굴하는 것은 우리의 사명

故임휘영씨는 살아생전 가족들이나 주변사람들에게 이와 같은 선행이나 애국적인 행동에 대해 말한 적이 없었다. 그저 일제치하 그 시절엔 우리 민족이라면 누구나 당연하게 해야 할 일이라는 생각을 갖고 살다 가셨다.

특히 누이동생인 임부득(1911) 또한 전주여고보생들의 사회주의적 비밀 결사 적광회를 조직(1929. 5월)해 활동했고 소위 치안유지법 위반으로 1929. 3월과 1934. 12월, 각각 1년씩 2년간 징역을 치렀다.

많은 사람들은 우리나라가 일제 강점기를 겪었다는 사실도 알고 있고 유명한 독립운동가의 이름도 알고 있다.

그리고 우리는 주위에 故임휘영씨 처럼 자신의 목숨을 내놓고 기약 없는 민족의 독립을 위해 헌신한 숨겨진 독립운동가도 알아야 한다.

1945년 8월 15일 광복을 맞기까지 대한민국은 얼마나 많은 사람들이 아픔을 겪었을까?

2015년, 광복 70주년의 한 해를 보내는 지금, 우리는 그 아픔을 이해하고 잊지 않기 위한 얼마의 노력을 하고 있는가?

아직도 우리나라에는 알려지지 않은 독립 운동가들이 많다.

우리는 후손으로서 이러한 분들을 발굴해 오늘의 자랑스러운 대한민국이 민족의 독립을 위해 노력한 분들의 피와 땀의 결과라는 역사적 사실을 새기고 우리 민족이 가장 크고 아픈 상처를 입었던 일제강점기를 잊지 말아야 할 것이다.

> 동아일보 2023년 3월 1일 18면

"우리들 피가 끓어… 일제에 항쟁"
비밀결사 만든 여고생

오늘 3·1절 104주년… 여성독립운동가 임부득 생애 재조명 1929년 일제 맞서 선전물 만들어 배포 직전 발각돼 두 차례 옥고 "경제적 독립" 여성해방 운동도… 동아일보, 당시 활약 상세히 보도

"우리들의 피가 끓고 힘이 넘쳐흐른다. 노예적 교육제도는 철폐하고 결사, 연구의 자유를 얻어 조선민족 본위의 교육제도를 실현해야 한다. 일본제국에 끝까지 항쟁하자." 1929년 7월 전북 전주 청수정(현 완산구 교동). 전주공립여자고등보통학교(전주여고보) 4학년 임부득(1911~1987)은 집에서 이 같은 내용이 실린 선전물 '뉴쓰'를 만들어 등사했다. 인파가 몰리는 전주극장 앞에서 뿌리기 위해서였다. '뉴쓰'는 '3·1운동의 유래와 금후의 태도' 토론문을 실어 당시로부터 10년 전 벌어졌던 3·1운동의 정신을 계승하고자 했다. 하지만 배포 전 계획이 발각돼 임부득과 전주여고보생들은 일제 경찰에 검거됐다.

제104주년 3·1절을 맞아 잊혔던 여성 독립운동가 임부득이 학계에 의해 조명되고 있다. 장신 한국학중앙연구원 한국학대학원 교수에 따르면 임부득을 필두로 전주여고보 여학생 19명이 결성한 비밀결사 '적광회'는 독립운동의 수단으로 사회주의 사상을 받아들이고 3·1운동의 정신을 되새기며 일제의 만행을 낱낱이 고발하고자 했다.

'뉴쓰'는 "일본제국주의는 조선민족에게 박해를 가하고 있다. 실로 조선 농민을

위해 싸울 용감한 투사는 투옥되거나 혹은 학살되었다. …경찰 당국과 협력하여 불온사상 단속의 명목으로 백주에 학생의 검속, 고문, 투옥을 감행한다"(1930년 3월 5일 전주지방법원 형사부 판결문)고 고발했다. 이들의 활동은 당시 동아일보에 "같은 학교 3, 4학년생을 중심으로 사상 선전을 하는 동시에 모종의 비밀 결사를 조직하고 '뉴쓰'라는 선전문 창간호를 전주 청수정 임부득 여사의 집에서 등사해 준비했다"(1929년 8월 3일자 '여학생 중심의 비사, 격문 선포 중 발각')고 보도되기도 했다. 임부득은 이 사건으로 붙잡힌 학생 중 유일하게 치안유지법, 출판법 등 위반으로 기소돼 1년간 전주형무소에서 복역했다. 1931년 만기 출소했지만 1934년 전북공산주의자협의회 사건으로 붙잡혀 또다시 1년간 옥고를 치렀다. 1930년 전주형무소 행장(교도소 기록)에 따르면 임부득은 교도소 측과의 면담에서 "우리 여성이 경제적으로 해방된다면 정치적 해방도 얻을 수 있다"면서 "여성은 빨리 인형에서 벗어나 인간으로서의 사람이 되어야 한다"고 강조하기도 했다.

장 교수는 "18세 소녀가 식민지의 모순을 깨닫고 스스로 공부하며 조직을 만들어 주변을 변화시키려고 하는 과정이 관련 사료에 고스란히 담겨 있다"며 "당대 여성이 지역에서 비밀결사를 조직해 활동하다가 두 차례나 옥고를 치른 사례는 흔치 않다"고 했다. 지난해 신진연구자 지원 사업을 통해 임부득 연구를 지원한 독립기념관의 한시준 관장은 "여성 독립운동가를 역사적으로 제대로 평가하기 위해서는 그들에 대한 연구가 활발히 이뤄져야 한다"고 강조했다. 임부득의 오빠 임휘영(1908~1972)과 남편 김철주(1908~1977) 역시 독립운동에 참여했다. 임휘영은 1926년 전주고등보통학교 재학 중 항일 동맹휴학에 참여했다가 퇴학 처분을 받았다. 임휘영과 함께 동맹휴학에 참여한 뒤 자퇴한 김철주는 3년 뒤 임부득과 혼인했고, 부인과 함께 조선공산당 재건운동에 참여해 일제의 감시와 탄압 속에 살았다. 김철주는 1945년 작성된 '조선인요시찰인약명부'(일본 국립공문서관 소장)의 전주경찰서 요시찰 대상에도 포함돼 있다. 임부득 부부는 광복 후 조용한 삶을 살았다고 한다. 손자 김모 씨는 28일 동아일보와의 통화에서 "조부모님께서 사회주의 계열 독립운동을 한 사실이 알려지면 자식들에게 피해가 갈까 봐 주변에도 알리지 않고 사셨다"고 말했다.

최훈진 기자 choigiza@donga.com

"우리들 피가 끓어… 일제에 항쟁" 비밀결사 만든 여고생

오늘 3·1절 104주년 – 여성독립운동가 임부득 생애 재조명

"우리들의 피가 끓고 힘이 넘쳐흐른다. 노예적 교육제도는 철폐하라. 결사, 연구의 자유를 얻어 조선민족 본위의 교육제도를 실현해야 한다. 일본 제국에 끝까지 항쟁하라."

1929년 7월 전북 전주 청수정(현 완산구 교동), 전주공립여자고등보통학교(전주여고)의 4학년 임부득(1911∼1987)은 집에서 이 같은 내용이 실린 선전물 '뉴쓰'를 만들어 등사했다. 인쇄가 불리는 전주극장 앞에서 뿌리기 위해서였다. '뉴쓰'는 '3·1운동의 유혈과 균후의 배도' 등본을 실어 당시로부터 10년 전 벌어졌던 3·1운동의 정신을 계승하고자 했던, 8차만에 배포 전 계획이 발각돼 임부득과 전주여고보학생들은 일제 경찰에 검거됐다.

제104주년 3·1절을 맞아 여성 독립운동가 임부득의 활약이 재조명되고 있다. 장신 한국학중앙연구원 한국학대학원 교수에 따르면 임부득을 비롯한 전주여고보 4학년 19명이 결성한 비밀결사 '학광회'는 독립운동의 수단으로 사회주의 사상을 받아들이되 3·1운동의 정신을 되새기며 일제의 만행을 날날이 고발하고자 했다. '뉴쓰'는 "일본제국주의는 조선민족에게 박해를 가하고 있다. 실로 조선 놈들을 위해 쌓은 욕심만 투쟁은 무죄로서 나의 명목으로 배주에 학생의 검속, 고문, 투옥을 감행한다"(1930년 3월 5일 전주지방법원 형사부 판결문)고 고발했다.

이들의 활동은 당시 동아일보에 "같은 학교 3, 4학년생을 중심으로 사상 선전을 하는 동시에 모종의 비밀결사를 조직하고 '뉴쓰'라는 선전문 항간호를 전주 청수정 임부득 여사의 집에서 등사하였다"(1929년 8월 8일자 '여학생 중심의 비사, 격문 선포 중 발각')고 보도되기도 했다.

임부득은 이 사건으로 붙잡힌 학생 중 유일하게 치안유지법, 출판법 등 위반으로 기소돼 1년간 전

1929년 일제 맞서 선전물 만들어
배포 직전 발각돼 두 차례 옥고
"경제적 독립" 여성해방 운동도
동아일보, 당시 활약 상세히 보도

주형무소에서 복역했다. 1931년 만기 출소했지만 1934년 전북공산주의자협의회 사건으로 불잡혀 또다시 1년간 옥고를 치렀다. 1930년 전주형무소 행정교도소 기록에 따르면 임부득은 교도소 측 19인 명단에서 "우리 여성이 경제적으로 해방되면 정치적 예속을 믿을 수 있을 것"이라며 "여성은 종래 인형에서 벗어나 인간으로서 사람이 되어야 한다"고 강조하기도 했다.

장 교수는 "18세 소녀가 식민지의 모습을 깨닫고 스스로 공부하며 조직을 만들어 주변을 변화시키려고 하는 기상이 귀한 사실에 고스란히 담겨 있다"며 "당대 여성이 지대에서 비밀결사를 조직해 활동했다가 두 차례나 옥고를 치른 사례는 흔치 않다"고 했다. 지난해 신진연구자 지원 사업을 통해 임부득 연구를 진행한 독립기념관의 한시준 관장은 "여성 독립운동가를 역사적으로 제대로 평가하기 위해서는 그들에 대한 연구가 활발히 이뤄져야 한다"고 강조했다.

임부득의 오빠 임화영(1908∼1972)과 남편 김철준(1908∼1977) 역시 독립운동에 참여했다. 임화영은 1929년 전주고등보통학교 재학 중 항일 동맹휴학에 참여했다가 퇴학 처분을 받았다. 임부득과 함께 동맹휴학에 참여한 뒤 자퇴한 김철주는 3년 뒤 임부득과 혼인했고, 부인과 함께 조선공산당 재건운동에 참여해 일제의 감시와 탄압 속에 살았다. 김철주는 1945년 작성된 '조선요시찰인약부'(일본 국립공문서관 소장)의 전주경찰서 요시찰 대상에도 포함돼 있다.

임부득 부부는 광복 후 조용한 삶을 살았다고 한다. 손자 김모 씨는 28일 동아일보와의 통화에서 "조부모님께서 사회주의 계열 독립운동을 한 사실이 알려지면 자식들에게 피해가 갈까 봐 주변에도 알리지 않고 사셨다"고 말했다.

최훈진 기자 choigiza@donga.com

▲ 임부득의 비밀결사 사건을 '여학생 중심의 비사, 격문 선포 중 발각'이란 제목의 기사로 보도한 1929년 8월 3일자 동아일보.

◀ 여성 독립운동가 임부득(오른쪽)이 1970년대 남편 김철주와 함께한 모습.

부록 03

임휘영 관련 구술 자료

구술자료

개관

2020년 2월부터 9월까지 임휘영의 자녀 임성기, 임원기, 임승기, 임소자, 임정기와 구술, 면담을 진행하였다. 임원기는 미국에 체류하여 줌으로 화상 구술에 참여하였고, 임정기는 가족의 구술에 모두 참여하였다.

묘라리 요래가 고향인 서은석은 본 연구가 진행되는 동안 수시로 면담, 구술에 참여하여 자료와 설명으로 부족한 부분을 채웠다.

김제 일대를 답사하면서 후리 생가의 임창의, 김제 주장의 곽삼희로부터 추가로 구술을 받았다. 아래 구술 내용은 구술 일자 순으로 배치하였다.

구술은 모두 경어체를 사용했지만, 녹취록 작성은 평어체('~하다')로 요약 정리하였다. 본문의 인용도 마찬가지이다.

만경, 묘라리, 김제, 전주 답사에서의 구술

일시 : 2020년 2월 7일(금)~8일(토)
답사코스 : 만경초등학교 – 만경향교 – 만경읍사무소 – 만경구시가지 – 능제 – 남산서원 – 중식(근로자가든) – 후리 생가(임창의 면담) – 김제주장(김제역 앞, 곽삼희 면담, 저녁) – 전주행 – 전주고 – 전주여고 – 한옥마을 – 전주시내(장명수 전 전북대총장 면담)
참석자 : 서은석, 한상구, 이신철, 은정태
구술자 : 서은석, 임창의(후리), 곽삼희(김제주장)

후리 생가의 **임창의(任昌儀) 구술**	**일시** : 2020년 2월 7일 **장소** : 본채 내실 **참석자** : 서은석, 한상구, 이신철, 은정태

* 임창의는 1935년생, 중앙대(익산의 중앙대 전시분교) 법대 졸, 학보 출신(대학생 신분으로 군인이 되면 나오는 지위), 김제시청에 재직하였고, 김제시 행정동우회 회장을 맡고 있다.

그림 44 후리 생가에서 증언하고 있는 임창의

1) 가옥

1941년 신축. 부안 변산의 해풍을 맞은 소나무 사용, 5간 겹집. 현재 본채와 사랑채만 남아있고, 곳간은 헐었다. 성덕면에서 제일 큰 집이다. 한국전쟁 중 이곳은 인민군 중대본부가 되었고, 또 진지를 구축하였다.

2) 마을

임씨보다는 김해김씨가 먼저 마을에 온 것이 아닐까 한다. 김씨는 다목에, 임씨는 대목, 묘라, 후리에 세거하였다.

3) 임공희와 임기부

약방은 임공희가 시작했고 아들 임기부는 하지 않았다. 강동희가 임공희의 글씨 견본을 가져갔다고 한다. 임공희의 넷째 며느리는 강동희의 누이동생이다.

임기부는 1남 3녀. 임기부는 생산물을 무이자로 빌려주었다. 김제중학교와 벽골제에 많이 기부하였다. 1944~45년 임기부는 가난한 이들에게 이자를 안 받고 줬다.

4) 임휘영

임휘영은 자경하는 논 72마지기 정도를 소유하였다. 소작이 수십 마지기였다. 할아버지 임공희가 손자 임휘영에게 현금을 다수 넘겨주었다. 전쟁을 거치면서 임휘영은 익산으로 갔는데, 임휘영의 아랫동서 김윤창이 만세주장을 했고 막내 동서 이한구는 백화점을 경영하고 있었다.

나의 부친은 조한백과 임휘영의 마름이었다.

임휘영은 빚을 내주는 돈이 적지 않았는데 그 이자가 쌀 10~20가마 정도였다. 돈을 남에게 빌려주고는 갚지 않아도 그냥 두기도 하였다.

임휘영은 퇴학 후 상경하여 중학교를 다녔다고 한다.(*이 부분은 착각이다) 한국전쟁 후 김제로 옮겨갔다.

일제 강점기 임휘영은 후리에다 부인을 두었고 서울을 왕복하였다. 그러다가 김제의 주장으로 거처를 옮기면서 부인도 김제에 거주하였다. 조한백이 전주에 집을 매입하면서 아들들은 전부 전주로 이사했다가 이후 서울로 갔다.

자경 70마지기와 소작 수십 마지기가 있었는데, 김제에 주장을 매입하는 과정에서 대부분 매각하였다. 김제 주장은 대동주장으로 김제 역전에 있다. 김제에는 여러 주장이 있었는데 이곳은 물이 좋았다. 막걸리, 탁주를 생산했다.

경제력은 면부자 정도였음. 농지개혁 이후 임휘영이 가지고 있던 지가증권이 한 달 반만에 휴지조각이 되어 부부간 걱정이 많았다고 한다.

조한백의 외가 아저씨집 조재식(월촌면)에게서 주장을 매입하였다. 임휘영 사망 이후 운영은 임융기가 맡았다.

김제에서는 안길룡(도정공장), 김창희의 부 김석기(역전 주유소 앞)와 임휘영이 6.25 뒤 한량으로 살았다. 이 3인방은 일본과 대만을 함께 돌아다녔다.

임휘영은 성덕국교의 후원회장과 육성회장을 지냈다.

임휘영은 운동만 하고 좋은 사람이었다. 임휘영은 남을 지원하고 나눠주는 삶을 살았다. 돈의 출입에는 무관심했다. 집안일에 대해 거의 무신경하고 나가 살았다. 그리고 돈만 쓰고 다녔다.

임휘영은 정치활동은 없었다. 다만 조한백씨의 선거에 정치자금을 댔을 것으로 추정은 해본다.

신풍리 대성주장 지배인 곽삼희 구술

일시 : 2020년 2월 7일 오후 5시~7시
장소 : 김제주장 내 안채
참석자 : 서은석, 한상구, 이신철, 은정태

* 곽삼희는 1937년생으로 1978년부터 대성주장에 와서 지배인으로 살았고, 주로 회계를 맡았다. 성덕면의 땅을 임성기 대신 매각해주기도 하였다. 주소는 김제시 신풍동 37번지로서 대동주장 터이다.

1) 임휘영 시기

주장은 조재식으로부터 1952년경에 매입하였다. 조재식은 아들 조훈종과 조필종이 있었는데, 정미소와 주장을 각각 상속하자 조필종이 임휘영에게 매각한 것이다. 조필종이 매각하자 조재식은 자살하였다. 전쟁 직후였다.

주장은 후리 토지를 매각해서 양조장 매입한 것이다. 수질이 김제시에서 최고였다. 주장의 경영은 임휘영 부인이 입구에서 했다.

그림 ㊺ 김제주장 안채에서의 증언 모습. 좌로부터 시계방향으로 서은석, 곽삼희, 은정태, 한상구.

임휘영은 1952년부터 1972년 사망할 때까지 주장을 운영하였다. 양조장은 1970년대까지는 좋았다. 1980년부터 소주 도수를 낮추고, 막걸리 소비가 줄어들면서 경영에 어려움이 있었다.

2) 임용기, 임성기 시기

임휘영 사망후 임창기가 쫓겨났고 임석기가 10년간 운영했다. 1978년 내가 참여할 때는 임용기가 주장을 운영하고 있었다. 용기는 서울로 옮겨가면서 그만두었다.[153]

1970년대 주장 통합지시가 있어서 삼성주장과 대동주장에서 한글자씩을 따서 '대성양조장'이 되었다. 이때 임용기가 있었다. 공식명칭은 '대성주조공사'이다. 합동 후 수익 배분을 1/2씩하였다. 이에 따른 지배인이 2명씩 있었는데 임석기

---

153 임창기는 주장에 근무한 적이 없으며, 임용기가 서울의 림스코와 주장 경영을 병행하다가 지병을 얻어 1987년 사망할 때까지 주장 경영을 하였다는 증언도 있다.(임정기, 2020.10.6.)

가 없는 사이에 대성주장 지배인이 문제를 낳아 갈등이 있었다. 광활면 재산가 신진혁도 참여하였다.

술을 만들 때 주인들은 오지 않았다. 임성기는 지배인 유문희에게 맡겨놓는 스타일이었다. 임융기 사후 임성기가 관여했으나 사실상 지배인들이 전권을 행사하였다.

예전 양조장은 지역 구역이 있었다. DJ 당선 뒤 지역 제한을 해제하였다. 자본 있는 양조장이 돈을 들고 움직여 영업에 큰 지장이 생겼고, 그래서 지금부터 7~8년 전에 폐업한 것이다.

주장에서는 막걸리, 약주, 소주 모두를 만들었다. 약주는 김제에서 만들다가 익산 동서의 만세주장으로 옮겨 만들었다. 소주는 정부시책에 따라 중단했다. 옥구의 대야주장과의 합동은 없었다.

3) 신풍리 가옥

임휘영은 이 방에서 돌아가셨다. 신풍동 13-1번지이다. 후리의 집을 매각하고 김제로 들어온 것이다. 이 집은 일본인이 소유했고, 매입할 때 이미 건축해 있었다.

신풍동 13-9번지(왜식옥)와 신풍동 13-223(약주 지점)번지로 구분했다.

집에 걸려있는 족자는 예술혼을 담고 있는데 이 집에서 제작한 것이다. 금호(錦湖)는 곽수형(郭繡炯)으로 추정된다.(서은석)

4) 임성기의 경제활동 대행

임성기는 현금, 산, 토지가 있었다. 내가 이를 매각하는 데 관여하였다. 성덕면에는 임야, 김제에는 집터, 후리에 있던 산 3천평, 큰 산, 밭 4백평을 매각하였다. 그 시기는 지금부터 20년 전 쯤이다.

5) 주장 관련 자료의 처리

2019년 여름에 김제시에 주장 관련 표창장, 면허증, 장부 등을 다 가져갔다. 가져가면서 목록이나 인수인계증을 쓴 것은 아니었다.

서은석 구술
2020년 2월

일시 : 2020년 2월 27일
장소 : 역사디자인연구소
참석자 : 서은석, 이신철, 은정태

임성기의 행적

임성기는 1939년에 성덕국민학교에 입학했다. 1941년 혹은 42년 김제중앙국교로 전학했다. 전주사범 본과 3회 동기간에 삼우회(三友會)가 있는데, 회지『고덕삼우(高德三友)』에 임성기가 거의 매회 기고했다. 전주사범은 6년간 다녔다. 이후 조한백장관의 비서관이 되었다.

2. 보훈처 독립유공자 신청 과정

김세동의 손자 김용진이 2012년경에 임성기를 찾아 왔다. 2012~13년 『한울타리』에서 임원기에 대한 서은석의 글을 보고 임정기가 연락해왔다. 그래서 임성기를 집에서 만났고 이후 임정기와 함께 자료를 수집하였다. 2014년 김용진을 여러 차례 만나 자료를 요청하였다. 이를 가지고 2015년 1차로 독립유공자 심사를 신청했지만 부적격 판정을 받았다. 임정기가 그 판정서를 갖고 있을 것이다. 부적격 판정의 이유는 알 수 없다. 2017년에 두 번째 심사를 신청했다. 일부 자료를 추가했을 것으로 추정된다.

그림 46 현재의 전주고등학교 대강당 앞에서 해방직후 이 학교에 다녔던 경험을 증언하고 있는 서은석. 2020.2.8.

3. 집안의 주장 운영자들

군산(이리) 만세주장은 임휘영의 동서로 조한백의 둘째 여동생 조영순의 남편 김윤창이 운영하였다. 옥구 대야주장은 임휘영의 동서로 조한백의 막내여동생 조소영의 남편 이한구가 운영하였다. 김제 서광주장은 임휘영 고모의 사위 김광준이 운영하였다.

대동주장 인수시 김광준은 김제의 상공인 대표였다. 안길룡, 조재식, 김광준 세 사람이 임휘영이 김제로 이사할 때 영향을 주었을 것이다. 김광준은 임휘영보다 연하로 일제말 김제읍 본정통 소재 渡邊商會(백화점)에 취직했다. 이 건물은 후일 저축은행 지점이 된다(1948년경 확인). 김광준은 도변상회를 인수해 '三光'으로 이름을 변경하였다. 백화점을 운영하다 이를 정리 후 정종공장을 운영했다. 상표는 '서광(曙光)'. 양조공장 운영시에 군산에 소주공장 '승리'를 창업하기도 했다. 나중에 서울에서 '조향'을 인수 후 '조해'라 이름 붙였다. 이를 다시 세모에 팔았다. 10개 미만의 정종회사 중의 하나였다. 안기룡(安基龍)과 안길룡(安吉龍) 형제가 있었는데 동생은 김제에서 정부미 도정공장을 했고 도의원을 지냈다. 임휘영은 형보다 동생과 가까웠던 것으로 짐작된다.

〈서은석 카톡 정리〉, 2020.3.1.

임휘영을 기억하는 최봉호(1930년생 묘라리 출신)의 증언이다.

임휘영은 해방 전 가끔 소를 몰고 풀을 뜯어 먹게 하였는데 하얀 모시 한복 차림에 우산과 책을 들고 서서 책을 읽었다. 우산은 베 우산(紙 우산도 귀할 때임)으로 양산을 겸하고, 해방 후에도 가끔 목격하였다. 해방이 되어 해산된 신파(소규모 연극단)꾼들 중에 소년 역할의 꼬마동이를 상당 기간 집에서 거두어 주고 소를 끌고 다니게 했다. 또 한 여학생은 월남시 가족과 흩어져 고아가 됐는데 역시 집에 있게 하는 등 선행을 일관하는 어른으로 정평이 나 있었다.

가족 구술 ❶
임성기

일시 : 2020년 3월 6일 오후2~5시
장소 : 한강 신동아아파트 6동 1003호 임성기님 자택
참석자 : 임성기, 최려자, 임정기, 서은석, 한상구, 이신철, 은정태

임기부

김제에서 후리로 택시를 이용하기도 했다. 멋쟁이였다. 나는 할아버지와 가마를 타고 만경향교에 가기도 했다. 임기부는 남산서원에 출입했다. 할아버지의 손저울이 있었는데 원기에게 이를 주었다. 원기가 어릴 때의 기억을 채울 수도 있을 것이다.

낙향과 광산 투자 건에 대한 질책

가족 몰래 자금을 가져가서 임기부가 임휘영을 야단쳤다는 얘기를 최려자가 어머니에게 들었다. 사업자금이라면 부모로부터 승낙을 구했을 것인데 야단을 친 것은 몰래 했다는 것으로 이해하는 것이 맞을 것이다.

그림 47 구술하는 임성기 내외.

성덕초등에서 김제초등으로 전학한 이유
자전거를 사주었고 인력거와 버스를 탔던 기억이 있다. 후리에서 김제까지는 8km 거리이다. 외삼촌 조한백이 김제중앙국교에 교사로 재직하고 있었는데, 김제 소산리가 집으로 학교에서 2km거리 였다.

후리 정미소
마을 입구에 정미소가 있었으며 위치는 현재와 동일하다. 잠깐 운영하였고, 적어도 1955년 이전에는 없었을 것으로 추정된다. 정미소 설치에 따라 전기가 설치되었는데, 정미소의 남는 전기를 후리로 끌어와 라디오를 들었다. 이것은 해방 직후로 추정된다.(서은석)

김제의 생활
박판철이 후리집으로 말을 태워 보내주기도 했다.

전주사범학교로 진학한 이유
사범학교는 선모집이었고 재학생들에게는 2만 5천원의 학비를 대주었는데, 당시 하숙비보다 많았다.

임휘영이 김제로 옮겨간 이유는
서울에서의 주장 운영 경험을 되살리고 아이들 교육 때문으로 추정된다(최려자). 김제로 가기 전에 경제적으로 어려웠다. 내가 3학년 신학기부터 성덕국민학교에서 김제 중앙국민학교로 전학하였다. 후리에서 김제로 이사한 것으로 기억된다. 김제 주장은 후리의 농지 매각 대금과 이리의 둘째 이모로부터 도움받은 것이 바탕에 있었을 것이다.(임정기)

양조장 경영
임휘영은 양조장 경영에 관여하지 않았다. 어머니가 술이 익었는지 최종 판단했다. 그리고 회계는 어머니의 몫이었다.

조정희 관련
조맹순에서 조정희로 개명한 이유는 모르겠다. 어머니는 늘 돈을 아끼려 했다. 4km 거리의 소산리에 사는 외할머니와 밤늦게 가서 이야기 하고 새벽에 돌아와 집안 일을 하였다. 학비가 없어 상급학교 진학을 포기할 수밖에 없지 않느냐는 아버지의 의견에 "아이들 교육을 시키지 않는 것은 죄짓는 일이다."라고 강력하게 반대했다고 들었다. 토지가 많이 줄어들어 경제적으로 어려운 상황에서 어머니의 주장으로 자녀들이 모두 대학까지 마칠 수 있었다. 김제 주장 운영 이후로 경제 상황이 좋아져 이후로는 교육관련 비용 문제가 없었다.(임정기)

산소의 소재지
부안, 후리, 원평에 각기 산소가 있는데 부안에서는 시제를 지낸다.

태도와 생활

아버지에게 클래식 음반과 축음기가 있었다. 춤을 즐겼다. 반면 어머니는 돈을 아끼려 했다. 생일날에는 사람들이 2백명 정도도 모여들었다. 국악하는 이들을 불러 노래를 하기도 했다. 아버지는 정치적 성향을 드러내지는 않았다.

임부득과의 관계

중학교 1학년(1963년) 당시 인왕산 자락에 있던 임부득 고모의 집을 아버지와 함께 찾아갔다. 집에 화장실도 없고 먹을 물도 나오지 않았다. 아버지는 서울에 올 때마다 여동생 집을 찾아간 것이다. 임부득은 6.25 이후 서울에 머물렀던 것은 분명하다. MBC 재직중 해직당하고 후에 복직하여 MBC 워싱턴 특파원을 한 김택곤(전 전주방송 사장)은 미국 자료에서 고모가 인민군 후퇴 시에 입산하였다가 내려온 것을 시사하는 자료를 본듯하다고 하였다. 월북을 한 것인지 아니면 입산을 한 것인지는 분명하지 않다.

임부득 고모는 조부모님 제사 등으로 후리 혹은 김제에서 만났으나 김철주 고모부는 통틀어 몇 번밖에 만난 적이 없다. 고모의 시댁은 전주의 양반대 부잣집이었고 고모의 시어머니는 음식솜씨와 바느질 솜씨가 좋아서 집안의 혼사 등 경사 준비에 와서 도와주셨다. 고모는 고모부가 직업을 가질 수 없는 상황에서 혼자 가정을 꾸렸던 듯하고 인천 결핵요양병원에서 근무를 하신 것으로 안다. 고종사촌 중 장남 김광배와 차녀 김광희는 어려운 환경에서도 각각 경기고등학교와 경기여고를 졸업하였고 김제에 자주 놀러 오기도 하였다. 김광배 형은 한동안 김제 주장 일을 돕기도 하였다. 임부득 고모는 늘 명랑하고 여유 있는 성품이었고 그 어려운 환경에서도 그러한 성품을 유지할 수 있었음은 자신이 살아온 길에 관한 확고한 신념과 자부심이 있었기에 가능한 것이라는 생각이 든다.

한번은 임부득 고모가 다리를 놓아 선을 본 적이 있다. 김재규 자형의 모친(전주북중 교장 역임 후 서울대학교 교수로 정년퇴임 한 김용환 교수의 부인)께서 같이 나오셨는데 두 분은 전주고녀 1년 선후배 사이였다. 이 자리에서 자형의 모친이 고모를 깍듯한 선배로 대하면서 어려워하는 모습에 다소 의아하였다. 이분은 평소 거침없이 활달한 분이셨기 때문이다. 후에 고모가 동문 사이에서 그만큼 존경받고 카리스마가 있는 존재였다는 것을 알게 되었다.(임정기)

가족 모임

두 달에 한번씩 장자인 성기집을 작은 고모(임영순)가 아들딸과 함께 방문했다. 임휘영은 모이는 것을 좋아해서 2달에 한번씩 모여 저녁을 사주고 한 것이다. 임씨네계라는 가족계를 오랫동안 해왔는데, 1980년대까지 유지했다. 곗돈도 모으고. 작은 고모는 1960년대 갈현동, 불광동에 살았다.(최려자)

조한백 집안과의 관계

조한백 집안과는 자녀들의 교육면에서 많은 도움을 받았다. 고려대 영문과를 졸업하고 조한백의 장관 시절에 비서로 활동하기도 했다. 생활비를 이모로부터 지원받는 경우도 적지 않았다. 먹을 것도 전달받았다. 조한백이 국회에 출마할 당시 김제주장의 술이 바닥나기도 했다.

이모 집안과의 관계

작은 이모는 이리(익산)의 만세주장을, 막내이모는 옥구에서 대야주장을 운영하였다. 이리로 막내 이모가 하는 삼신양행에 어머니와 함께 간 적이 있다.(임정기)

주변 인물

임창선(재당숙)은 동진수리조합 부장을 지냈는데, 외삼촌이 강동희이다. 전주농업학교 졸업 후 곧바로 동진농조에 취직했다.(서은석)

집안에서 전주고보 맹휴사건에 대해 들은 이야기의 맥락(임정기)

당숙 임창선(요래)과 고모 및 어머니로부터 전주고보 교장을 구루마에 태워 들어 삼태기에 부었고 그래서 퇴학을 당했다는 얘기를 들었다.(임정기, 최려자)

보훈심사 관련

1차 2015년, 2차 2017년에 한 것은 내용을 특별히 추가한 것이라기보다는 정권교체로 인한 상황의 변화에 따른 판단이었다. 2차에서는 1940년대 활동을 일부 추가해서 제출하였다. 1차에서 안되고 나서 그 사유를 묻는 공문을 요청하지는 않았다. 연구원 및 고위층과 통화한 결과 낙향한 이후에는 괄목할 활동이 없었고 적지만 헌납 기록이 있었다는 말로 간접적인 이유를 들었다.

김세동의 '독립군자금' 언급 관련

김세동의 손자 김용진이 처음 독립군자금이라 언급하였다. 김제 사는 아무개에게 부채가 있다는 말을 들었으며, 그래서 제국흥신소 자료를 제시한 것이라 하였다.

가족 구술 ❷
임정기, 서은석

일시 : 2020년 3월 20일(금) 오후 3시~5시
장소 : 서울 종로구 계동 카페 두루
참석자 : 임정기, 서은석, 한상구, 이신철, 은정태

서은석 : 최낙구의 증언에 따르면, 김방서(「흑암의 세계」(1980) 집필자, 만경국교 교사 시절 한국전쟁 경험)는 만경국교 동기동창이며, 이리농업학교 진학한 후 4년만에 중퇴한 후 준교사였는데, 만경국교 교사로 있었다. 김방서의 글에 나오

는 곽희열의 친조카 등 일부는 월북하였다.

서은석 : 요래 당숙 임창현의 집과 최봉오의 집에 인민군이 머물렀다. 최봉오의 증언에 따르면, 연행되어온 이로 최판오만 기억나며, 인민군이 3~4명이 있었고 그중 1명은 총을 가지고 있었다. 집에서 식사를 제공하지는 않았고 인민군 스스로 해결하였다. 낮에는 안들어오고 밤에만 들어와 자더라. 김제 나시(羅是)의 최봉오는 좌익이라서, 최판오는 우익이라서...나시의 두 거물이다. 최판오는 강동희 처의 장조카이다. 딸이 7명인데, 임성기의 초등학교 동창생인 최낙표가 양자로 들어갔다.

묘라리 요래의 하촌에는 3명의 인민군이 있었다. 그러나 1~2일 지나면 떠났고(서울에서 모집해온 의용군으로 북한 사람은 아니었음), 서울의대 재학생도 있었다. M1소총(USA)을 메고 있었다. 즉 묘라리는 인민군과 의용군의 이동시에 잠시 머물렀던 숙소였던 것으로 보인다.

최봉오의 구술에 따르면 김방서가 말한 묘라리는 김제 가는 길에 6~7가구가 있는 두무동이 아닐까 한다. 그곳에 조그마한 절집이 있었으며, 옆집에 묘라리 인민위원장 최장열이 있었고 후일 월북하였다. 그렇다면 후리에는 정규군이 있었던 것이 아닐까 생각한다.

임정기 : 큰형 임성기의 증언에 따르면, 인민군이 젊은 친구들로 점잖았으며, 특별히 요구하는 것은 없었다고 하였다. 전쟁 후 친구들과 방공호에서 놀았으며, 집과 대나무밭 사이에 방공호가 있었는데 덤불로 덮여 있다.

서은석 : 김광준은 渡邊商會를 인수하여 '三光'으로 이름을 바꾸었다. 본정파출소 옆집에 위치하여 김제에서 가장 큰 규모이다. 해방 후 김광준은 정종공장인 '서광'을 세웠다가 이를 다시 '조해'로 바꾸었고, 후일 세모가 이를 인수하였다. 김광준은 김제지역 통일주체국민회의 대의원이었다. 김광준과 가까웠던 이춘기는 이리 출신으로 통일주체국민회의 총재 곽상훈의 후임이 되어 전두환의 대통령 당선증을 수여했다.

그림 ㊽ 구술하는 임정기. 사진은 2020년 7월 3일 자택에서.

임정기 : 임휘영은 김광준과 함께 김제발전위원회 공동위원장이었다. 시 승격을 위해 노력하였다. 그때가 1960년대로 임정기의 중학교 때였다.
부안의 산소를 방문했을 당시 부안 시내 어떤 집(적산가옥)을 들렀던 기억이 난다. 이곳이 부안의 대성산업사가 아닐까 추측한다.

한상구 : 적지 않은 돈이 들어간 것….독립운동이었다면 총독부가 가만두지 않았을 것이다. 차분한 접근이 필요하다. 8천원이 투자자금일 수도 있다.

은정태 : 임휘영에게 한성은 꿈, 도시문화, 돈…광산, 금융 등 새로운 기회의 공간이었다고 생각된다.

서은석 : 서울로 상경했을 때 김세동과 임휘영은 어떻게 만나게 되었을까? 그 경위를 알 수 없으나 의협심, 젊은 혈기 속에 독립운동에 참여하기 위한 것으로 보인다.

임정기 : 유족이 그런 것을 가지고 말할 수는 없다. 투자라 단정할 수는 없다. 그런 정황이 있다고 기술할 수는 있을 것이다.
명륜동의 외삼촌 집은 주소가 명륜동 1가 71로 추정된다. 10여 명의 학생들이 함께 머물렀던 명륜동 공동체로, 서울 유학의 현장이었다.

서은석, 임정기 : 임휘영은 임성기, 임원기가 성덕국교에 다닐 때 후원회장이었다. 강동희가 후원회장이었고, 그 전임 혹은 후임이었다. 임융기가 김제고등학교 재학중일 당시에도 학교 후원회장이었다. 융기는 1년만 그곳에 다녔다.

서은석 : 처가는 조한백, 조정순, 조영순(이리 만세주장), 조소영(옥구 대야주장) 형제이다. 이형진의 구술에 따르면, 조소영은 시동생 이형진(연세대 출신)과 함께 후리를 왔다 갔다. 조소영의 남편이 이한구이며 이형진과는 형제 관계였다. 큰형 이한구에게는 주장을 상속하고 동생 이형진에는 강화도 땅을 상속하였다. 이형진은 전쟁 중 부산에서 열린 연세대 입학식에 비행기를 타고 부산에 갔다. 이때 비행장에 형수 조소영의 친정 오빠 조한백이 비행장에 나왔다. 그 때문에 당시 건설국장(해무국 시절) 강두기가 마중 나왔다. 조한백이 이형진을 강두기에게 인계해주었고 이형진은 부산 강두기 집에서 생활하다가 수복 후 강두기는 집을 청운동에 마련했다. 대한전선 설경동과 강두기가 이웃으로 밀접하였다.

서은석 구술 2020년 3월	**일시** : 2020년 3월 27일(금) 오후 3시~6시 **장소** : 역사디자연구소 **참석자** : 서은석, 은정태

해방 후 임휘영과의 친분

조재식, 김준엽, 김광준, 곽홍열, 허엽, 안길룡, 안기룡, 이동원을 들 수 있다. 임휘영은 김제중고등학교 후원회장을 지냈다.

주변의 문화시설들과의 연계

임원기의 한문 실력으로 보아 유학 관련 네트워크를 고려할 필요가 있다. 만경향교, 남산서원, 강동희 등이 서로 연결되는 것이 있을 것이다. 다만 서은석이 임원기에게 물어보니 전혀 모른다고 하였다. 용화사는 오래된 절이며, 임창선씨 부인이 다녔는데 임씨들도 다녔다.

예술 향유

임휘상(씨름 장사)이 국악을 좋아하고 고수였다. 1970년대 후반 혹은 1980년대 초반, 전주의 판소리꾼으로 오정숙의 제자 민소안(閔小安, 전북인간문화재 2호)을 후리로 자주 초청하기도 했다. 임휘상과 동생 임창현은 활을 좋아하였다. 임창현은 후일 전주에서 민소안을 만나보기도 했다.

임휘영의 고모가 넷인데 그중 한 분의 남편(고모부 최규창)이 만경 외곽 대판에 거주하는데 농악의 귀재로 꽹과리 명인이다. 임휘태, 임휘영, 임휘상은 명절이 되면 고모부를 찾아뵙고 인사했고 가끔 고모부가 후리로 와서 즐겼다고 한다. 임휘영은 최규창의 영향을 받았을 것으로 보인다(최규창의 종손자인 최낙구의 증언).

만경과 후리에서의 사상문제와 가족간의 갈등

만경에서 4대 인물이 정노식, 박두언, 나시(羅是)의 최봉오, 그리고 후리 마을이었다. 최봉오는 부자이면서도 덕인이다. 사회주의 성향이나 아무런 관여를 하지 않아 희생당하지 않았다.

최장호는 최봉오의 동생으로 전주북중, 서울법대를 다녔고, 인공시 입산해 행방불명이 되었다. 최장렬은 묘라리(두무동)에 거주하며, 인공시에 민청단장 혹은 면단위 인민위원회에서 활약하였고 월북했다. 박해선은 서은석의 국민학교 동창이며 임성기와 세 사람이 동갑이었다. 다만 서은석은 1년 늦게 입학했다. 김제군의 여성책임자(여맹위원장이나 인민위원회 여성부장)를 지냈고, 인공시 성덕면에 출장차 격려하러 나온 것을 봤다. 박판철은 박해선의 당숙이다. 인공 시절의 집안 사람들의 행적을 보면, 박판철은 인공시 김제인민위원회 위원장을 하였다. 임휘태는 군단위에서(내무서) 김제로 연행되어 갔다. 김제에서 조사 후 전주형무소에서 학살되었다. 임부득의 바로 위 언니의 아들 소씨가 인공 시절 군단위의 간부였을 때 도와주었다면 임휘태가 살았을텐데 하며 아쉬워 하는 이유이다.

가족 구술 ❸
임승기, 임소자

일시 : 2020년 7월 3일, 15:00~18:00
장소 : 옥수동 임정기님 자택
참석자 : 임승기, 임소자, 임정기, 서은석, 한상구, 이신철, 은정태

그림 49 구술하는 임승기, 임소자.

임승기 : 할머니께서 하신 말씀이 기억에 남아있다. "너희 아버지가 3·1만세운동이 일어났을 때 만경에서 독립만세를 부르고 경찰을 피해 후리 집까지 뛰어왔다"고 하셨다. 약 2km 정도 집으로 뛰어왔던 것이다. 또 해방 전에 뒷산 언덕 너머 참외밭에 임휘영이 승기와 같이 갔는데 바람이 많이 불었고 휘영은 이를 '해

방바람'이라고 불렀으며, 며칠 후 해방이 되었다.

임소자 : 김제-만경가는 신작로에 가득 행진했다. 해방 직후 깃발을 들고 노래를 엄청 불렀다. '어둡고 괴로워라~~'(독립행진가)

임승기 : 성덕초등학교, 1954년 전주북중, 1957년 중앙중 편입을 거쳐 1960년 성균관대에 입학했다. 서울로 진학한 것은 형들이 모두 서울에 있고 형들이 교육에 있어서 적극적으로 바람을 넣어 지원했다. 그래서 아버지를 졸라서 그렇게 된 것이다. 전주에는 뚜렷이 볼만한 문화 관련 책이 없었다. 초등 4년 때 집안에 책이 있었는데, 성기와 원기의 책으로 이중에 『세계명시선』(일어판 중역인 듯)에 실린 시를 아직도 기억한다. 이것이 독문과를 가게된 배경이 아닐까 한다.

임소자 : 성동국교에서는 일만 했다. 1950년에 1학년이고 당시 2학급이었다.

서은석 : 성동국교는 원불교에서 인수해 지평선중고등학교가 되었고 현재 대안학교이다.

임승기 : 초등 4학년 때 부친이 라디오를 갖고 있었디. 김제-만경으로 이어지는 전기가 처음 동네로 들어왔다. 부친이 이를 주동하였다. 부친은 라디오를 가지고 뉴스를 들으려고 했다. 학교 갔다 오니 큰형이 집에 누워서 라디오로 멘델스존 피아노협주곡을 듣고 있었다. 『한울타리』의 카톡에 임원기의 음악 이야기 중에 하이페츠, 엘만 등이 정서적으로 뛰어나다는 말을 부친이 했다고 기억하였다.

임소자 : 조부는 거문고를 직접 탔고, 한문에 조예가 깊었다. 성기와 원기는 할아버지로부터 한문을 배웠다. 원기는 의예과 재학시에 등산부(인수봉), 미술, 불어 공부 등 예술에 많은 관심을 보였다. 부친의 영향이 아닌가 한다.

임승기 : 두 형님의 자극이 있었고, 영화나 음악에 관심을 가지게 되었던 것같다. 부친은 잔소리는 절대 없었다. 다만 원칙은 반드시 말했다. '탐하지 말라'는 것이었다. 어릴 때 동내 참외밭에서 아이들과 한물간 참외를 먹었는데 이웃집 주인이 이를 참외도둑이라고 얘기하는 것을 들은 아버지가 나를 불러놓고 경위

를 설명 들은 뒤, 이웃집에 참외와 음식상을 만들어 갖다 드리라고 해서 갖다 드린 적이 있었다. 그리곤 가서 '잘못했습니다'라고 했다. 그리고 성기 형이 어릴 때 거지가 집에 찾아왔는데 놀려대니 아버지가 혼을 내고는 옷과 음식을 갖추어 그 거지를 대접했다는 일화는 『한울타리』에 실려있다.

임소자 : 전쟁 때, 막내 고모(임영순)와 고모부(이우)가 재실에 피난해 왔고, 막내 이모(조소영) 가족은 집 방공호에 머물렀다. 전쟁 때 재실에서 '붉은 기를 지킨다~'는 노래를 많이 불렀다. 재실에서 가르쳤는데, 선생은 동네 사람은 아니었고 군복을 입지는 않았던 것 같다. 당시 어머니는 굉장히 불안해 보였다. 이모가 피난 중에 개를 갖고 왔는데, 방공호에 피난한 이들의 뒷 처리를 이 개가 했다.

임승기 : 고모는 모두 셋이었다. 첫째 고모는 공부를 많이 하지 못했다. 고종사촌이 소원길이다. 둘째 고모는 임부득으로 전주여고보를 졸업했다. 셋째 고모는 임영순으로 전북고녀를 재학했다. 사회주의에 기울었던 것으로 기억한다. 셋째 고모부는 이우로 연안이씨였는데, 집안이 잘 살았다. 관철동에서 양조장을 할 때, 어머니가 막내 고모에게 예쁜 옷을 사입혔고, 한강 가서 찍은 사진이 있었다. 당시 아버지는 음악가에게 음악을 배웠다고 한다. 임부득은 고모부 김철주와 이북에 갔다가 실망해서 돌아왔다고 한다. 전쟁 후 두 분은 두문불출했다.

임소자 : 전주 고모댁에 자주 갔다. 부자였으나 풍비박산이 났다. 고모가 인천 결핵요양원으로 일을 나가서 생활을 하기도 했다. 고종사촌이, 아들과 딸이 경기고와 경기여고를 다녔다.

임승기 : 아버지는 기본적으로 이념에 무관심했다. 의롭게 사는 것을 늘 말했으며, 종손으로서의 삶에 충실했던 것같다. 농지개혁 당시 부모님들의 말이 기억난다. 어머니가 자식들을 교육시켜야 된다며 걱정하자 아버지는 '그래도 농지개혁을 해야 한다'고 말했다. 할아버지가 일궈놓은 농지를 아버지가 말아먹었지만, 장손이자 종손을 생각하여 할아버지는 큰 말씀을 하지 않으셨다. 조부가 돌

아가신 뒤에는 종손으로서 아버지는 도리를 다하려 했다. 제사를 지낼 때 장날 아버지와 함께 만경장에 간 적이 있다. 칼도 사주시거나 했는데, 제수용 음식 가운데 소고기와 생선은 최고품으로 하였다. 장에 가면 동네 사람에게 많은 인사를 받았다. 어머니와 큰형은 아버지의 이런 제사 모시기에 대해 걱정이 있으셨다. 한번은 이런 문제로 성기형과 아버지 간에 갈등이 있어서 성기형이 집을 나갔다. 그러자 아버지는 '그러면 너는 종손이 아니다'고 하며 내쳤다. 그러자 어머니가 나서서 부자간 싸움을 정리해 화해시켰다. 어머니는 굉장히 지혜로운 분이다. 농지개혁으로 가산이 기운 상황에서 아버지는 소작에게 다 내줘라 하였고, 등록금을 낼 때 막막할 정도의 상황이었다.

임소자 : 전주에서 부자라 알고 살았다. 그런데 어느날 학교에서 월사금을 안냈다고 하여 이를 아버지에게 말하니 아버지는 아무 말 않으시고 나가셨다. 그때 굉장히 어려운 시절이었다. 어머니가 뽕나무를 심어 누에를 길렀다. 모시를 했는데 새벽부터 밤까지 어머니는 일을 하셨다. 베틀에다 모시를 짰다. 할머니는 중풍이었다. 어머니는 집일, 밭일이 있었고, 소주도 집에서 만들었다. 할아버지는 늘상 친구들이 있어 술상을 보는 것이 어머니의 일이었다. 일해주는 애도 있었다. 많이 아프면 이리 이모님께 연락해 병원에서 닝겔 등을 맞고 다시 돌아오신다. 아마 아버지가 이모에게 연락해둔 것 같다.

임승기 : 아버지가 김제에 계실 때 제사를 지낼 때면, 재미난 일이 있었다.

임정기 : 후리에서 김제로 이사한 것은 1959년으로 기억된다. 나의 초등학교 3학년 때다. 58년에 매입하고 59년에 이사한 것이다.

임승기 : 아버지는 10대, 20대 젊은 사람들하고 얘기하고 싶어하셨다. 방법은 얘들이 내 앞에서 술, 담배 해야 한다는 것이다. 대학교 때 방학시에 집에 가면 자식들과 얘기하는 것을 제일 좋아했다. 격의없이 맞담배를 했다. 부친이 돌아가신 후 김제 친구들과 시장 상인들의 반응이 있었다. 첫째는 반목하던 사람들이 임휘영이 나타나면 서로 화합한다는 것으로 '복이 없어서 이 친구가 일찍 돌

아갔다'고 말했다. 상인들은 가능하면 다 사주었기 때문에 모두들 좋아했다. 우리는 '부자집 아들'이나 '기와집 아들'로 지칭되었다. 후리에서는 춘궁기나 명절 때 어려운 처지에 있는 이들에게 쌀을 갖다 주는 등 많은 도움을 주었다. 아버지는 집안 살림에 무심했다. 베풀기만 한 것같다. 그러나 전쟁 중에 살아남은 것은 아버지 때문으로 보인다. 인공 시절에는 면으로 다니면서 취조를 받았고, 국군이 왔을 때 또 협조하였다. 양쪽에 모두 불려다닌 것으로 보인다. 집 바로 아랫집이 5촌 당숙(임휘태) 집이다. 성덕면장(1941~1945?)을 지냈는데, 전쟁 중에 전주형무소에서 학살을 당했다. 주변에서 말이 있었다. 원기 형의 말을 들으니, 1950년에 인민군이 철수한 후 국군이 들어왔는데, 인민군의 임씨네 '처형 계획서'를 입수했다는 것이다. 거기에는 가족 전체 명단이 올라가 있었다고 동네분에게 들었다고 했다. 돌수 5촌(임시혁)은 늘 아버지에게 와서 당시 정황을 보고했다. 10월에 국군이 이곳에 왔을 때 안방에서 잔치를 벌인 적이 있다. 인민군들은 집에 주둔한 것은 아니었다. 일종의 주변 군인들용 식당 역할이었다. 어머니가 어린 인민군 병사들과 얘기나누는 것을 보기도 했다. 이러한 아버지의 모습으로 사람들의 인심을 얻었던 것같다. 이는 위기 속에 터득한 것으로 공동체의 위기 속에 자연스레 터득한 것으로 이해된다.

임소자 : 어머니가 서울에 올라오시면 서울역에서 명륜동으로 이동할 때 코로나 택시타기를 거부했다. 왜놈들 꺼라는 것이다. 일제 말에 수탈 때문에 일본을 몹시 싫어하셨다.

임승기 : 중앙중을 다니다가 잠시 휴학을 했을 때 김제주장에 간 적이 있다.

임소자 : 아버지와 어머니는 김제주장을 열기 전에 옥구의 막내이모집에 갔다 오기도 했다. 아버지는 삼신철공소에서 사무를 보기도 했고, 어머니는 삼신양행에서 일을 잠시 하기도 했다. 막내 이모집에 전기가 들어와 있었다. 외할머니가 막내이모 조소영을 숙명여자전문학교로 보냈는데 모두 어머니 조정희의 힘이었다. 합격 소식에 어머니가 동생 소영에게 편지 보내기를, 그동안 공부

하고 싶은 마음이 굴뚝같았는데, 이제 다 풀렸다고 했다. 내가 전주에 있다가 서울에 전학간 것도 어머니의 영향이었다. 6학년 때 성동국교에서 전주 풍남국교로 갔다가 중학교 올라가면서 숙명여중으로 전학한 것이다. 내가 중학교 입학할 때가 원기가 대학원에, 승기가 고등학교에, 정기가 초등학교에 입학할 때였다. 당시 경제적으로 굉장히 곤란했을 것이다. 내가 숙명여중으로 간 것은 모두 숙명여자전문학교를 졸업한 막내 이모 조소영의 영향이었다. 나는 1956년부터 서울에서 생활했다.

임승기 : 명륜동에서 원기형은 아이들을 모아놓아 음악감상을 시켰고, 음악 관련 강의를 하기도 했다. 원기형은 풍금과 바이올린을 하곤 했다. 아버지가 시골에서 올라오시면 집앞 우동집에서 우동을 시켜먹었다.

임소자 : 할아버지는 며느리를 아주 사랑하셨다. 먼저 잘 생겼고, 종손이며, 활쏘기와 가야금을 즐겼고, 만경향교의 장이셨다. 택시를 탔으며, 향교 갈 때는 가마를 타고 출근하기도 했다. 어머니는 2.5km 떨어진 친정(소산리) 외할머니댁을 밤에 갔다가 새벽에 돌아오곤 했는데, '다녀오겠습니다, 다녀왔습니다'하고 절을 올리곤 했다. 할아버지의 건강이 좋지 않을 때 어머니가 건강을 챙겼다.

임승기 : 건너 방에서 혼자 있을 때 조부가 손자인 내 팔을 꾹 누리면서 아프냐 하고, 안아프다 하면 '참 장사다' 하셨다. 할아버지는 손자에게 주려고 감, 곶감, 사탕을 갖고 있다가 5~10분 동안 이야기 한 다음 사탕을 내주셨다.

임소자 : 전쟁 이후 경제적으로 어려웠던 것같다. 김제 주장을 매입한 것도 이리 둘째 이모의 도움 덕분으로 보인다. 그때부터 비로소 안정되었을 것이다.

임승기 : 아버지가 상경하시면 평창동에 있는 임휘상씨댁이나 아현동에 있는 부득 고모댁에 데려갔다. 휘상은 작은할아버지의 아들로서 5촌 당숙인 셈이다. 임휘상은 건강이 좋지 못하여 집안에서 돌봐야 하는 상황이었다. 그는 국악의 고수였고, 임장사라 불렸던 인물이다. 아버지가 상경 시에 친척과 형제들을 찾아가는 것은 종손으로서 가족을 챙기려는 것으로 이해된다. 막내할아버지 아들

임창선씨가 오토바이를 사서 아버지에게 혼난 적이 있다. 동네에서 자식 문제를 가진 이들이 간혹 아버지를 찾아 상의를 하면, 아버지가 그 아이를 조용히 불러 타일렀다. 마을의 어른 노릇도 한 셈이다. 아버지와 내가 영화관을 함께 간 적이 있다. 프랑스 성인영화 '조리쟈망'(?)을 극장에서 함께 관람하기도 했다. 자식들과 함께 술마시는 경우도 종종 있었는데, 시사문제, 특히 국제정세에 관심을 많이 가지고 있었다. 누이동생에 대해서는 여러 생각들이 있는 것같지만, 혹여 가족들이 누이동생처럼 되지 않을까 하는 걱정. 아버지는 이승만정권에 대해서는 비판적이었지만, 정치에 대해서는 깊이있게 얘기하지 않으셨다. 공적인 일을 맡지는 않으셨는데, 김제발전위원회 공동위원장(김광준씨와 함께)과 성덕국교 후원회장이셨다. 나는 운동회때 단상에 교장 선생님과 아버지가 함께 올라가 계신 것을 보았다.

임승기 : 외할머니는 부안김씨인데, 그 집안에 대해서는 전혀 모른다.

임소자 : 외가집과 우리집은 모두 외할머니 덕을 많이 보았다. 외할아버지는 일찍 돌아가셨다. 서울에서 외삼촌 선거운동을 한 기억이 있다.

임정기 : 외할머니의 리더쉽이 있었던 것같다. 친정에서는 어머니와 외할머니가 서로 어떤 문제의 해결 방안을 논의한 것 같다. 외할머니는 여걸이다는 느낌이다. 명석했고, 모든 사람들에게 정이 많았다.

임소자 : 김제에서 성동으로 선거구를 옮긴 이유는 모르겠다. 우리집은 경제적으로 도울 수는 없었고, 말로만 도왔다.

임승기 : 김제양조장 초창기에는 선거 지원을 위해 막걸리를 내놓았다. 트럭을 임대해서 산골까지 다녔다. 어머니는 두 살 위의 오빠 조한백에 대해 큰 절을 올리곤 했다. 최주일이라는 자가 있는데, 이승만계 청년단 출신으로 아버지와는 갈등이 있었다. 그래서 보디가드를 세우기도 했다.

외숙의 선거 당시 나는 직접 지원하지는 않았다. 나는 당시 민주당에 비판적이었다. 술에 취해서 강하게 말한 적이 있다. 나는 60학번으로 4.19 당시 정부청사

(당시는 무기고) 근처에 있었고, 청와대 앞에서 발포 소식이 들렸다. 트럭에 부상당한 이들을 싣고오는 것을 보고 몹시 흥분한 상태였다.

이번 작업은 기록을 남기는 것으로, 미화는 곤란하다. 역사적 배경을 함께 고려해 기술하기를 바란다. 그리고 아버지는 늘 도리(道理)를 생각하신 분이다. 어려운 경제 상황에서 두분이 살아가신 원칙들이 내 피 속에 흐른다는 생각이 든다. 의식, 무의식의 영역이 모두 기억 속에 있는 것이다. 현재와 미래에 교훈이 될 수 있도록 하여 삶의 의미가 아이들에게 전해졌으면 한다. 선택국면에서 아쉬운 흠결과 한계를 훌륭한 점과 함께 드러내주었으면 좋겠다. 중심 테마가 될 수는 없겠지만 임부득과 김철주의 삶을 조명해보면 좋겠다. 광주학생독립운동 기념일이면 해마다 임부득에게 초청장을 보냈지만 한 번도 가지 않았다. 임부득은 전주쪽 대표였다고 한다. 원기가 고모에게 일제의 고문을 물어보니, 처음에는 무섭고 힘들었는데 나중에는 그냥 참을만했다고 한다. 임부득의 시어머니가 부자집이었으며 후리로 자주 왔다. 임부득에 대해 김광배와 김광원이 말하는 것을 몹시 싫어한다. 김광배는 1938년생으로 현재 광림교회 장로이다.

임소자 : 아버지는 늘 모임이 있으면 30분 먼저 도착해 있었다. 지각이란 게 없었다. 자식들과 술친구이자 담배 친구였다. 서울에 있다가 내려오면 계화도 등지에서 가져온 백합조개가 있다. 그걸 먹이려고 준비했는데 하나만 먹고 안 먹으면 늘 안달을 내셨다. 키우면서 아버지는 딸, 아들 구별이 없었다.

임승기 : 아버지는 김제시 승격 과정에 앞장섰다. 김제 유지들의 중심이었다고 생각한다.

임소자 : 김제양조장에서 어머니는 사무실 방에서 잤다. 술 익는 것을 마지막에 체크했다. 후리에서 소주, 약주 내리는 경험이 있었다. 자다가도 술 익는 걸 옆에서 지켜봤다. 어머니는 일꾼들도 관리하고 술도 관리하였다. '한뎃잠'을 잔 것이다. 품격과 기품있는 어머니였고 옷맵시가 좋았다. 말년(10년간)에 치매였다. 미혼이었던 승기만 기억했다.

임정기 : MBC 해직 이후 성기형은 매주 조카들을 모아놓고 글짓기를 시켰다. 조카들이 모두 큰 아빠를 존경했다.

임소자 : 큰 오빠 딸이 치매 걸린 어머니를 찾아뵈면 '누구신데 나한테 이렇게 잘해주는지'라고 말씀하였다.

임정기 : 김제 주장의 성원은 사무 서기 1명으로(합병 후 2명), 기술자 1명, 종업원 4~5명, 배달 4명이었다. 에피소드 중에 배달을 하는 조진경이란 이가 있었다. 그가 주장 앞에서 실성하여 거리를 떠도는 어떤 여자를 미친년이라 놀리는 것을 보고 부친이 뺨을 때렸다. 부친은 늘 인간의 보편적 가치를 생각한 것 같다. 초등 5년 당시 첫 반장이 되었다. 급우 중 두세살 나이 많고 체격도 큰 아이 2명이 있었는데, 이들이 나를 윽박지르는 경우가 있어 어려웠다. 어느 날 그중 한 아이가 나한테 친절히 대하고 다른 나이 많은 애를 견제했다. 까맣게 잊고 있었는데, 서울대병원에 있을 때 40년이 지나서 그 친구가 안과 진료차 찾아왔다. 그리곤 아버지 얘기를 하더라. 걔가 사는 곳이 김제 읍내에서 한참 떨어진 못사는 동네였다. 아버지가 찾아와서는 '네가 남용이냐'하고는 빵과 돈을 주며 '정기 아버지다. 공부 열심히 해라'하고는 그냥 돌아갔다고 했다.

서울고등학교 1학년에 재학할 때였다. 성적이 매우 안 좋았는데 담임에게 아버지가 찾아왔다는 얘기를 들었다. 담임 선생님이 존경할 분이다는 말을 했다. 좋은 인상을 아버지가 주었던 것 같다. 앞집 친구가 회고하기를 아버지가 온화하며 카리스마를 느꼈다고 했다. 질곡의 역사를 살아오면서도 가족과 친구들 사이에서 치우치지 않고 따뜻함을 잃지 않으며 주위에 좋은 인상을 주었던 것 같다. 젊었을 때의 항일운동, 6.25 격변기를 거치면서도 타고난 인간적 성품으로 살았던 듯하다.

임승기 : 큰형 성기는 귀한 장손이었다. 나이들면서 부친을 닮아가는 것 같다. 군제대 후 대학원에 가려고 큰형 종암동 집에 거주할 때, 친구가 1960년대 중반 박정희 시절 경제부장관 수행비서를 했는데, 형님과 장관과의 갈등으로 장관

이 중정을 통해 뒷조사를 시켰다. 중정에서 그 친구를 통해 형님 집을 찾아왔고, KBS에도 형님을 찾아간 것이다. 아마 심한 압박이 있었을 것인데…오랜 세월이 흘러서 큰 형이 비로소 얘기하더라.

임소자 : 승기는 중앙중에서 1등을 했다. 경기고에 떨어졌는데, 이유가 전년 경기중에서 경기고로 입학율이 너무 낮아 부모들의 항의가 있어서 경기중학 애들에게 가점을 주었다고 하더라. 그래서 중앙고로 갔다.

서은석 : 임공희에 대해 정리하자면, 크게 세 가지이다. 유학적 베이스로 남산서원, 만경향교, 간재 선생의 제자라는 점이다. 간재 제자인 최보열이 임공희와 간재를 연결시켜 준 것으로 보인다. 그리고 교지가 있었다. 또 대한협회에서의 활동이다. 그리고 약국을 경영한 점이다. 임기부에 대해서는 부인 동래 정씨의 영향에 대해서도 검토할 필요가 있어보인다. 외할머니는 부안 김씨였다(조정희의 모친). 고모가 셋인데 첫째에 대해서는 잘 모른다. 셋째 고모 임영순은 익산 삼기면에 살았다. 부계와 모계를 함께 기술할 필요가 있다. 아울러 가풍을 찾아야 한다.

──────── 종료 후 옥수동 집앞 설렁탕 집에서(위 참석자 전원 그대로)

임승기 : 브루스 커밍스 글에 군산에 김판술이 등장한다. 박판동은 동아일보 지국장을 했고, 김제청년단장을 했던 최재일이 해방 후 박판동의 집을 박살냈다.

임소자 : 조한백의 자녀들이 미술에 특별한 재능이 있었다. 조한백은 유화를 했다. 초등 교사였기 때문일 것이다.

임승기 : 조한백의 집에 호마(胡馬)가 있어서 조승일이 소산에서 후리까지 말을 타고 오기도 했다.

임소자 : 아버지는 능제 방죽에서 자주 낚시를 했다. 거기에 자주 갔었다. 우리 아버지가 독립운동을 한 것으로 알기 전에는 일본 사람이 운영하는 광산에 투자해 돈을 버린 것으로 알고 있었다. 그 사람이(김세동의 후손 김) 임휘윤 검사(성

동국교 출신)에게 전화해서 임성기를 만나게 된 것이다. 첫 번째 만남에서는 선조의 땅이 있고 이를 되찾기 위해서는 돈이 필요하다. 돈을 달라고 했다. 임성기를 두 번째 찾아와서는 후손을 찾아서 꼭 감사인사를 해야한다는 그 부친의 유언을 언급하기도 했다. 조부가 부친에게 '응천같은 놈'이라는 말을 자주 했다. 아버지가 전대차고 서울을 올라갔다가 실패하고 돌아온 것을 뜻한다.

임승기 : 아버지가 한번 미국으로 간 적이 있다. 원기 보러. 갔다 오더니 별 잘사는 것도 아니네 하는 반응을 보이셨다. 아들 공부하는 데 갔으니 오죽했겠나.

임소자 : 어머니는 뽕나무, 누에를 키웠다. 할아버지 술상을 늘 차리고, 할아버지와 할머니가 말년에 중풍이 있어서 어머니가 모든 수발을 들었다. 강동희의 딸인 당숙모가 어머니 칭찬을 늘 하면서 자식 농사를 잘 지을 것이라고 했다. 아버지는 자식들의 혼사에도 거의 관여하지 않았다. 융기 빼고는. 성기는 승기 친구 약혼녀의 소개로, 원기는 부득 고모가, 승기는 제자와 연애했고, 융기는 중매했고, 정기는 원기 오빠 처제가 그 시누이의 딸을 소개한 것이다. 나는 조한백의 아들 조진일의 처가에서(장인) 나의 시아버지를 잘 알아서 중매한 것이다. 언니 형원의 결혼이 재미있다. 형부가 김재규인데, 고모가 전주여고보 1기, 김재규의 이모(이숙재)가 전주여고보 2기였다. 두 사람이 사이를 연결시켜준 것이다. 형부 김재규의 이모가 국회의원 이태섭씨의 장모로서...

임승기 : 아버지는 절대 종교적으로나 사상적으로 강요하지 않았다. 초등학교 때 소학을 배우도록 권유한 적은 있다.

임소자 : 내가 중1 때 언니 형원은 이화여대 1학년이었다. 형원 언니는 성덕국교, 전주여중, 숙명여고, 이화여대를 다녔다. 언니는 교육과 나는 국문과를 졸업했다.

임정기 : 중학교 때 정기가 공부를 안해서 어머니가 융기형 친구를 붙여줬다. 어머니가 매일 편지를 썼다. 나는 너보다 일찍 일어나고 늦게 자겠다고 했다.

임소자 : 융기는 좋은 생각을 하며 살았다. 직원들을 생각해서 집 장만하려 저

축을 했고, 동네 아이들을 돌봐주고 장학금을 주기도 했다. 우리는 방학 때면, 후리, 소산리, 옥구, 이리로 놀러 다녔다. 부모님께서 돌아가신 후 임성기, 임형원 집이 늘 모임의 주축이었다. 형원 언니는 엄마의 재림이었다. 어머니나 형원 언니가 며느리에게 잔소리한 적이 없다. 오히려 말을 잘 들어 주었다. 심지어 며느리가 남편과 문제가 있으면 고모 형원 언니에게 상의하러 찾아갔다.

가족 구술 ❹ 임원기

일시 : 2020년 7월 17일 오전 8시~10시 30분
장소 : 인터넷 화상연결(ZOOM). 임원기는 뉴욕에서 연결
참석자 : 임원기, 임정기, 서은석, 이신철, 은정태

그림 ㊾ 화상연결(ZOOM)을 통해 구술하는 임원기

임원기 : 서은석님 오랜만이다. 거의 70년이 된듯하다. 여러 가지 집안 일에 관심을 보여 감사하다.

서은석 : 제가 초등 6학년 8월(1945년 8월) 이후에 후리를 떠났으니 그때까지만

기억하고 있다. 정말 오랜만이다.

은정태 : 사전질문지를 중심으로 진행하지만 순서에는 구애받지 말고 기억나는 대로 말씀해주셨으면 한다.

임원기 : 생각이 많다. 그동안 집안 일을 대상화해서 정리한 적이 없었다. 나는 6년제 성덕국교를 졸업했다. 교실이 6개고 교무실이 1개인 조그마한 학교이다. 한 학년에 한 반씩이었고 교사는 6명이었다. 해방이 5학년 때이니 졸업한 것은 1946년 3월이었다. 형 성기님은 국교 4,5학년 때 소산리 외가에서 김제로 통학했다. 초등학교를 졸업한 후 전주북중을 6년간 다녔다. 고사동에 있는 외가(조한백)에서 다녔다. 그러다가 조한백님은 국회의원에 당선되고 1년이 안 되어 명륜동(성대 건너편)으로 이사갔다.

초등학교 시절에는 일제 말기의 대동아전쟁기였다. 국교 2학년부터 학교 수업은 거의 진행되지 않았고 노동을 다녔다. 국어 수업을 진행하지 못했고, 점심을 싸 가지고 오는 이들이 없을 정도로 가난한 아이들도 적지 않았다. 겨울에도 신이 없었고 대부분 짚신으로 발을 싸메고 다녔다. 우리 집은 경제적으로 여유가 있었다. 담임 선생님(안용호, 전주사범 졸업, 죽산면 거주)은 사상가로 반일 감정이 있었는데, 해방 직후 애들을 교실 밖으로 데리고 가서 반일 교육을 했다. 후일 그 선생님은 좌익운동을 했고 경찰에 체포되었으며, 행방불명되었다. 해방가를 작곡, 작사했다. 아버지와 어머니를 우리는 아부와 엄마로 호칭했는데, 안용호 선생과 아버지가 친분이 있어서 방과 후에는 우리 집에 와서 술을 마시고 얘기를 나누다가 집으로 가는 것을 보았다.

아버지는 성덕국교의 후원회장으로 졸업식 때 축사하는 경우가 있었다.

후리 마을에 있던 방죽을 매몰해 논으로 바꾸었는데, 못이 말라가니까 한 것으로만 기억된다. 이곳에서 고기 잡았던 기억밖에는 없다. 그 과정에 마을에 어떤 불만이 있었는지는 모르겠다.

전주공립중학교 4학년(오늘날 고1)때 6.25가 일어났다. 중1 때 가장 친한 친구가 있었는데, 사상가로 나에게 모택동 평전을 읽어야 한다고 했다. 아버지가 진양복이다. 6.25 때 월북했다. 그의 집에는 축음기와 레코드가 있었다. 6.25 때 후리에서 청년들이 적지않게 죽었다. 국군에 편입된 아이가 3명이었고, 경찰에 들어가 공비토벌 과정에서 죽었던 친구도 있었다. 우리 뒷집의 얘는 제2국민병 사건으로 죽었다.

어릴 적 할아버지로부터 천자문과 붓글씨를 배웠지만 체계적인 한문 공부를 한 것은 아니었다. 『한울타리』에 한시를 번역한 것은 미국에서 제가 한문을 배워서 한 것에 불과하다.

인공시절 저는 후리에 있었다. 집에는 인민군 중대본부가 있었다. 중대장이 있었고, 수복한 다음에는 철군했다. 인민군의 수는 8~10명이었다. 조한백씨의 부인과 두 아들이 서울에서 우리 집으로 피난한 상태였다. 어머니가 설보아저씨(임창의의 부친)에게 부탁해 땅굴을 팠다. 위치는 우리집 본체 밑이 아니라 대밭 위에 있는 헛간이 있었는데, 큰 대문 옆으로 변소 옆이었다. 방공호가 아니었다. 이모부가 데려온 개가 있었는데 그곳 앞에 얼쩡거리면 어머니가 저에게 개를 쫓으라고 했다.

인공 시절에 토지헌납 기사가 있는데, 그 경과를 조금 설명하겠다. 인민군 중에는 상사로 40세의 나이 많은 황해도 사람이 있었는데, 해방 후 좌익운동을 한 자기 얘기를 했다. 경찰에게 맞고 인민군에 편입되어 여기에 왔다는 거다. 우리 식구를 좋아했다. 아버지에게 말하기를, "당신은 반동 지주인데 인공 치하에서 탄광에 갈 수밖에 없다. 토지를 헌납하라"고 충고했다. 이에 아버지는 토지를 헌납한다고 선언했고 그래서 화를 면했다.

국군이 수복한 이후 문제가 없었던 이유가 있다. 집안이 인심을 잃어버리지 않았던 것 같다. 또 인공치하에서 주위를 도와주려고 했으며, 농토를 빼앗으려 한 것이 없었다. 결정적으로는 집안 사람을 뽑아 인민위원회에서 일하도록 했다. 집안에서 임창주(중학교 졸업한 교사)를 추천해서 성덕면 인민위원회에서 일을 하도록 해서 해를 덜 받았던 것이다. 국군이 돌아와서는 살아남기 위해서 했다고 증언한 것으로 알려졌다.

전쟁이 나서 남포의 가실로 피난갔었다. 마을 뒤로 도로가 지나서 미군의 폭격이 있다고 해서 그랬다. 이모부님은 체포되어 만경의 치안대 감옥에 갇혔는데, 몇주 있다가 석방되었다. 이모부가 잡혀가자 큰 고모의 아들이 좌익인데(큰형이 남섭, 동생이 원섭) 원섭 형님이 인민군 들어올 때 만경의 치안대장으로 있었다. 원섭이 형에게 부탁해서 이모부가 석방되었다. 인공 치하에서 그래서 살아남았다. 큰고모에게는 딸도 하나 있었는데, 자식 셋이 모두 좌익이었다. 작은 고무 임부득의 영향인지 모르겠다.

작은고모와 고모부 김철주는 서울시 인민위원회에 있어서 인공 시절에는 본 적이 없었다. 대학 시절 부친이 서울에 오면 항상 고모부 집을 찾아갔다. 그는 와세다대를 졸업했다. 해방되고 서대문형무소에서 출옥했다. 아버지와의 친분으로 찾아가면 늘 술을 했다.

저는 대학 다닐 때 부득 고모에 대해 크게 의식을 못했다. 집안이 민족분단이 심했다. 아버지는 한 번도 사상, 이념에 대해 말한 적이 없었다. 전혀. 집안이 좌익 쪽인 고모 집안과 우익 쪽인 이모 집안이었다. 아버지는 이들 사이에서 어떤 갈등을 만들지 않았다. 암암리에 서로 도와주었다.

후리에 살던 박판철과 박판동에 대해서는 전혀 들어본 적이 없다. 저는 후일에 돌아보면서 임부득의 삶을 존경했다. 그래서 백두산과 금강산을 간 적이 있다.

1953년 4월에 서울의대에 입학했다. 전시연합대학으로 부산에 있었다. 서울수복 후 서울로 올라왔고, 명륜동의 외가집에서 15분 거리인 학교까지 다녔다.

명륜동에는 사촌 간인 학생만 열 몇 명이었다. 이상적 공동체로 낙원이었다. 59년에 의대를 졸업하고 세브란스에 4년간 있다가 군대에 군의관으로 3년 있었다. 1965년 결혼하자 곧 미국으로 이민왔다.

아버지는 나의 인생에 전혀 간섭하지 않았다. "니가 좋으면 그렇게 하라"는 것이었다. 학비를 벌기 위해 아르바이트를 한 적은 없다. 늘 자식을 믿었고 자랑스럽게 생각했다.

1969~1970년에 아버지가 미국에 오셨다. 그때가 아이가 4, 5세였다. 라이온스 클럽에 가입해서 미국 여행 프로그램이 있었던 거다. 친구(안길룡) 몇 명이 함께 왔는데 대회 참석만 하고 손자들 얼굴만 보고는 돌아가셨다.

저는 아버지의 말 중에 두 가지가 떠오른다. 하나는 초등학교 때 대동아 전쟁 시에 일본은 미국을 못 이긴다고 말한 기억이 난다. 그리고 할아버지와 아버지가 식사를 하면서 농지개혁을 두고 다투는 것을 봤다. 할아버지는 이런 세상 말이 안 된다고 하시자 아버지는 농지개혁은 해야 한다고 하셨다. 그러자 할아버지는 "너 같은 사람이 우리 식구를 어떻게 먹여 살리겠느냐"고 면박한 것이 기억난다. 당시 천석 혹은 천 오백석을 했다는 말을 들은 것 같다.

아버지는 후리 마을 위해 여러 가지 일을 했다. 우두 예방접종을 하고, 기생충 퇴치를 위해 가마솥에 약을 끓여서 주민들을 먹이면 정말 회충이 몸속에서 나왔다. 전부 본인의 돈으로 했다. 그리고 전기가 없었는데 돈을 들여서 마을로 전기를 끌어왔다. 이 때문에 동내의 인심을 얻었다.

집 지을 때의 기억은 없다. 그전 집은 초가집이었는데 이를 허물었던 기억 밖에는. 집을 허물 때 다락에 증조할아버지의 책이 많이 나왔는데, 지금 생각해 보면, 의서가 아닐까 생각한다. 증조할아버지가 약방을 하셨는데, 벼락이 장독대를 때렸다는 소문이 나면서 그것을 길조로 여겼고, 병이 잘 낫는다는 소문이 났다.

할아버지는 진봉면에 살던 강동희와 왕래를 했다. 서로 교류하면서 시와 술을 나눴다. 강동희씨는 점잖은 학자였다.

집안의 자작도 있고 소작도 있었다. 집안 머슴은 2명이었고, 여자가 1~2명이었다. 집안의 살림은 특별히 어렵지는 않았지만 기억나는 건, 전주 북중을 다닐 때 기성회비를 장만하지 못해 소 2마리 중 1마리를 팔았던 기억이 난다. 현금이 없었던 것으로 이해된다. 아버지는 "걱정하지 마라, 교육은 반드시 시킬 것이다"라고 했다. 아버지는 자식들 교육을 위해 농토를 하나씩 팔았던 것으로 보인다. 김제 주장의 경우에는 매입 시에 둘째 이모(만세주장)의 도움이 있었을 것으로 보인다.

이모부는 옥구에서 대야주장을, 이리에서 주물을 하는 철공소를 운영했다. 그리고 토건사업을 따서 수문 공사를 했다. 이때 일손이 부족해 아버지를 현장에 모셔서 현장감독 역할을 의뢰했다. 이모가 이리에서 잡화점 삼성양행 가게를 운영하고 있어서 어머니가 도와주었다. 경제사정이 어려운 상황에서 이모와 이모부가 지원한 것으로 보인다. 농지개혁 당시에는 70~80마지기를 자작했던 것으로 추정된다. 가장 힘들었던 시기였다.

아버지는 과거 전주고보 시절의 동맹휴학을 말한 적이 없었다. 고모가 가끔 얘기했다. '너네 아버지가~~' 아버지와 어머니는 인공시절 땅굴 파서 도와준 것에 대해서도 말한 적이 없었다. 침묵했던 것이다.

내가 해방 직후 국민학교 시절 안질이 있어서 전주 부득 고모집에 갔을 때, 모자를 깊숙이 쓰고 가린 사람이 다녀갔는데 고모부였던 것으로 생각한다. 금방 떠났던 것으로 기억한다. 고모도 가끔 고문을 받았으나 한 번도 자백한 적이 없다고 말했다.

재종들과의 교류는 거의 없었다. 내가 『한울타리』에서 강증산, 단군, 동학을 언급한 것은 부모님의 영향은 전혀 없었다. 미국의 친구들 사이에서 우리가 미국에 온 이상 동양사상을 알아야 한다는 취지의 공감대가 형성되어 40년간 월 1회 세미나를 진행하였다. 동학, 강증산, 원불교를 공부했고 동학을 열심히 공부했다. 부모님은 종교에 어떤 영향도 미치지 않았다.

1959년 서울의대를 졸업했을 당시 조한백으로부터 어떤 정치적 영향 같은 말은 없었다. 아버지는 정치적인 발언은 전혀 없었고, 조한백씨와는 친구 사이가 아니었기 때문에 선거에 직접 개입한 것은 없었던 것으로 보인다. 가족으로서의 정도. 김철주와는 아주 친한 사이였다.

할머니가 새벽마다 촛불을 켜두고 비는 모습을 보았다. 무당을 불러 굿을 해서 할아버지로부터 야단을 받았던 기억이 있다. 할머니는 조용하고 집안에서 발언권이 거의 없었다. 할아버지가 강하게 발언했다. 아버지는 비권위적이었는데, 할아버지는 근엄, 엄격, 고고함, 권위적이었고, 할머니는 그 반대였는데, 아버지의 성격이 할머니로부터 왔는지는 모르겠다. 손자로서는 할머니가 안됐다는 느낌을 갖고 있었다. 할아버지에게는 '서울댁'이라는 재취가 있었는데, 나이도 젊었고 처녀인 딸도 있었다(소실인 셈). 동네에서 집을 따로 지어서 살았다. 어머니는 말수가 적었고 아꼈다. 한마디 하면 깊이 생각해서 말했다. 과묵한 성격이었다. 영리하고 감정이 세심했다. 부는 외향적이었고 모는 내향적이었다. 어머니는 아버지에 대해 집안 일을 돌보지 않는다고 비난하는 경우가 종종 있었다.

아버지가 정미소를 직접 운영한 것은 아니고 위탁 운영했다. 동네 아저씨로 그 아들이 영환이었다. 그 아저씨는 재치있는 분으로 정미소가 안 된다고 해서 그 아저씨에게 팔았다고 어머니가 저희들에게 얘기했다. 후리정미소는 해방 이후였고, 얼마 전 후리에 갔을 때 위치가 그대로였다.

만세주장의 이모님은 넉넉치 못한 우리 집안 살림에 용돈을 많이 주셨다. 이모는 셋으로 외가는 1남 4녀이다. 만세주장은 둘째 이모 소유였다.

1·4 후퇴 당시 계화도로 피난간 것은 아니다. 인공 시절에 고생을 했기 때문에 집안의 10대인 성기, 원기, 조한백의 두 아들, 만세주장의 아들 등 몇 명이 제주도로 3개월간 피신해 있었다. 아버지는 후리에 그대로 남았고, 남동생들이 어머니와 함께 고군산도로 피신했다. 온 가족이 제주도, 후리, 고군산도로 나눠진 것이다.

성기 형님은 조한백 국회의원의 호위경관으로 임명되었는데, 경찰인 셈으로 덕분에 군대에 가지 않아도 됐다. 만경에서 군산을 거쳐 제주도 제주읍에 머물렀다.

서은석: 할머니 정씨가 명부 할아버지의 부인(강동희의 누이동생)과 함께 용화사(남산서원 옆집)에 다녔다.

임원기 : 저도 할머니와 용화사에 간 기억이 있다.

서은석 : 용화사행의 중심은 강씨였다고 그 며느리(창선씨 부인)가 말하더라. 정씨 할머니와 요래의 당숙모, 휘태씨 자부들이 용화사에 다녔다고 한다. 즉 집안에서 할머니는 종교적 역할을 한 것으로 보인다.

기부님은 4남은 모두 후리에 살았고, 4명의 자매 배우자는 최씨가 2명이고 서씨와 소씨가 각 1명이었다. 만경읍 대판리에 고모할아버지 최규창이라는 분이 있는데, 휘영님과 사촌 형제들(휘태, 휘상)이 명절이면 인사를 하러 다녔다. 그분은 북, 장구, 꽹과리를 잘 다루었다. 후리에 와서는 농악판을 벌였는데, 휘상님과 창현씨는 강하게 영향을 받아 휘상님은 고수로 북을 전문적으로 치며 고수로 활동하기도 했다. 휘상님을 매개로 전북의 무형문화재급의 명창이 후리에 초청되어 자리를 만들기도 했다. 휘영님은 이렇게 사촌들이 친한 사이로 서로 내왕했다. 임휘영님의 사촌들과의 관계에서 국악이 중요한 역할을 한 것으로 보인다.

임원기 : 저는 이 부분에 대해서는 들은 적이 없다.

서은석 : 휘영님의 국악과 판소리는 판소리 연구의 대가인 정노식(鄭魯湜)과 최규창의 영향이라 할 수 있는지 모르겠다.

임원기 : 어릴 때 소리꾼이 와서 대청마루에 할아버지 형제가 왔던 기억은 있다.

성기 형님은 강동희를 모시고 가회동 인촌댁에 모셔다 드리라 해서 모시고 간 적이 있다고 했다. 전주에는 아버지가 주로 오셨고, 어머니는 오신 적이 없다. 부산의 전시연합대학에서는 먼 이모부의 동대신동 집에서 3명과 함께 자취했다. 그들은 먼 친척의 아들로 서울공대와 법대를 다녔다.

은정태 : 이번 임휘영님 기록 정리 작업에 대해 어떤 것을 기대하고 있는지?

임원기 : 여전히 이 작업이 옳은 것인가 혹은 부모님들이 바라는 것일까 하는 생각이 있다. 부모님들의 인간됨, 성격, 성품, 인품, 태도 등이 가장 값지다고 생각한다. 이를 잘 드러냈으면 좋겠다.

전주고보 맹휴의 주역 임휘영, 포용과 은덕의 삶

초판 1쇄 인쇄 2023년 3월 25일
초판 1쇄 발행 2023년 3월 31일

지은이 은정태, 이신철, 한상구
기 획   역사디자인연구소
사 진   ⓒ 이신철(촬영), 임정기(『한울타리』)
펴낸이 이신철
인 쇄   임창P&D

펴낸곳   history D. (history Dialogue & Design)
주 소   06747 서울시 서초구 논현로 27길, 58, 2층
연락처   historyd@daum.net
등 록   제2021-000116호(2021년 6월 3일)

ISBN   979-11-978215-2-3

값 15,000원